KFW　　　　　🐎 Springer

# 粮食金融
## 迈向农业和农村金融新范式

# Finance for Food
## Towards New Agricultural and Rural Finance

多瑞斯·科恩 (Doris Köhn)／编　　　黄　佳　邹　涛／译

🔲 中国金融出版社

责任编辑：任　娟

责任校对：孙　蕊

责任印制：丁淮宾

北京版权合同登记图字　01－2015－2444
《粮食金融——迈向农业和农村金融新范式》中文简体字版专有出版权属中国
金融出版社所有，不得翻印。

**图书在版编目（CIP）数据**

粮食金融——迈向农业和农村金融新范式（Liangshi Jinrong：Maixiang Nongye he Nongcun Jinrong Xinfanshi）/多瑞斯·科恩编；黄佳，邹涛译．—北京：中国金融出版社，2015.5
　ISBN 978－7－5049－7837－0

　Ⅰ.①粮…　Ⅱ.①多…②黄…③邹…　Ⅲ.①农村金融—研究
Ⅳ.①F830.6

中国版本图书馆 CIP 数据核字（2015）第 038624 号

出版
发行　**中国金融出版社**

社址　北京市丰台区益泽路 2 号
市场开发部　（010）63266347，63805472，63439533（传真）
网上书店　http://www.chinafph.com
　　　　　（010）63286832，63365686（传真）
读者服务部　（010）66070833，62568380
邮编　100071
经销　新华书店
印刷　保利达印务有限公司
尺寸　169 毫米×239 毫米
印张　20.5
字数　276 千
版次　2015 年 5 月第 1 版
印次　2015 年 5 月第 1 次印刷
定价　60.00 元
ISBN 978－7－5049－7837－0/F.7397
如出现印装错误本社负责调换　联系电话（010）63263947

# 序

一个触目惊心的事实是，当今世界仍有10亿人口无法获得充足的粮食。在很多发展中国家，尽管当地市场人士、民间团体、政府以及国际社会都作出了不同的努力，但是饥饿仍然是最具挑战性和最显而易见的发展中存在的问题。

但是，对于全世界70亿人口来说，全球粮食供给在很大程度上还是充足的，农业产出目前足以应对潜在的人口增长。大多数专家对此也颇具信心：全球粮食产出的增长能够满足人口的进一步增长——即使人口数量将达到90亿或100亿的估计峰值也没问题。

但是，一场被称为"绿色革命"的成功故事也要付出一定代价。人们将越来越多的陆地开发成为耕地将带来严峻的环境恶果，诸如水资源短缺、有毒元素的聚集、乱砍滥伐、生物多样性减少、水土流失等。同时，气候变迁将加剧这些负面变化。然而，基本问题并不是粮食的供应，而是粮食是否可以获取——不管是物理上（运输、存储等设施能否跟得上）的还是经济上（穷人的购买力是否足够）的。

另一个保证农业生产增长满足全球人口消费的可能途径是减少粮食收获之后的损失。尽管发展中国家收获后致损的原因（比如存在运输和存储设备缺陷）和挑战受到广泛的讨论和关注，但我们也不能忽略在发达国家发生的收获后损失同样严重——不是在田间地头，而是在超市货架上和冰箱里。

有鉴于此，农业生产需要多大程度的增长仍然尚待讨论。最终很有可能远不如联合国粮食及农业组织（FAO）估计的那样：到2050年，产出需求将增长 70%。但是，毫无疑问，粮食的总体产量在未来的几十年内将显著增长。

问题是，哪里会（或怎样）发生这种情况？潜力在哪里？世界上很多最贫穷的国家，特别是撒哈拉沙漠以南的非洲国家，拥有大量的耕地储备和未曾利用的水资源储备。其农作物产出远远低于其他大洲，并且水利灌溉也仅仅覆盖耕种土地的 6%（在亚洲，这一比例为 37%）。

非洲农业的私人投资规模在不断增长，这表明土地和水是具有价值的资产，特别是在商品价格较高的时期更是如此。考虑到我们所面对的挑战，这个投资趋势是受到欢迎的，尽管也存在一些我们不愿看到的"圈占土地"的情况。农业和农村基础设施多年以来由于投资不足而每况愈下，特别是在非洲，这种情况更加严重，而其发展并不能单独依靠公共基金来促推。

随着农业私人投资规模的增长，多个国家政府在开发性金融机构的支持下，扭转了这个趋势。它们正在对农业和农村发展调拨大量的资金。由多国参与的拉奎拉粮食安全倡议（L'Aquila Food Security Initiative）项目于 2009 年推出，在过去 3 年里共出资 220 亿美元。这或许是最明显的例证。

由于农村地区普遍贫困和农业生产的劳动密集型特征，与其他经济部门相比，农业增长在缓解贫困和饥饿等问题方面更加有效。特别是，提高小型农户的生产效率，并在他们与市场之间建立联系，这在很大程度上被认为是能够提高粮食生产供给的最大潜力之所在。同时，这样做可以显著提高穷困人口的收入。

今天的农业投资，不管来源于私人部门还是公共部门，确实比过去在规模上多出很多。但是，一个明显的瓶颈仍然是农业投资增加速度太慢。比如，缺乏合适的法律和制度框架，以及政治上的不稳定和不安全。这些瓶颈问题改善起来都存在困难。

资金和金融服务的获取也是小户农民和农产品加工者面临的最明显瓶颈之一。但是，这是可以改变的。遗憾的是，大量金融机构仍然很不愿意涉足农村和农业金融。这就导致不仅农民和农村产业缺乏信贷途径，而且多数农村人口仍然无法获得最基本的基础设施和金融服务。

这也是第九届德国复兴信贷发展银行金融部门发展研讨会"粮食金融——迈向农业和农村金融新范式"课题所关注的焦点：寻求鼓励金融业和实体经济建立联系的方法。换言之，寻找帮助包括小户农民在内的农村人口的方法，并以此促进农业生产增长。

# 关于本书

加强农村地区的金融机构建设是将储蓄变为未来投资、促进国内资本流动的重要基石，也是服务农村贫困人口的金融部门得以发展的关键所在。农村地区金融机构面临很多限制：简陋的物理基础设施、分散化的需求、获取客户信息的高昂成本和生产风险、稀缺的人力资源、有限的抵押物等。这些问题都在本书的讨论范围之内。

本书取材于"粮食金融"研讨会。来自亚洲、非洲、中东、美洲和欧洲的100多个国际重量级专家齐聚德国复兴信贷发展银行，讨论在农村地区提供可持续金融服务的挑战和潜力。与会者来自银行、小微金融机构、政府、国际金融机构、学术界和农业产业界。

本书主要讨论三个问题：

1. 管理农业风险方面的制度和流程创新，以及应用现代科技改善农村金融服务的方法。这始于对目前体系、市场参与者、不同形式农村金融机构的整体认识。当我们观察影响农业生产和需求的全球趋势时，农村贫困人口金融服务的影响就凸显出来了。在这个认识的基础上，我们要对流程创新、价值链、创新性小微金融领域进行更为具体的探究，并对阿塞拜疆等国金融机构案例进行学习。

2. 对农业金融的特殊风险进行综合的考察和评估，以及采取措施来缓释这些风险，并以此作为上述要点的补充。农业金融的成功管理可以引发新式金融产品的需求和供给同时增加。因此，诸如政府、开发性金融机构、捐赠者和商业投资者等市场人士都密切关注新式金融产品的发展。

3. 鉴于基础设施匮乏和较高交易成本形成的约束，本书最后一部分集中讨论的问题是，如何利用现代科技开拓对农村贫困人口的金融服务分销渠道，包括应用移动银行技术以及引入打分卡机制来提高农业金融的运行效率和覆盖面。

感谢德国政府对复兴信贷发展银行金融部门发展研讨会的支持，感谢论文作者们付出的努力，感谢参会者从不同角度对研讨会的论题提供广泛视角和深刻洞见。我还要向组织这个研讨会和出版本书的同仁表示感谢。特别是 Michael Jainzik、Claudia Schmerler 和 Piero Violante，本书的完成得益于他们的校订和检查。

2013 年 9 月

德国复兴信贷发展银行 非洲和中东地区总裁

Doris Köhn

# Contents 目 录

# 第一部分
## 概览：影响农业金融的全球趋势

# 第一章　全球农业和农村经济的发展动力及其对农村金融的影响<sup>*</sup>

## Renee Chao-Béroff[①]

### 一、农业和农村环境的新变化

全球的发展成果已经深刻影响了发展中国家农户的生活。我们需要对此有所了解，以便讨论农村和农业金融的发展前景。

全世界有 14 亿极度贫困人口，其中 3/4 生活在农村地区。这导致人们得出了一个结论：贫困是存在于农村的现象。[②]

地区开发性机构的相关人士和银行家们，在任何时候谈及对发展中国家农村地区的农业和经济发展提供支持时，总是不可避免地持保留态度，他们倾向于认为该领域风险高，限制多，盈利难，成本高以及充斥着不良的还款记录。这些短板源于国有农业开发银行、发放贷款的农业开发项目以及一些专门的政府项目绩效表现不佳。这些短板也可能源于时代特点：那个时代的政府、国有企业或者公共贸易委员会对农民的延伸服务和战略性作物的商品化（为了国家粮食安全或者出口的目的）具有垄断权。这些短板也可能要追溯到更远的时代，那时候村庄与国家的其他地方不互相来往，人们的经济活动主要是为了自给自足。

但是那些时代早已远去。一些全球化趋势已经显现出来，在发展中国

---

　　* 本文的撰写得到了德国联邦经济合作和发展部通过德国复兴信贷发展银行给予的资金支持。作者向论文审核委员会的同仁对本文的指正表示感谢，并特别感谢德国复兴信贷发展银行的 Michael Jainzik，他对丰富本文的内容作出了贡献。

　　① CIDR 宏观金融部主任、PAMIGA 总经理。

　　② 参见 Alan Doran et al. , "The Missing Middle in Agricultural Finance", OXFAM GB Research Report（December 2009）, p. 8.

家也是如此。这些国家已经深入改善了农业和农村环境的整体面貌。

业已发生的七个方面的变化影响着农业和农村经济，我们有必要对这些变化有所了解。在这些变化当中，有些已被认为是在全球范围受到关注并具有长远影响的宏大趋势。这七个方面包括：

- 全国农产品贸易自由化；
- 人口统计学日益完善，青年人口发挥更大作用；
- 人口迁移普遍化，并且成为一种生活方式或者积累收入和资本的手段；
- 气候变迁——既是风险也是机遇；
- 新兴国家经济快速增长；
- 发展中国家城市中产阶级兴起，他们具有与传统不同的消费模式；
- 科技，特别是手机和互联网神话的作用凸显。

**（一）影响农村经济的大趋势**

**1. 农产品贸易自由化**

随着 20 世纪八九十年代实施的结构性调整和经济体制改革的完成，很多发展中国家在不同维度实现了经济自由化。特别是，不仅在农产品（如谷物等粮食作物，以及咖啡、可可和棉花等外汇出口作物）的国际贸易方面管制越来越少，而且国内农业市场的管制也放松了。

在大多数国家，农作物交易和销售的国家垄断持续了几十年之后，这种变化首先带来了小型农户和农民组织混乱无序的局面，并且在数年之后私营者激增，从而填补了很多政府部门停摆或者私有化之后留下的空白。

在产业链所有可能的环节上都有多种规模的私营市场参与者的身影。有些是在全国甚至全球范围内经营的大型企业，它们收购了国有企业并密切参与竞争。有些则是大型或者中型贸易公司。但是最引人注目的是那些为数众多的小微企业，它们将经济自由化作为在农业价值链中开拓商业生意的机会。这也是农村人口在所有地方经济环境中进行创业的起点。

从大多数发展中国家过去几十年 GDP 的增长中，我们可以看到经济自由化的成果。实施去管制化改革的国家在经济表现上要明显好于其他国

家。那些实施改革的非洲国家在 2000—2008 年的 GDP 增速，比没有实施
改革的非洲国家平均高出 2 个百分点。[①]

但是，这种经济自由化未必导致当地农作物销售价格的提高，进而提
升农户收入，因为这个过程伴随着贸易全球化的加速和不公平竞争，很多
小生产者仍然停留在自给自足的经济活动中，他们尚未找到融入新的市场
环境的途径。

在表 1 中，世界贸易组织（WTO）公布的数据表明了商品出口增速
和 GDP 增速之间的关系。

**表 1 按区域划分的商品出口和 GDP 年度百分比变化（2007—2010 年）**

| | 2007 年 | 2008 年 | 2009 年 | 2010 年 |
|---|---|---|---|---|
| 商品出口 | | | | |
| 全球 | 6.5 | 2.2 | -12.2 | 13.5 |
| 发达经济体 | 4.8 | 0.8 | -15.3 | 11.5 |
| 发展中经济体 | 9.0 | 3.8 | -7.8 | 16.5 |
| 实际 GDP，按市场汇率计算（2005） | | | | |
| 全球 | 3.8 | 1.6 | -2.2 | 3.0 |
| 发达经济体 | 2.6 | 0.4 | -3.5 | 2.1 |
| 发展中经济体 | 8.0 | 5.7 | 2.0 | 5.9 |

注：2010 年数据为预测值。

资料来源：WTO 秘书处。

2008—2009 年国际金融危机之后，人们认为 2010 年是一个贸易增长
有突出表现的年份；发展中国家依靠出口（16.5%）实现了 GDP 的强劲
增长（5.9%）。

在大约 10 年的时间里，发展中国家的人均 GDP 翻了一番。[②]

2. 人口统计学日益完善和青年人发挥更大作用

很多分析人士已经提醒决策者，青年人数量持续增长，将占发展中国

---

[①] 参见麦肯锡全球研究院（Mckinsey Global Institute，MGI）：《前进中的狮子：非洲经济体的进步与潜力》，麦肯锡全球研究院研究报告，2010 年 6 月。

[②] 参见国际货币基金组织：《世界经济展望数据库》，2009 年 10 月。

家人口的60%以上。①

青年人比前几代人受过更好的教育，最为重要的是，他们的行为更具流动性。他们常常是季节性的迁移者。为了寻找工作，他们会去邻近的城镇或者城市，到一个国家中更为富裕的地区，到邻近的国家甚至大洋彼岸。这种流动性让他们在不同生活方式、行为模式和机会上开阔了眼界。有些来自农村地区的青年人选择在城镇或者城市定居。另一些人也可能返回农村成家，但是仍然以获得比父母那一辈更好的生活水平为目标。他们为农村地区带去了新的观念，包括生产、商业化和住房等方面的新鲜事物，以及家庭和社会关系上的新做法，比如利用储蓄和信贷等金融服务来进行投资。

如果不对如此广泛和关键的问题进行过度泛化，我们或许能够观察到，发展中国家的农村青年更倾向于个人主义。他们在农事上也具有更好的创业精神，比如对农作物种植品种的选择、价值链的整合等方面都是如此。他们还乐于与其他人进行生意合作，不管合作伙伴是生产者、买家或是银行家都可以接受。

女孩和年轻的成年女性在面对家庭和社会批评时，可能会有一点犹豫不决。但是，我们也看到她们中间的很多人会去往外地寻找工作。当她们有可能逃离社会结构所带来的负担时，她们就不愿意再返回农村了。

3. 迁移作为一种生活方式和资本积累的手段

以经济为目的的迁移在人类有记忆的时代就已经存在了。比如，世界各地都有中国和印度的海外移民。那些在海外获得成功的人士正在用投资的行为来回报家乡，这种回报既体现在高质量人力资源方面，也体现在资本、市场连接和文化等方面。

在媒体宣传和便利的交通条件的影响下，发展中国家一代又一代的青年人正在向外迁移——他们在外地寻找工作，挣钱，并给家里汇去现金。

---

① 参见 David Lahm：《发展中国家的青年人统计学及其经济意义》，世界银行政策研究论文，4022 卷，2006 年 10 月。

但是，他们可能也经历了崭新的、更加自由的生活。这已经成为一种生活方式，即使对发展中国家的穷人来说也是如此。

来自外来务工人员的汇款有数十亿美元（或欧元）之多，并成为很多发展中国家 GDP 的重要组成部分。外来务工人员通常来自农村地区中贫穷偏远的乡村。他们汇钱回家，是汇给仍然在那里生活的家人。

在发展中国家和经济转型国家中，汇款已成为很多农村地区主要的收入来源，也常常是个人投资和集体基础建设投资的主要资金来源。这些投资包括为公共目的和生产目的进行的投资。比如，在马里的卡伊（Kayes）地区，迁移者出资建设了诊所、学校、仓库和灌溉用的小型水坝，还搭建了健康保险体系。[①] 他们是小微金融机构（MFIs）的最佳存款人。

20 世纪 90 年代初，关于发展中国家（亚洲和非洲）小型创业者"生活故事"方面的研究成果表明，大多数创业者经过数年的外地工作，已经积累了第一桶金。在外地离家较远，来自家庭、亲戚和社会关系方面的压力减少了，从而使他们能够积蓄一定的资金。[②] 同时，这也使得他们有机会观察现代组织的管理，熟悉银行服务，并学习相关技能。这些迁移者设立的微型、小型和中型的企业（MSMEs）往往经营更好，成长更快，创造一批就业岗位，并且最终走得更远。比如在菲律宾，大多数位于二级城镇的中小型企业（SMEs）是移民工作者开办的，它们会接受小微金融机构的融资支持。这些移民工作者往往已经在沙特阿拉伯或者中东的其他国家居住好几年了。当地有关人士正在将移民视为发展中国家和贫困的农村地区经济发展的财富，而绝非将移民视作一个问题。

4. 气候变化的认识和新机会

人们认识到气候变化对当地生产经济的影响，是最近才开始的现象。从地方层面开始，人们也认识到是什么引起了环境恶化和每个人对维护环

---

① 参见 AfDB and French Ministry of Foreign Affairs，"Le transfert de fonds par les travailleurs migrants au centre des efforts de développements en Afrique"，2008。

② 参见 Renée Chao – Béroff，"Histoires de vie des petits entrepreneurs en Asie et en Afrique"，Fondation Charles Leopold Mayer，2004。

境所应当承担的责任。尽管气候变化很可能给农村社区造成了负面影响，但是社会和企业对气候变化的反作用力可能也要得到一定的考虑，因为它们对农村经济也产生了影响。

例如，这些现象并不少见：社会人员自发组织植树来抵抗沙漠化现象，自发组织建设新的大坝或者抗洪蓄水池来维护耕地。很多太阳能装置不仅出现在学校、健康中心、泵压水源地和集市，也出现在家庭和办公室。太阳能被认为正在成为一个重要产业。废水和废弃物被回收处理，回收再利用被视为私营企业的潜在商业机会。

### （二）影响农业经济的大趋势

#### 1. 新兴国家和"金砖四国"的经济增长：对农业生产需求的影响

近年来，新兴国家和"金砖四国"的经济取得了巨大的增长。这种增长也是通过社会经济在很多方面的剧烈变化才得以完成的。比如，在中国，数百万农村居民进入城市和沿海地区成为工厂工人。对粮农产业来讲，这意味着农民从农作物生产者到粮食消费者的重大转变。

在印度、中国、巴西和很多其他新兴国家，甚至在所谓的最不发达国家（LDCs），快速的城市化已经导致了粮食供给的压力。这种压力使得长期被忽视的乡村和那些老去一代的农民不堪忍受。这也是近年来粮食危机的原因，至少是重要原因之一。

#### 2. 城市中产阶级的兴起及其新型消费模式

发展中国家最近十年来经历的经济增长——稳定并且成就非凡，导致了中产阶级中坚力量的兴起。中产阶级具有以下特征：有相当高的受教育水平，拥有生活在城市当中的核心小家庭，往往一个家庭有双份收入，养育的孩子比传统家庭少。由于这些因素，他们的相对购买力非常强大。

由于新的生活方式，中产阶级的消费模式和习惯也发生了变化。他们更倾向于在超市而非传统集市中购买东西。他们会购买更多的小克重方便食品，以适应人数较少的家庭状况和他们的小房子（或者公寓）。他们更加追求品质而不是数量。学校的孩子们希望能够模仿那些电视和广告中的生活方式，这些都影响着他们的饮食和穿着。

　　这种现象在全球非常普遍，以至于它已经成为发展中国家大城市近年来发生的粮食和价格危机的组成部分。比如，根据塞内加尔首都达喀尔的观察者信息，作为传统主食的小米价格并未上涨多少，进口大米的价格在2008 年和2009 年的上涨幅度反而极大。

　　拥有良好购买力的城市中产阶级构成了有效的需求和市场。发展中国家的农业部门正期待如此，因为这样就有理由提高产量了。比如，很多非洲国家都种植了巴斯马蒂（Basmati）香米，这种米正在与进口的亚洲长粒米竞争高端市场。但是，竞争胜出的先决条件是通过合适的分销渠道来使供给方式适应这种新型需求。

　　越来越多的国有企业和跨国公司将此视为巨大的机会。它们正在进入这个市场，并建立起与中小型农户相互连接的价值链条。为了维护可靠的供应渠道，以便能够获得应时、优质的农作物收成，它们愿意在技术援助、基础设施、融资以及非金融服务等方面进行投资。①

　　（三）影响农业和农村经济的宏大趋势

　　1. 科技、手机和互联网革命

　　在发展中国家，手机和互联网已经完全改变了绝大多数人对通信、信息以及相关服务的获取途径，并且这不仅仅发生在首都和邻近的富裕城市。对于那些从未接触过有线电话和那些与世隔绝的数百万人来说，手机使他们真正获得了自由。这就是这项技术渗透得如此快速、广泛、深入，而且不计成本的原因。

　　手机和互联网已经从根本上改变了个人和企业获取信息的途径，特别是对那些在低人口密度地区进行经营的企业来说更是如此。

　　信息一直以来都在经济活动和经济发展中扮演了关键角色。市场上商品（投入要素、生产工具）和农作物的价格及可获得性，对缓解信息不对称问题至关重要，它可以提高农户的议价能力并增强货物的流通性。印度烟草公司建立了一个电子集市，也就是打造了一个为农村地区提供电子商

---

　　①　参见文献目录中关于价值链的出版物。

务信息的平台。这个经验为我们提供了一个案例，告诉我们该如何利用互联网来设计农户和生产加工者（或者说农作物买方）之间的交易模式。①在西非，手机为渔民提供了市场和价格信息，渔民可以选择在价格较高的地方贩卖他们的捕获品。②

类似的例子里，手机、管理信息系统以及互联网也被金融机构用于降低客户交易成本，或者用于在农村地区提供服务时保护信息安全。通过在一个主要风险缓释机制中引入创新方式，信息技术也可用来降低气象站的建设成本。③

2. 当今的农业和农村环境

非常明显，近些年发生的这些主要变化，从根本上影响了农村的经济和社会面貌，并且非常积极正面地改变了农业生产的决定因素。一股巨大而尚未饱和的农产品需求力量，将首次在很多年之内刺激农业产出的增长。这个需求正源于发展中国家自身拥有一定支付能力的城市中产阶级。

青年人通常具备新型技能和创业精神，农村地区的年轻人也不例外。因此，农村地区可被调动起来，从而促进农村经济的现代化和农业经济的发展，农村地区的有些人已经开始投资于农业价值链了。IT 技术，特别是手机的应用，已经被广大农村人口和企业所接受，并被用来减少信息盲区和降低交易成本。毫无疑问，要创造有利的农村地区和农业生产投资环境，这些因素必不可少。私人部门已经清楚地认识到这一点，并且正在积极地进入这个领域，以获得有利的市场地位。

因此，从经营和投资农业及农村经济活动中获利，在如今是具有一定的可能性的。那些盈利的创业者和企业，大多进行过风险和潜在回报的评

---

① 参见 B. Bowonder 等：《发展农村电子集散市场：对印度烟草公司电子集市的案例分析》，印度计划委员会报告（2002）和 S. Siva – kumar，《精简农业供应链：从电子集市中吸取经验》，Bazaar Chinta，研究手稿，No. 35（2005 年 6 月）。

② 参见塞内加尔联邦国家项目（the project of the Federation nationale des GIE de peche au Senegal），"Interne etelephonie mobile pour l'acces aux prix agricoles"，国际发展研究中心（International Development Research Centre，2005 年 4 月）。

③ 参见国际农业发展基金（IFAD）和世界粮食计划署（WFP）：《为农村地区脱离贫困铺平道路：使用指数型保险来管理天气风险》，世界粮食计划署出版物（2008）。

估，其投资策略也都经过通盘的考虑。如今，发展中国家的现代农业大体
上由私人部门主导，并且可以实现盈利。低端的农村家庭摸索出多元化经
营策略来降低风险，从而在全年获得经常性的收入。这种策略已经取得成
功，并且在合适的融资方式下，对其发放贷款也非常安全。

过去二三十年以来，这种情况可以说是农业和非农经济活动支撑发展
中国家农村经济显著增长的唯一机会。要将这种机会转变成为财富创造能
力，给予适当的金融支持非常必要。①

但是，当前仍然存在很多挑战，其中之一就是气候变化对生产过程和
生产效率的负面影响。它导致了对水源和土地的争抢，这种争夺包括内在
的（畜牧者和农耕者之间抢夺资源）和外在的（"国际买家对土地的收
购"——"土地兼并"问题）两个层面。② 这些外国公司经营的大型农场
能够为本地劳动力创造体面而可以持续的工作机会吗？他们会忽视最脆弱
的群体吗？其他方面的挑战还包括小户农民无法获取技术咨询服务，有些
地方的公共推广服务已经逐渐停止，而私有的服务提供者尚未能替代。他
们将如何处理新的技术问题和农作物病害？他们将如何从事新的品类生产
或者提高产品的质量？

十年前，在非洲发展新型伙伴关系项目（NEPAD，2001）、非洲农业
综合开发项目（CAADP，2003）以及更晚的非洲绿色革命联盟（AGRA，
2006）项目推进的背景下，非洲主要政治领袖和他们的政治伙伴分析了这
种情况，并且发现其前景光明。他们投资开发新的方法，来把握他们所认
为的新型投资机会。例如，撒哈拉沙漠以南非洲国家③的政府致力于将农
业增长作为经济增长战略的主要支柱之一，并且已经稳步建立前瞻性的公
私合作伙伴关系。非政府组织和技术援助者在探索粮食安全、农产品价值

---

① 参见麦肯锡全球研究院（MGI）：《前进中的狮子：非洲经济体的进步和潜力》，麦肯锡
全球研究院研究报告（2010 年 6 月）。

② 参见 Michael Pauron 的文章："Terres achetees, quelle realite"，Jeune Afrique，2010 年 9 月
26 日。

③ 例如塞内加尔增长战略（2008）。

链以及为参与方提供服务的方法方面，堪称富有创新性。① 银行和合作化运动成立了专门的部门来开辟这一新的收入来源。

城市市场竞争激烈，有些已然接近饱和。主流的小微融资性商业银行近年来已经开始尝试拓展农村市场，从而得以从新一轮的农业增长中获得收益。② 有些银行正尝试通过农村分支机构推广现有产品。除了成本大幅增长之外，它们还遇到了偿付问题。通过现有产品，大部分农业和农村市场的覆盖范围在现有的背景下可能显得非常有限。有些银行已经求助于专家来设计农村和农业业务条线，目前正在进行推广前的产品测试。

传统的和新型的市场参与者似乎都很感兴趣。但是，对一系列新技能的需求貌似更为明显，包括关于农村和农业经济的知识、对这个特定市场及其机会和局限性的理解、对产业链参与者相互影响的把握，还有金融分析和产品开发等方面的技能。当一部分金融机构业务代表还要通过与农村客户面对面沟通来建立信任时，市场上已经有了一系列的新产品、新服务和新的付款机制正在通过技术化方式来降低成本。

## 二、农业和农村金融的新兴模式

谈及新型农业和农村金融，先下几个定义、快速回顾"旧式"的农业金融并吸取一些教训是非常有用的。事实上，新兴的模式，不管是现代农村金融模式还是价值链金融模式，都源于旧有模式的经验教训。它们吸取了小微金融的最佳实践经验，利用环境上已经发生的所有变化，并且避免了过去的主要失误。

### （一）相关定义以及旧式农业金融的经验教训

这里有三个定义非常重要：

- 所谓小微金融，是指为不被传统银行所接受的贫困户提供金融服

---

① 参见农村推广行动小组——E－MFP：《价值链发展和小微金融——现况回顾》，2010。Calvin Miller 等：《农业价值链的金融，工具和经验教训》，联合国粮食及农业组织（2010）。IIRR：《价值链金融：超越农村创业者小微金融》，2010。

② 参见文献中 Meyer（2013）的著作。

务。服务地域范围包括城市和农村，客户可能涉足所有产生收入的经济活动。

- 所谓农业金融，是指为农民或农业企业的农产品生产活动提供金融服务。无论农民或农业企业的作业规模是大型、中型或是小型都可以囊括在内。

- 所谓农村金融，是指农村地区的金融服务。在这些农村地区，居民和住所并不集中，主要收入来源于农耕或者非农经济活动。

因此，一般来说，上述三类金融服务所涉及的，可能并非相同的人群、相同的经济活动甚至相同的地点。但是，几十年以来直到现在，贫困在一定程度上都是一个农村现象，并且在发展中国家，60%～70%的贫困人口集中在农村，主要依靠农业生产来糊口。因此，人们曾经考虑，可以通过为农村贫困家庭提供充分的金融服务，来达到减少贫困的目标。

20世纪七八十年代，农业领域主要由政府主导，农业金融的失败主要是由于以下因素：①

- 有导向的农业信贷；
- 信贷常常由农业推广人员或者农业开发项目人员提供，这些人缺少金融知识，对他们来说，信贷仅仅是技术投入的一部分；
- 利率有补贴，回收贷款的态度不强硬；
- 政治干预导致借款者形成"贷款不必偿还"的观念。

因此，很多按照旧有模式产生的信贷项目，其失败并不是缘于农业的盈利能力不足，而是缘于其他外部因素。我们注意到这一点非常重要。但是，那个年代的农业生产盈利能力低，仍然是银行不愿意借款给农民、农民也不愿意向银行借款的主要原因。

（二）现代农村金融：从小微金融最佳实践中总结的新兴模式

现代农村金融模式是农村金融和小微金融的有效结合，吸取了两者的

---

① 参见国际农业发展基金（IFAD）：《国际农业发展基金农村金融决策参考》，国际农业发展基金出版物（2012），Meyer（2013）参考目录。

优点。从农村金融中，它吸取了贫困户自身采取收入多元化策略的经验。

很多关于贫困偏远的农村环境的研究表明，在过去大约十年的时间里，当地家庭的预算发生了巨大变化。仅次于来自农业和家畜的收入，来自交易、薪水（季节性的）和汇款的收入已经占据了更大的比重，有时甚至超过前者的比重。比如，突尼斯的小微金融机构 Enda Inter Arabe[1] 最近的研究表明，农村家庭44%的收入来源于其他方面而非农业，这些方面主要包括按日结算的劳动报酬（34%）、工薪（21%）、退休金（19%），或者商贸收入（15%）。即使是从事农业，小户农民也倾向于进行收入多元化运营，以便减少价格和市场风险。在布基纳法索和马里的棉花种植区，农民将棉花丰收年头积累下来的资本投资于果树种植、蔬菜灌溉和牲畜蓄养，几年之后，这些活动几乎完全替代了棉花种植。[2]

既然贫困的农村家庭已将收入来源多元化，那么信贷的供给也不宜仅局限于某种特定的生产活动，而应服务于这些家庭所有的多元化经济活动。因此，在健全有效的农村金融中，信贷分析越来越关注现金流，而不是农业生产的盈利能力。借款人申请贷款时，贷款期限将与各种收入及其获取的不同时点进行匹配。

小户农民常常面临生产技术的难题，比如土壤肥性不足、要素投入障碍、作物和牲畜染病等，国家推广服务的淡出使他们无法获取咨询服务。这对他们而言是一项主要风险。农业商贸开发服务（BDS）私人提供商的介入，正在缓解这种风险。这些提供商正在提供付费的服务，其范围就包括农村地区。服务费用的有效性非常关键：费用必须可以承受，并且要与需求相适应。将每个人口集中地的客户聚集起来以减少提供服务的时间和成本至关重要。农业商贸开发服务的获取再次照亮了农作物和牲畜保险计划可持续经营的前景，也铺平了利用保险缓解小农经营风险的道路。

---

[1]　参见 GRET 和 CIDR，"etude de marché pour le développement de produits pour server les clients ruraux en Tunisie"，AFD 研究报告（2009）。

[2]　参见布基纳法索西部地区一项农村金融项目的监测报告，该项目由经济开发基金会（EDF）提供融资，并由 CIDR（2007）加以实施。

农民也会面临气候的不确定性，这会影响他们的生产活动。多年以来，由于需要人工核查农作物在田间所受到的影响，保险计划一直面临着成本过高的问题。随着技术的进步，在农村地区建立小型气象站的成本已经显著降低，从而减少了保险公司所需支出的管理成本。因此，基于天气指数的保险计划目前具备了可行性。基于卫星的系统将带来降低成本更大的可能性。

健康和卫生保健仍然是农民的主要风险，因为它决定了农民能否以良好状态劳作甚至是能否劳作。倡导者在不同的地方进行过健康小额保险的实验，以便为客户提供这种产品，或是通过组建健康互助社，或是将小额信贷机构作为代理人与保险公司合作。即使框架条件并不有利，健康储蓄金和信用产品的提供也能够起到很好的风险缓释作用。

在农村地区，与外界隔离是一项重要的风险，因为为其提供服务将更加昂贵，零售的投入成本更高，推销也由于缺乏足够的受众而效果甚微。同样地，吸引购买者、市场参与者和现代分销商的能力也十分有限。为了解决这种风险，加强农民群体的组织性十分必要。

## 专栏1

### 民生金融：印度贝丝克斯（Basix）集团的创新方法

因此，如果从客户的角度来看待风险，会呈现印度贝丝克斯集团所谓的"民生三位一体"：关于金融和非金融服务的整体方案，制度建设，致力于改善贫困农村家庭所有不同方面的民生问题。贝丝克斯集团是几年前气象指数保险的先驱，并与私人保险公司合作设计出健康、作物和牲畜保险方案。

印度贝丝克斯集团中有两家金融机构：一家吸收存款的区域性银行和一家非银行金融机构。它的贷款客户有100万人，保险客户有150万人。值得注意的是，它还为50万名农村创业者和小农提供商贸开发服务，这些人正为其享受的服务支付费用。

（三）价值链金融——私人金融部门向中小农户提供贷款

1. 农业价值链和价值链金融的简要定义

价值链包含所有带来最终产品及服务的经济活动和劳务工作，贯穿从其初始产生到最终消费的整个过程。它涉及生产性活动（比如，附加值增加）的整个流程，直到终端消费。因此，"从农场到餐叉"这个词可以代表农产品价值链的概念。[①]

但是，并非所有的价值链都有良好的组织结构。在组织松散的价值链中，我们可以看到这一点。由大量的散户消费者支撑的为数众多的市场就是一条组织松散的价值链。比如，粮食作物的国内市场就是这种情况。常常是庞大的跨国公司主导签订耕作合同，从价值链上游整合整个下游产业，并且通常以出口市场为导向。这其中还有一些介于中间的情况。

还有一些较短的价值链，从生产者到消费者几乎没有附加值增加。也有较长的价值链涉及不同水平的加工、养护和销售。总体来说，后者最为有利可图，而其中的金融服务也最具前景。

但是，经验表明，所有的分类都存在漏洞，因为人们的行为制约了买卖双方关系的稳定性。归根结底，价值链中真正重要的是需求市场的广阔程度和供应商的相对份额是否能够达成平衡，并且整体达到双方共赢的结果。价值链的强弱取决于市场参与者之间的关系是否可以持续和价值链中的利润分割是否公平。这就是在一个给定市场中，价值链分析对价值链金融能否成功十分关键的原因所在。如果金融中介不能彻底完成这项工作并具备一定的专业知识，那么它就不应该涉足这个商业领域。

最近，在发展中国家可以看到"价值链金融"这个新的方法，或者说利用价值链为农业提供创新型的、更加安全的金融服务的方法。"价值链方法"就是指一种金融模式，这种模式注重为彼此关联以及与市场相关联的参与者提供融资。这种相互关联和对市场出路的担保是确保信贷得以偿还最为重要的因素。归根结底，价值链金融策略就是将价值链中的金融活

---

① 参见本书中所录 Swinnen（2013）关于价值链和价值链金融的论述。

动视作一个整体，并对最终结果提供担保。这种整体金融方案可以由一个市场参与者提供，比如一家银行或一家农业经营企业，特别是在整体价值链中更是如此。当然，也可以由不同金融中介共同提供，这些金融中介可能在技术和产品上互为补充，从而建立合作关系。

---

**专栏 2**

### 公平交易的案例：墨西哥恰帕斯（Chiapas）星巴克的实践①

星巴克致力于获得高品质咖啡豆的持续供应。它通过非传统的贷款计划和作物多样化保护对恰帕斯咖啡种植农和咖农团体进行投资。

咖啡种植农可以获得商业和传统的信贷部门无法提供的信贷服务。在咖啡豆生长和收割期，很多咖啡种植农只好掏出为数不多的留存资金以应付开支，直到他们能够卖出咖啡豆为止。有些咖啡种植农甚至会出现现金短缺，这迫使他们早早地以较低的价格将咖啡豆卖给当地买家。另一种办法是咖啡种植农有时会借取高利贷，直到他们能够将咖啡豆销售出去。这种情况会减少咖啡种植农的利润收成，并且在下一年还将出现同样的境况。

星巴克为那些给咖啡种植农放贷的机构提供资金支持，帮助咖啡种植农在最好的时机以最合适的价格卖出咖啡豆。这些贷款也会帮助咖啡种植农投资于他们的农场，也就是增加投入资金的规模。星巴克给佛得角风险投资公司（Verde Ventures）提供了 450 万美元的贷款，以帮助恰帕斯的大约 380 个小规模咖啡豆生产者获得金融服务。贷款机构以每三年为一个周期提供滚动资金支持，给恰帕斯咖啡豆种植保护区农场提供前期融资或者周转资金，贷款损失担保的 70% 来自星巴克咖啡公司。

---

① Renee Chao-Béroff：《星巴克，恰帕斯的公平贸易和咖啡保护》，关于地方经济发展中改善公私合作伙伴关系激励措施的案例研究（UNCD，2010）。

这种方式使得大多数金融服务资源的获取成为可能。这些贷款发放是针对星巴克签署的咖啡豆购买合同而进行的，合作放贷机构一般要求6%~7%的收益留存。

此外，为提高农场产出率，超过5000公顷的农场林地被划出来纳入永久性保护。这些被划出的农场林地帮助修复了位于厄尔特里温福（El Triunfo）生物圈保护区的121000公顷的缓冲地带。该项目带来的实惠价格和债务减少将惠及上千人。

### 2. 金融机构扮演的角色和定位

从实践得来的主要经验如下：

农民或农民团体、买家/加工者/经销商、银行，这三方如果安排得当，各自按照合同约定履行职责从而确保产出，价值链金融就能发挥最有效的作用。三方之间的合同关系是正规担保的主要替代方式。当各方都具备长远的市场预期，而愿意牺牲短期的获利时，这种合同关系更加稳固（见图1）。

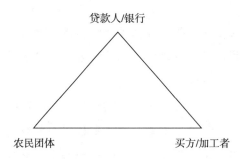

贷款人/银行

农民团体　　　　　　　　　买方/加工者

**图1　包含三方的安排**

在价值链金融中，常常需要整体金融方案。这既是出于操作层面的考虑，比如贷款资金的交付和偿付款的集中上门清收，在这方面，分散化的小微信贷机构具有相对优势；同时也是出于资金服务的考虑，即当价值链中不同的市场参与者和经济活动需要提供金融支持时，其产品和期限需求不尽相同。

3. 农业和农村金融的新范例

新范例是以下三个方面有效结合的成果：旧式农业金融失败的教训、小微金融在农村家庭（收入来源已经多元化）中的最佳实践应用，以及市场驱动的农业价值链所提供的新机会。

该范例向农村市场的不同组成部分提供广泛的金融产品和服务，这些产品和服务与专门的客户共同设计，以满足他们的储蓄、贷款、保险、转让和支付需求。这些产品和服务的提供方式是这样的：它可以嵌入私人金融管理策略，并且提高被摒弃者的自主性和授权。人们获取非金融服务要么通过金融中介的某个部门进行，要么通过私营农业的商贸开发服务提供者进行。

当一个组织良好的价值链确定下来后，它就为金融服务提供了便利。通过一个包含三方的安排，农民、买家和金融机构之间的合约关系充当了常规担保的替代品。即使在这个案例中，借款者的现金流分析也应该成为实行分期付款的基础，从而使借款者以未来全部可能的收入承担偿付责任并明确偿付时间表。

IT 技术可以用来系统化地降低成本、保护操作安全和进行创新。由于可以带来重要突破，IT 技术毫无疑问是这个新式金融服务的强大支柱。因此，我们可以认为它兼容并包、适宜通盘考虑、能够担当责任，并且可以持续发展。

### 三、新农业和农村金融的潜在影响和主要利益相关方的角色

现代农业除了对小户农民来说是件好事以外，对农业综合企业和金融中介机构也是一项有利可图的投资，公共捐助机构、发展中国家政府以及大型慈善基金会可能也希望了解支持新型农业和农村金融在中观和宏观方面的影响，以及是否会对实现千禧年发展目标有所助益。所有的利益相关方都非常希望了解在农业金融上富有成效的努力将如何为实现千禧年发展目标作出显著的贡献。

**（一）在微观、中观和宏观层面的潜在影响**

在农村金融的微观层面，为小户农民提供合适的金融和非金融服务，将增加他们的收入并培育其储蓄习惯，从而反过来缓解家庭和企业的现金流压力，也便于对生产技术和居住条件进行投资。这将形成良性循环，推动自给自足的农村经济走向现代化农村经济。生活水平提升和价值链改进可以契合起来。它涉及人们如何应对变化，将相互依存的传统个体转变为农村企业家，作出多元化发展、订立合约关系、将农业投资作为商业行为而非谋生之计、用现代化方法管理农业相关风险等战略决策。授权可能也被作为一个主要影响因素。

在中观层面，为价值链中二线城镇的青年人创造季节性的、持久的工作岗位，毫无疑问是可信的预计影响。迁移者将考虑把外地汇款投资于中小微型农业综合企业，如果他们感觉这会成为一个赚钱的好机会，并且对社区群体有所帮助的话就会考虑这么做。反过来，这些新的工作岗位和私人投资会推动当地经济发展；在那些将权力下放作为重要发展政策的国家，也会对地方政府形成支持。

在宏观层面，农业和农村的成功发展由私人部门主导将毫无疑问会对增长产生影响。由于私人部门占人口的大多数，并且大部分处于价值链中较为低端的位置，溢出效应非常有可能发生。在合适的政策引导下，这也会对相互依存的国家和地区的粮食安全和粮食主权产生显著影响。

**（二）政府（中央或地方）、捐助者在新型农业和农村金融中的作用**

为了将机会转变为实际经济增长并惠及百姓，良好的外部环境绝对至关重要。这一次，所有的利益相关方似乎一致认同成功所需要的外部条件。

1. 政府的作用

在整体框架中，中央政府应该对创业表示强烈支持，同时也要对私人部门任何形式的经济创新表示支持，不管这些创新是来自农村家庭、迁移者、农民团体，还是来自国内或国外各种规模的公司，都应如此。中央政府应当通过临时性税收减免、营业执照获取便利以及减少行政负担等形式，在刺激农村地区投资、增加当地产品附加值，以及为国内食品市场服务这些方面都做到位。

特别是，一项农村和农业金融政策可以呈现一个清晰的前景、国家希望达到的目标，并且为所有的参与者定位角色。它将十分明确地强调政府希望扮演的角色以及政府对如何促成公私合作的看法。这种农村金融政策要么在很多国家完全缺失，要么更多时候仅是一项农业和农村发展政策，而非一项考虑了农村和农业金融特殊需要的金融部门政策。

此外，政府可以在 IT 基础设施建设方面进行投资，以减少银行和小微信贷机构利用 IT 技术进一步渗透进农村市场的成本。地方政府会很好地受益于农村和农业价值链金融。如果这些投资投放在乡村和二级城镇，如果能够创造出持续的工作岗位，如果税收用于生产性基础设施建设，政府也可为创业者在当地投资建立企业创造一个有吸引力的环境。实践中可以动员大学研究实验室与公司一起研发新产品，或者利用职业培训中心为企业提供合适的技能或为职业教育提供便利。在价值链金融中，由私人和银行共同建立地方或区域性风险资本，正成为激励创业的创新融资渠道。

2. 捐助者的作用

捐助者最重要的作用是从不同层次提高市场参与者的能力。对金融中介、银行或者较大的小微金融机构来说，如果它们希望在农村地区发展下去或者为价值链提供金融服务，就一定需要产品开发方面的专业知识，以及设计最节省成本的服务方式的专业知识。检查营运和内控的流程将是保证安全交易的关键所在。完善并升级现有的管理信息系统，对提高有效性和生产效率也非常重要。员工培训和客户培训是另一个需要资金的领域。最后，金融机构可能希望为农村和农业金融建立一个单独的部门或窗口，为农村和农业金融提供支持，并且帮助金融机构进行合理的开发设计，这也是未来增长中一个不错的投资。

## 参考文献

［1］ AfDB and French Ministry of Foreign Affairs（2008）Le transfert de fonds par les travailleurs migrants au centre des efforts de développements en Afrique.

［2］ Bowonder, B. , Gupta, V. , Singh, A. （2002） Developing a Rural Market e - hub: The case study of e - Choupal experience of ITC. Indian Planning Commission Report, New Delhi. http: //planningcommission. nic. in/reports/sereport/ser/stdy _ ict/4 _ e - choupal%20. pdf.

［3］ Chao - Béroff, R. （2004） Histoires de vie des petits entrepreneurs en Asie et en Afrique. Fondation Charles Leopold Mayer.

［4］ CIDR/GRET （2009） Etude de marché pour le développement de produits pour server les clients ruraux. Commissioned by Enda InterArabe, Tunisia and funded by AFD.

［5］ Doran, A. , McFadyen, N. , Vogel, R. （2009） The Missing Middle in Agricultural Finance. OXFAM GB Research Report. www. oxfam. org. uk/resources/policy/trade/downloads/research_agricultural_finance. pdf.

［6］ International Development Research Centre （IDRC, in French: CRDI） （2005） Internet et téléphonie mobile pour l'accès aux prix des produits. Project of Fédération nationale des GIE de pêche au Sénégal （FENAGIE/Pêches） Manobi, Project start: April 2005. www. idrc. ca/fr/ev - 8117 - 201 - 1 - DO_TOPIC. html.

［7］ International Fund for Agricultural Development （IFAD） and World Food Programme （WFP） （2008） Creating Pathways Out of Poverty in Rural Areas: Managing Weather Risk with Index Insurance. http: //home. wfp. org/stellent/groups/public/documents/communications/wfp201797. pdf.

［8］ International Fund for Agricultural Development （IFAD） （2010） IFAD Decision Tools for Rural Finance, IFAD. Rome. www. ifad. org/ruralfinance/dt/full/dt_e_web. pdf.

［9］ International Monetary Fund （IMF） （2009） The World Economic Outlook Database. World Economic and Financial Surveys. IMF, Washington, DC, October 2009. http: //www. imf. org/external/ pubs/ft/weo/2009/02/weodata/index. aspx.

［10］ Pauron, M. （2010） Terres achetées, quelle réalité. In: Jeune Afrique, 26 September 2010.

［11］ Lam, D. （2006） The Demography of Youth in Developing Countries and its Economic Implications. World Bank Policy Research Working Paper 4022, World Bank. http: // www. wds. worldbank. org/external/default/WDSContentServer/IW3P/IB/2006/10/04/00001

6406_20061004095006/Rendered/PDF/. wps4022. pdf.

［12］ McKinsey Global Institute（MGI）（2010）Lions on the move – the progress and potential of African economies. MGI Research Report. http：//www. mckinsey. com/mgi/publications/progress_and_potential_of_african_economies/pdfs/MGI_african_economies_full_report. pdf.

［13］ Sivakumar, S. （2005）Streamlining the Agricultural Supply Chain：Lessons Learnt from E – Choupal. Working Paper No. 35, Bazaar Chintan, New Delhi.

［14］ Swinnen, J. F. M. , Maertens, M. （2013）Finance Through Food and Commodity Value Chains in a Globalized Economy（in this volume）.

## 关于价值链融资的出版物

［1］ Rural Outreach Action Group – E – MFP（2010）Value Chain Development and Microfinance – Review of current issues.

［2］ Miller, C. , Jones, L. （2010）Agricultural Value Chain Finance – Tools and Lessons. FAO.

［3］ IIRR（2010）Value Chain Finance：Beyond microfinance for rural entrepreneurs.

［4］ Rabobank Group（2010）Sustainability and security of the global food supply chain. www. rabobank. com/content/images/ Rabobank_IMW_WB_report – FINAL – A4 – total_tcm43 – 127734. pdf.

［5］ Meyer, R. L. （2013）Innovative Microfinance：Potential for Serving Rural Markets Sustainably（in this volume）.

# 第二章 粮食安全和农村市场的系统性金融模式

Doris Kohn[①]　　Michael Jainzik[②]

在发展中国家进行农业投资，特别是投资小农经济，被当作是一种满足不断增长的世界人口对粮食需求的关键措施。[③] 改进农业金融的方式主要是为农民提供投资性贷款。这被广泛认为是刺激生产的重要方法。[④] 尽管事实确实如此，但这只是部分事实。农业相关的物理和市场基础设施在讨论中被大大忽略，尽管这对发展中国家粮食的获取具有极大影响，并且在根本上也是农民进行生产的先决条件。

在本章，我们将描述粮食生产和销售链的每个环节所产生的投资和金融需求：从农场到餐叉，从牧场到盘子，或者从仓院到肚子里。任你选择。

## 一、农耕的商业化机会

近些年，全球农业生产的经济结构已经发生了显著改变。最为重要的是，商品价格经历数十年停滞之后，农产品，包括加工过的或者未加工的，其价格都已经显著上涨，并且预期还会进一步上涨。人口增长以及高价值粮食需求的增长——尤其在大型新兴市场，正在潜移默化地带来持续性挑战。[⑤] 农业商品价格的高涨很可能持续下去，而这会带来农民收入增

---

① 德国复兴信贷发展银行，非洲和中东地区总经理。
② 德国复兴信贷发展银行温得赫克办公室主任。
③ "粮食安全"在本文中使用的定义较为宽松。我们并不是指1996年世界粮食峰会所定义的广义粮食安全："粮食安全是指当所有人在任何时候，能够通过实在而经济的途径获取充足、安全、有营养的粮食，以满足积极健康生活所需的饮食要求和粮食偏好。"
④ 比如可参见 Doran 等人（2009）。
⑤ 比如可参见 Chao - Béroff（2013）。

长的机会。特别是发展中经济体，因为它们为农业生产承诺了更高的经济回报。① 因此，农业及其现代化生产的投资是有回报的。的确，相比多年前，这些投资在今天要更具吸引力。② 同时，投资于农产品加工及相关贸易，可能在经济上具有更高回报，并且将推进投资增长。

但是，这些农业的投资潜力面临两个瓶颈：一是连接农业生产和市场的基础设施不够充分，二是这些投资缺乏金融支持。金融支持的缺位，不仅是私人投资农业生产和初加工工业的瓶颈，也是上述连接性基础设施建设的瓶颈，私人部门和公共部门都会受到影响。

我们将发掘农业生产和消费市场之间的连接障碍，从而呈现农业生产的全部潜力。我们还将强调金融部门的特殊作用。

## 二、交通基础设施建设的跨界相关性

农村地区交通基础设施建设的相关性以及为其提供金融服务的方式，是永无休止的讨论话题。然而，在关于粮食安全的讨论中，它却被忽略了。特别是，（农村）交通运输系统与有效的粮食生产和有效的消费者市场营销之间的关系被极大地低估。讨论农业生产和农村地区发展，必须重新强调农村交通运输基础建设——鉴于全球粮食生产系统的改变，今天比任何时候都应该如此。因此，农村交通运输系统③的重要性将重现在本章的所有部分。

---

① "小农不愿对超出自身需求之外的增产进行投资，除非这种投资有利可得"，Gouillou 和 Matheron（2011），第 68 页。

② 虽然作者相信，这些激励措施对提高农业产出、满足世界人口的需求，总体上是起到了积极的作用而且是必要的，但是对农业生产预期较高的回报亦有轻率的一面，并且很显然也有负面的影响。除了恶化生产所带来的潜在生态问题以外，商业投资者对肥沃土地的大规模收购可能是最突出的问题。有一些研究报告称，这种大规模收购造成对小户农民的排挤，政府和开发性金融机构应该对这种发展趋势有所反应。本文不对此作深入展开分析。作为引子，推荐阅读 Oxfam International（2011）以及 Deininger 和 Byerlee（2011）。关于大规模土地交易的公众在线数据库项目，也可参见网站 http：//landportal. info/landmatrix。

③ 农村交通运输系统不包括道路。不同运输服务和不同运输模式（包括非机动车运输）的存在必须被考虑进来。关于农村物流保障链将小户农民并入新兴农业市场的作用，可以参见 Sieber（2011）的介绍。

### （一）未曾生产的粮食

在发展中国家，很多农民进行着自给自足的农耕活动。但是，更多农民把产品卖向市场，他们属于以利润为导向的创业者。自给自足的农民转变为商业型农民是存在一定可能性的。这些商业型农民只有在预期能够获得足够收入的时候，才会从事生产。通常，大多数农业商品的价格水平无法确定；个体农民无法控制价格，并且价格的不确定性会影响农民作出种植什么作物的生产决定。同样地，产出水平也不能由农民完全控制，因为农业产业还存在一定的外部风险，诸如天气、虫害等，尽管农民也可以使用一些方法将这些风险降低到一定程度。受这种不确定性的影响，农民的微观决策过程一直很不明确，难以进行一般性分析。

但是，从农田到市场的运输成本可以进行较为清晰的评估，并且可以确切地在农民的决定中得以反映。[①] 运输成本的波动性通常不会那么大，尽管汽油价格的变化（在使用机动车进行运输的情况下）以及路况的突发性恶化（比如下雨或者山体滑坡）也会影响运输成本。在给定市场价格水平和农民生产成本的情况下，运输成本是农民收入的决定性（并且是可变的）因素。[②]

---

[①] 这当然不是新的观点。在19世纪中期，经济理论史上农业经济学家的先驱之一Johann Heinrich von Thunen阐释了市区市场的距离对农民选择种植作物种类的影响。参见von Thunen（1910）。Sieber（1999）发现城镇周围农地的环形布局结构——距离市场越远，农业生产的密度越小，在今天的撒哈拉沙漠以南的非洲国家，呈现出富有规律的面貌，而von Thunen曾在德国工业化之前也观察到这种情况。

[②] 不同的研究表明，农民通常没有转嫁运输成本的议价能力：城市市场的价格通常是固定的参考价格，到市场的运输成本由农民承担，从而降低了农产品的产地价格。参见Mkenda和Van Campenhout（2011）关于坦桑尼亚的研究，第9页指出城市市场价格中包含的运输成本通常很大。Mkenda和Van Campenhout（2011）第16页指出商贩从农村到附近城镇（25~75公里的距离）的运输成本大约是产地价格的10%（不含商贩的加成部分）。一项关于哥斯达黎加的大西洋区域的研究表明，下列品类的产地价格占城市市场销售价格的比例分别为40%（木瓜）、50%~55%（香蕉、木薯、小玉米），以及70%~78%（芋头），其差别可能是由于运输成本、商贩加成以及运输企业的不同而造成的，参见Hoekstra（1996）。

**专栏 1**

### 道路连接状况的改善对农业生产产生正面影响的一些例证

大量证据表明，道路及道路连接方面的投资，对发展中国家的农业生产效率和产出会产生正面影响。[①]

关于德国复兴信贷发展银行所资助的运输工程的事后评价，说明了道路对刺激粮食生产的贡献。位于尼泊尔的达丁伯西区（Dhading Besi district）的一条道路，可将 15000 人口连接到国道系统。在这条路上铺上柏油路面，使得该地区的蔬菜生产量从约 12200 吨增长到大约 50000 吨。主要原因是：道路改善，货物运输的价格减少了 2/3。[②] 相似的案例也有记载：在乍得，有两条主要的沙砾道路连接瓦达伊（Ouaddai）和瓦迪弗瑞（Wadi Firi）地区通往国道系统。对这两条道路的建设和完善使当地花生的产量提高了 2 倍。[③]

有一项计量经济学研究覆盖了撒哈拉沙漠以南的 21 个非洲国家。该研究表明，通过投资道路基础建设从而增强市场连接程度，可以提高很多农产品的产量：[④] 在距 10 万人口的城市 4 个小时车程之内的区域，农作物总产量占潜在生产量的比重大约为 45%；而在距 10 万人口的城市 8 个小时以上车程的区域，农作物总产量占潜在生产量的比重仅为 5%。

还有一项计量经济学分析，研究了马达加斯加道路连接对农业投入要素的使用、农作物产出以及家庭收入的影响。这项分析对以下结论给出了证据：路途的遥远对农业生产效率和家庭收入水平具有负面影响。[⑤]

---

[①] 强化农村道路系统的积极作用，远远超越农业本身。它在减少整体贫困方面起到核心作用。参见 Faiz（2012），第 15~23 页。

[②] 参见德国复兴信贷发展银行（2005），第 22 页。

[③] 参见德国复兴信贷发展银行（2005），第 28 页。在此投资建设之前，两个地区只有一条土路是雨季期间的必经之路。

[④] 参见 Dorosh 等（2009）。

[⑤] 参见 Stifel 和 Minten（2008）。

一项中国的计量经济学分析也表明，道路的公共投资对减少贫困具有正面作用。① 另一项计量经济学模型例证了在民主刚果，连接城市和港口的道路状况与这个国家巨大农业潜力的挖掘进程具有高度相关性。②

如果拥有更好的道路基础设施，农业投入要素可能更易于运抵农田并刺激生产，这些投入要素包括种子和肥料、农业咨询、机械化服务③、季节性劳动者以及金融服务。对于道路改善能够在多大程度上提高农村地区的金融渗透程度，作者虽然不知晓任何这方面的实证研究，但是这种相关性是显而易见的。良好的道路连接对任何银行分支机构的顺利运营（包括与中心网点之间的现金运输往来、对信贷客户的监控等）都至关重要。由于需要与银行客户进行互动，特别是信贷服务更是如此，因此物理连接能力十分关键。银行员工需要上门检查客户条件来进行决策分析，信贷客户需要到访银行网点或者使用其他便利设备办理按期还款。对借款者而言，农村银行客户的路途成本——包括现金和时间通常会成为借款成本的重要组成部分。

移动银行的发展，比如利用手机连接银行账户、往手机用户的账户里面存钱、支付交易，可能为其中一些服务提供了替代性方法，并且缓解了没有银行网点导致的路途成本的问题。但是，其减少最多的可能只是现金转移成本（银行和客户之间，以及客户之间）。在银行与客户需要近距离交流的环节，比如信贷分析和信贷监控，移动银行不大可能将金融在农村经济中的覆盖范围扩展得更为深远。④

① 参见 Fan 等（2002），第44页："农村基建的政府支出对降低贫困程度也有巨大贡献。这种影响通过农业和非农业生产的增长来实现。在我们考虑的这三个基建变量里，道路的影响尤其重大。每增加1万元投资，就会有3.2个贫困者的生活水平被提升到贫困线以上。因此，道路在减少贫困的作用上排在第三重要的位置，仅次于教育和研究开发。"

② 参见 Ulimwengo 等（2009）。

③ Dorosh 等（2009）一项覆盖21个非洲国家的研究建议，采用高投入农业生产技术与达到城市的路途时间呈现负相关关系（尽管在撒哈拉沙漠以南的大多数非洲国家，这种技术采用率总体上都较低）。

④ 可比较 Westercamp（2013）。

### （二）收获后损失——粮食安全的关键因素

通常来讲，关于农民收入来源以及粮食安全的讨论，集中在（增加）农业生产和必要的农田投资方面，但这并不是问题的全部。大量的生产损失发生在生产之后：收获后损失——通常理解为粮食在收获后环节中数量和质量的损失[①]，在发展中国家，根据估计以及记录的数值，会占到初始收获数量的5%～70%。[②] 因此，粮食损失对粮食安全有重要影响，无论是可得到的数量方面，还是粮食价格的（潜在）影响方面都是如此。

在西方经济体的超市或者在消费者家庭（在美国，两者分别为9%和17%）[③] 中，粮食浪费的数量惊人。这项发现不仅仅是一个技术性问题，它更多地与道德诉求相关，因为超市里浪费的部分原因是消费者不愿意购买不太新鲜的蔬菜，同时，发生冰箱里浪费的部分原因可归结为不加节制和有欠考虑的消费方式。

形成鲜明对比的是，在发展中国家，零售环节和家庭的浪费要少很多。在这里，粮食损失主要缘于前期生产和销售环节的生物腐坏。比如，由于无法获得足够的收割装置（延迟获得或者根本没有），由于运输和储存过程中缺乏足够的冷藏措施，由于不安全的仓储方式导致的虫害，或者

---

[①] 参见 de Lucia 和 Assennato（1994）。"收获后环节"包括收割和田间处理、打谷脱粒、晒干、磨碎、储存和运输。同样，超市中丢弃的粮食（由于品相不达标，如有污损或畸形）和家庭丢弃的粮食（餐桌上剩下的或者过期的食品）也通常被作为收获后损失，参见 Hodges 等（2011）。供应链中，生产环节、收获后环节和加工环节产生的损失通常被作为"粮食损失"，而零售和终端消费环节的损失通常被称为"粮食浪费"，在概念上与零售商和消费者行为相关（参见 Parfitt 等，2010），也经常伴随着道德层面的看法。当我们在本文中使用"粮食损失"或"收获后损失"时，我们大体上依据 Parfitt 等（2011）的观点，主要指在农业收获后的环节和贸易过程中发生的问题，在这个范围内，损失主要由于很少有（投资于）足够的技术，也没有充分应用这些技术。家庭和零售店的"粮食浪费"主要由于人们的消费行为，这不在本文的讨论范围之列。

[②] 参见 Hodges 等（2011）、Kader（2005）和 Gustavsson 等（2011）。通常，易腐烂产品的收获后损失更大，比如水果、块茎作物、蔬菜和鱼，而谷物的损失较少。但是，在很多发展中国家，谷物的收获后损失可能高达35%，比如西非地区的玉米。参见 Hodges 等（2011），40～41页，基于 APHLIS 统计（www.aphlis.net）。也可以对比 Gustavsson 等（2011），他们给出了按区域划分的不同粮食种类的损失数据。收获后损失的水平也受生产质量的影响，比如优良的种子和健康的植物生长过程可以使产出品更不易腐坏。通常，发展中国家的生产质量也相对较低。

[③] 参见 Hodges 等（2011），第40～41页。Hodges 等也引述了其他研究，这些研究描述了其他国家相似的水平。

缺乏良好包装导致的损害。通过表1，我们可以看到各种技术原因导致的粮食数量和质量的损失（请注意，有些初始的质量损失，比如腐烂，会最终导致数量损失）。[①]

**表1　　　　　　　　　技术原因导致的不同收获后损失举例**

| 损失性质 | 收获后损失环节中的位置 | 举例 |
|---|---|---|
| 数量损失 | | |
| 突发性损失 | 收割、运输、处理、储存过程 | 掉落遗失或者包装袋撕裂、溢出 |
| 鸟类造成的损失 | 收割前晒干 | 作物收割前在田间晒干 |
| 鼠类造成的损失 | 晒干、运输、储存 | 大田鼠、家鼠 |
| 虫类造成的损失 | 晒干、运输、储存 | 大玉米螟 |
| 质量损失 | | |
| 物理条件 | 收割后晒干、储存 | 热度、冷冻、湿度 |
| 鸟类和鼠类的踪迹 | 晒干、储存 | 粪便、羽毛、毛发 |
| 虫类的踪迹 | 晒干、储存 | 粪便、幼虫、织网 |
| 微生物造成的损失 | 晒干、运输、储存 | 黄曲霉毒素污染、真菌腐坏 |
| 呼吸作用和蒸腾作用 | 储存、运输 | 易腐烂产品 |
| 处理 | 整个收获后环节 | 擦伤导致的腐烂 |

资料来源：Guillou 和 Matheron（2012）。

减少收获后损失的方法多种多样，但这个问题并非显要的政治议题。[②]减少收获后损失的方法涉及从纯技术解决方案（投资和改良的过程）到管制措施等不同层面。[③] 大多数方法都需要投资，最重要的投资方向包括运输便利、储存和包装设施，但同时也需要人力资源的投资。[④]

图1将收获后环节的活动与不同的市场参与者对应起来，这些参与者

---

① 仅次于粮食损失的技术原因（通常与设备不够优良相关，因为不被作为最佳投资选择），也有政策导致的粮食损失：质量标准管制（分级制度）可能要求丢弃部分粮食。水果和蔬菜也会被从市场召回并销毁，以维护市场价格。参见 Guillou 和 Matheron（2011），第 47~48 页。

② 收获后损失的讨论似乎更像是一个技术专家（物流和包装专家、兽医，诸如此类）之间的讨论，而不是广泛的政策范围的讨论。直到最近，才有一些论文指向广大公众，比如 Stuart（2009）。直至今日，最高水平的收获后损失的处理，是在 1974 年世界粮食峰会上提出的宏伟项目"预防粮食损失"，该项目试图在 10 年内减少 50% 的世界粮食损失。参见 Guillon 和 Matheron（2011），第 61 页。作者不知道损失减半的目标提出之前是否曾经经过测算，并且怀疑该目标是否达到了。

③ Kader（2005）、Hodges 等（2011）和国家科学院（1978）提供了不同方法的概览。参见 Guillon 和 Matheron（2011），第 47~57 页和第 66~73 页。

④ 参见国家科学院（1978），第 159 页。

将需要进行实物资本投资和人力资本投资，以实现更好的加工质量并减少
损失。

| 活动 | 投资者 |
|---|---|
| 收割和田间处理 | 农民、服务提供者 |
| 打谷、打麦 | 农民、服务提供者 |
| 晒干 | 农民、服务提供者、加工企业 |
| 研磨 | 加工企业 |
| 储存 | 农民、加工企业、运输公司、批发商、零售商、仓储业 |
| 运输和分销 | 运输公司（卡车运输、船运、铁路、港口）、批发商、超市链、国家（公路网、铁路网、港口） |

**图1　收获后环节的活动和相关投资者**

如图1所示，提高收获后加工工序的效率需要较高水平的投资，这要求不同领域的投资者共同参与进来。从主要分类看，这些投资既需要国家或社会团体（比如道路基础建设，或者可能以社区为基础的存储便利设施）来承担，也需要私营公司来承担。需要强调的是，私人部门的收获后投资远远超出很多政策制定者支持的"加工企业"范畴。同样，在发展中国家，被作为"非生产性角色"的部门——运输和贸易在减少收获后损失方面发挥了主要作用。同样需要注意的是，除了需要长期投资以外，通常周转资金短缺也是一个问题，比如当需要及时获取收割机以便安全地打谷和研磨时就是如此。

（三）收获后损失作为影响农田收入的因素

利用技术减少收获后损失，对粮食供应的质量和数量以及粮食安全都具有积极影响。总体上，粮食供应的增长可以降低粮食的生产成本，对城

市人口和农村贫困人口都有好处。[1]

依靠这种活动，包括农场之上或者农场之外的农民活动，损失的减少直接影响了农民的收入，得益于他们所购买产品数量和质量的提高。虽然减少收获后损失的好处比较显著，但也存在与之相关的成本。因此，减少收获后损失的投资需要产生正回报，从而对农民或农民组织（在共同使用的情况下）形成吸引力。[2] 一些技术在农田上的应用（比如，田间处理、收割、晒干或者农场间运输以及农场储存）也能够使自给自足的农民受益，而所有与产品营销相关的技术（比如市场运输、包装）都将只提高那些卖出剩余农产品的商业性农民的收入。[3]

### （四）价值链的有效组织能够减少收获后损失

一些证据表明，如果收获后的不同环节缺乏内在的联系，将增加收获后损失的程度。比如，由于更长的储存时间或者没有及时加工或销售，储存过程中的损失可能变大。无法运输加上无法在农场储存，可能导致产品面临户外长时间干晒的风险，而技术上并不需要晒这么久。价值链的有效组织可以减少这种收获后损失。通过对农业价值链参与者之间营销和交易过程的更好组织，这是可以实现的。[4] 这种有管理的营销努力有非常不同的形式：对于可储存的谷物和油籽，他们可能引入库存信用方案和仓库收

---

[1] 参见 Zorya 等（2011），第 19~20 页。

[2] Zorya 等（2001），第 21~35 页，针对减少谷物收获后损失的低端和低成本技术举出了一些例子。

[3] 作者仅知道一项研究估测了收获后损失的减少对农民家庭收入和利润的影响。Fischler 等（2011）评估了在四个中美洲国家进行的 POSTCOSECHA 项目。该项目里有大量的生产刺激措施，并在农村家庭使用了小型镀锌筒仓。该研究表明，自给自足的农民几乎保持了满足自需的产量，并且通过使用金属筒仓，他们的粮食保质期每年提高 30~35 天。在金属筒仓里安全储藏的谷物（主要为玉米）可以满足以后的需要，这种影响被视为最重要的方面（减少购买谷物的必要，并增加了更多需求弹性）。另一方面，与市场对接的农民也从金属筒仓中受益，因为他们可以把部分妥善储存的谷物在价格更高的较晚时节出售而非在收割季节就出售，从而提高了收入。该案例中平均增加的现金收入达到 90 美元/年（或者对一个年收入 1800 美元的家庭来说，相当于年均现金收入的 5%），并且约等于一个 545 千克的筒仓的实际价格。这意味着这项研究并未测算减少收获后损失对收入的独立影响，但它测算了整体影响，与推迟销售产生的影响相互交织。除了农民的收益以外，该分析表明，这对 800~900 家生产筒仓的小规模铁匠的收益也有正面影响。这项研究还提出，这个项目对这个地区产生了重要的物价稳定效应。

[4] 参见 Hodges 等（2011）。

据系统。① 这种方案便于迅速移出田间农作物，便于安全储存，以及把仓库和筒仓数量减少到最低。② 充分的营销结构管理，也可以使农民不必为获得现金流，而在收割季节之前卖掉尚在生长的农作物。这为农民提供了更可靠的收入来源。③ 相应地，所谓的价值链金融方案对价值链的支持，会有助于减少粮食损失。④

---

**专栏 2**

### 现代粮食销售和市场营销系统之间的矛盾

在发展中国家，粮食销售系统正在迅速改变，主要受城市化、西方式生活方式的影响，大量零售连锁店和现代超市的流行程度远远超过传统市场和售卖本地产品的小零售商。例如，在巴西，大约70%的粮食在大型超市销售，而30年前这个比例仅为10%。⑤ 从减少收获后损失的角度看，这种变化带来了相互矛盾的影响：现代超市和零售连锁店能够更有效率地组织粮食销售，并且减少储存和运输环节的收获后损失。但是，这似乎又增加了粮食损失。由于消费者的偏好，它们倾向于只展销品相较好的货物，这导致尚可食用的粮食被丢弃。同时，现代超市倾向于出售即食的粮食，这很可能增加粮食的浪费。由于缺乏发展中国家的城市交易和消费结构中粮食浪费方面的研究，目前我们依然不清楚以上两个矛盾的影响哪方面将占主导地位。⑥

---

① 关于农业价值链和价值链金融，参见 Swinnen 和 Maertens（2013）。

② 参见 Hodges 等（2011）、Coulter 和 Shepherd（1995）。

③ 初级产品市场结构的特征通常是买方独家垄断或者寡头垄断结构。比如，某个地区经由有限的几个买家购买农民收割的作物。这会导致这些买家具有相对较强的议价能力，因为农民几乎没有其他销路。有组织的交易结构使双方具有长期的契约关系，原则上对降低这种议价能力是合适的，因为不可再利用农民的困境对他们施加压力。De Schutter（2010）探讨了全球粮食供应链中关于议价能力的主题，以及这种能力被主导型买方潜在滥用的可能性及其与市场竞争法律的关系。

④ 参见 Miller 和 Jones（2010）关于价值链金融不同方式的描述。也可参见本书中的论文 Swinnen 和 Maertens（2013）。

⑤ 参见 Guillou 和 Matheron（2011），第 23 页。

⑥ 对比 Guillou 和 Matheron（2011），第 59 页。

减少"农场到餐叉"瓶颈的主要方法有以下几种。

1. 增加粮食供给比增加农业生产产出更加有效。农场生产的大量粮食可能不知去向或者变质。比如,在农场上打谷、晒干或者包装粮食的时候都有可能发生损失,而且离开农场之后也会有很大程度的损失,比如在推进此后的加工、运输或者交易等价值链中的步骤时就会如此。为了提高粮食供给的安全性,农场和消费者之间所有的步骤和过程都需要考察清楚并且加以改进。

2. 农村道路基础建设的公共投资是个关键。道路基建设施是所有收获后经济活动的基础,因为它与所有活动都有相关关系,比如把产品运到市场或加工商那里,或者为加工等步骤准备好原料。道路基建状况也会影响农民播种什么作物的决定,或者压根就不为市场而生产(因为市场可能遥不可及)。因此,需要大力探索农村道路基建(建设和维护)方面金融创新的可能性。

3. 收获后损失的减少需要不同私人参与者的投资。以上列出的私人部门在加工、运输和交易方面的投资,通常可以由银行提供的资金(投资和周转资金贷款)给予支持。与城市或非农领域相比,这些领域的客户通常具有不同的风险特征。对农业加工和贸易领域的客户,银行面临类似的挑战,因为这些价值链中不同参与者面临相同或相似的特殊农业风险。[①]农业金融包含了不同价值链参与者,金融机构需要评估并管理农业金融的协同性风险特征。我们将在后文对此深入讨论。价值链金融方案贯穿着有组织的价值链,而价值链又整合了一些收获后环节。通过减少收获后损失,所谓的价值链金融方案能够对金融部门有所贡献。

### 三、金融部门的(潜在)贡献

如前文所述,不同类型投资者的投资彼此相关,以便从牧场到盘子的价值链能够富有效率地运转并且将粮食损失减少到最低。国家需要在农村

---

① 参见 Maurer(2013)关于农民和农业价值链信贷相关风险的讨论。

公共基建上投资。涉及收获后系统的有不同的经济部门，并且在有组织的价值链中运营的也有不同的（私人）参与者。他们都需要获得金融服务，以便激励农业及其他领域内的农村投资。

为什么银行和其他金融机构对这些活动所提供的金融支持达不到所需要的程度？

（一）国家

为提高农业生产率，减少收获后损失，公共部门首先需要在公共运输基础设施上投资，主要是农村道路网络，而铁路运输和海港对出口农产品的国家也有一定意义。为这些支出提供资金时，公共财政通常使用诸如税收（以及特别收费、进口税和其他税种）和发债等政策工具。

我们并不想在此展开讨论公共财政问题。但是，我们想指出市政当局和其他的地区性行政级别的作用。至少受分权政策的影响，地方当局在提供和维护地方基础设施建设上扮演更为重要的角色，比如农村道路铺设等方面。有些责任会转嫁到社会团体中去，公共财政系统未必总是为此提供了必需的资金。

但是，除了依据法律责任投资于传统的公共物品（比如农村道路）之外，我们发现，市政当局也投资于特殊的商业便利设施，以强化当地的经济发展。比如，提供服务的市场空间、市政的储存设施、市政运营的渡船或码头。围绕这些产生收入的活动，外包服务、特许经营模式或其他形式的公私合作伙伴关系，可能成为动员私人投资并将金融部门纳入其中的平台。

（二）初级农产品

与其他经济部门的金融活动相比，为农民提供金融服务可能更加困难和复杂，但是也没有证据表明农业金融比其他部门金融活动的风险更高。[1]直到20世纪80年代，农业金融的主要方式还是为农民贷款提供补贴利率，特别是通过特殊的国家项目或者国有农业银行来实施。这种方式已被

---

[1]　参见 Meyer（2011），第46页。

证明是不可持续的，并且经常引致其目标的反面：它将农村贫困者排除在金融服务之外，而不是使之可持续发展并惠及所有人。[①] 现在，人们广泛接受这个观点：加强金融系统建设，推进强大而有效的、对农村客户有兴趣的金融中介的发展，将会为贫困者和其他未被金融服务覆盖的群体带来更高质量的金融服务。[②]

近年来，我们也看到了一些金融机构的案例，它们管理良好，战略定位清晰，为发展中国家包括小户农民在内的农村人口服务。[③] 特别值得一提的是，这些金融机构能够针对农业企业的特性使用简明而有效的信贷评估方式，并管理集中于一个部门的风险暴露敞口，包括农业特有的外部风险（特别是天气，也包括病虫害和市场风险）。这些能力已经成为成功的决定因素。

尽管已经取得这些成就，但距离金融部门对农业团体的服务质量和数量达到令人满意的水平，仍然有很长的路要走。

### （三）农业服务的提供者和交易者

传统上相比农民自身得到的服务而言，农业服务的提供者，比如投入要素和机械交易商、产品交易商或耕田和运输服务提供商，能够从银行得到更好的服务。他们通常具有更大的规模（导致更有经济吸引力和更大规模的贷款），有更加专业的运营（更规范的账务，便于银行分析），（与农民相比）有更易于变现的抵押品（比如车辆、股份或者城区房地产）。原

---

① 关于这个主题有数百项研究。第一篇发表的论文帮助破除了以补贴和定向贷款促进农业生产的观念。该论文是美国国际开发总署发表于 1973 年的《小户农民信贷的春季回顾》。参见美国国际开发总署（USAID，1973）。另一项开拓性论文是 Adams 等（1984），关于俄亥俄州立大学农业经济系农村金融组精心选取的课题，该论文包含了一些重要研究。

② 从旧式的补贴信贷范式到新式的金融系统性方法之间的过渡概览，可参见 Vogel（2006）。

③ 举个例子，一些最初集中于城市业务的正面信贷银行（ProCredit）网络中的小微信贷银行已经把贷款组合的 15% 投向了农业部门（加纳、尼加拉瓜、厄瓜多尔、乌克兰、塞尔维亚、罗马尼亚）。参见这些银行的年报（2011），可在网站 www. procredit - holding. com 上获取。另一个成功进入农村和农业客户领域的商业化小额信贷银行的例子，是阿塞拜疆的艾克塞斯银行（Access Bank）。参见 Jainzik 和 Pospielovsky（2013）。Meyer（2013）也提到了一些案例。两者都在本书中收录。

则上，这些因素使银行更容易为这些参与者提供服务。

但是，从风险管理的角度来看，对比农业加工和交易方面的客户与农民客户，银行面临类似的挑战。两种类型的客户都面临着特有的农业风险[1]：当大风或者病虫害导致某个地区减产时，加工者只有更少的农产品能够加工成罐头，交易商也只有更少的产品可以投放市场。因此，金融机构需要对具有协同性风险特征的农业金融进行仔细的评估和专业化管理，对象包括价值链中的不同参与者，以便挖掘农业部门金融供给的所有潜力。在对农业特有风险的专业化管理方面，大多数金融机构还差得很远。[2]

（四）有效的行政命令

为农业部门及相关参与者提供服务的核心挑战在于，农业部门本质上是在农村。客户业务的单位规模通常比城市市场低（信贷和储蓄都是如此），客户距离物理网点更远，网点离银行总部更远，离可雇用到合格银行员工的劳动力市场尤其远。这些因素使农村地区的服务供给成本更高。因此，为了提高农村金融服务供给的效率，银行需要高效运作。关于联系客户的成本效率方面的讨论，通常集中于技术解决方案，比如之前提到的手机银行。但是，任何技术方法都需要嵌入清晰的战略观点，也即如何为农村市场服务。战略观点可能要进行区分哪些服务提供起来富有效率，哪些服务不应该由本行提供。[3] 产品设计和流程组织需要满足客户需求，以便在农村地区市场渗透下去。金融机构需要回答一些核心战略问题，比如：可以为哪些客户提供服务？哪些人可能被排除在服务范围之外？哪些产品能够在农村地区发展到足够的规模，以便提高推广效率？在农村地

---

[1]　参见 Maurer（2013）关于农民和农业价值链信贷风险的讨论。

[2]　关于不同的风险管理方法，请参见 Maurer（2013）。一定程度上，金融机构能够管理特有的农业风险。通过限制风险暴露、维持贷款组合的多元化、对农业企业提出多样化要求及采取其他措施，金融机构可以将潜在的负面影响限制在一定范围。如果在这些措施下，金融机构的风险承受能力仍然不行，风险转移可以使它们扩大农业贷款发放规模，而免于暴露在不适当的风险水平之下。关于发展中国家农业保险的作用，请参见 Herbold（2013）。关于结构化金融的潜在作用，请参见 Hartig 等（2013）。两者都在本书中收录。

[3]　对有些服务（例如支付服务）来说，非银行机构或许能够提供更好的服务，比如移动通讯公司。

区，产品的标准化和简明性应该达到什么程度，以便使文化程度较低的客户仍然能够明白，并且使不太合格的银行员工仍然能够向客户解释清楚？产品最好的分销方式是什么？个体单独借贷还是团体组合的方式（这种方式的一部分销售成本被分摊给农村组织）更好？

在这种背景下，金融机构交叉销售的机会对成本收入比有决定性影响；使用基础设施（比如网点、现金设备等）不仅可以拓展信贷服务，也可提供储蓄、转账和其他服务。这能够帮助银行最大限度地利用其基础设施。① 因此，与提供全方位服务的银行相比，通常只提供信贷服务的专业化农业银行的成本效率很可能较低。这些提供全方位服务的银行为更广范围的客户提供更广范围的服务，不仅为农民，也为居住在乡村的其他客户。

我们感到很多（小微）金融机构在定位和设计产品以及相应的流程组织上不够严格，以致不能在为农村群体提供服务时达到最高效率。实施这种严格化管理可能导致艰难的选择，因为这很可能导致必须忽略部分农村人口的一些需求。但是，流程组织的效率缺失其实是金融服务向农村渗透的主要障碍。

整体农村金融、道路基础设施和农业价值链之间潜在的再强化关系如图 2 所示。

## 四、结语

为使农业和农村金融成为保障粮食安全的有益工具，我们需要一个系统性方案。这个方案不仅强调农民对金融的需求，也强调价值链中深度参与者的投资和金融需求。将这些参与者考虑进来尤其重要，因为他们在减少粮食的收获后损失方面能够发挥重要作用，从而有助于市场获得更多的

---

① Hartarska 等（2009）曾经对世界范围内的 750 个小微金融机构进行过计量经济学分析，包括提供信贷和储蓄服务都会导致显著的范围经济效应，例如潜在的成本节省效应。他们发现，范围经济性未必源于吸收存款带来的低资本消耗。范围经济性似乎是固定成本的分摊和不同产品之间的成本交叉带来的结果。但是，它也表明似乎在农村环境比城市区域更难达到范围经济性。

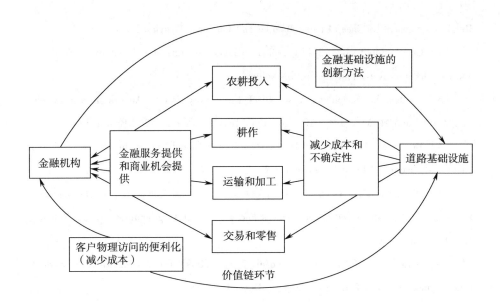

**图 2 整体农村金融、道路基础设施和农业价值链之间潜在的再强化关系**

粮食，这也会为消费者降低价格水平。

我们需要再次突出国家的作用，尤其是国家在农村运输基础设施建设投资方面的作用更需得到强调。基建条件的完备在保障粮食生产和减少收获后损失等方面都具有重要帮助。

金融部门还没有完成它们应做的功课：利用公私合作伙伴关系为公共物品提供融资，并为农业价值链参与者提供系统性服务。这方面的创新方法还很有限。农民和价值链中的其他参与者都面临特有的（协同的）农业风险。目前，仅很有限的银行和小微金融机构开发并实施了充分的风险评估和风险管理工具，以提高对农民和价值链其他参与者的信贷水平，也仅有很有限的银行和金融机构在流程组织上（这与产品设计有关）达到了有效水平，从而便于拓展对农村地区的覆盖面。

**参考文献**

[1] Adams, D. W., Graham, D. H., von Pischke, J. D (eds.) (1984) Undermining

Rural Development by Cheap Credit. Boulder and London: Westview Press.

［2］ Chao – Béroff, R. (2013) Global Dynamics in Agricultural and Rural Economy, and its Effects on Rural Finance. In this volume.

［3］ Coulter, J. , Shepherd, A. W. (1995) Inventory Credit – An Approach to Developing Agricultural Markets. In: FAO Agricultural Services Bulletin 120. Rome: FAO.

［4］ Deininger, K. , Byerlee, D. (2011) Rising Global Interest in Farmland – Can it Yield Sustainable and Equitable Benefits? Washington: World Bank.

［5］ De Lucia, M. , Assennato, D. (1994) Agricultural Engineering in Development: Post – harvest Operations and Management of Foodgrains. FAO Agricultural Services Bulletin, No. 93. Rome: FAO.

［6］ Doran, A. , McFadyen, N. , Vogel, R. C. (2009) The Missing Middle in Agricultural Finance. Oxfam GB Research Report, December 2009.

［7］ Dorosh, P. , Wang, H. – G. , You, L. , Schmidt, E. (2009) Crop Production and Road Connectivity in Sub – Saharan Africa: A Spatial Analysis. Africa Infrastructure Country Diagnostic Working Paper 19, World Bank.

［8］ Fan, S. , Zhang L. , Zhang, X. (2002) Growth, Inequality, and poverty. The role of public investments. Research Report 125, Washington D. C. : International Food Policy Research Institute (IFPRI) .

［9］ Faiz, A. (2012) The Promise of Rural Roads – Review of the Role of Low – Volume Roads in Rural Connectivity, Poverty Reduction, Crisis Management, and Livability. Transportation Research Circular E – C167, September 2012, Washington D. C. : Transport Research Board.

［10］ Fischler, M. et al. (2011) 5 Year Ex – Post Impact Study POSTCOSECHA Programme in Central America, Final Report March 2011. Bern: SDC and Intercooperation.

［11］ Guillou, M. , Matheron, G. (2011) The world's challenge – feeding 9 billion people. Versailles: Éditions Quæ.

［12］ Gustavsson, J. , Cederberg, C. , Sonesson, U. , van Otterdijk, R. , Meybeck, A. (2011) Global Food Losses and Food Waste. Rome: FAO.

［13］ Hartarska, V. , Parmeter, C. F. , Mersland, R. (2009) Scope Economies in Microfinance: Evidence from rated MFIs. Unpublished, http: //www2. solvay. edu/EN/Research/CERMi/documents/Final_Hartarska_Scope. pdf.

［14］Hartig, P. , Jainzik, M. , Pfeiffer, K. （2013）The potential of structured finance to foster rural and agricultural lending. In this volume.

［15］Herbold, J. （2013）New approaches to agricultural insurance in developing economies. In this volume.

［16］Hodges, R. J. , Buzby, J. C. , Bennett, B. （2011）Postharvest losses and waste in developed and less developed countries: opportunities to improve resource use. In: Journal of Agricultural Science 149: 37 – 45.

［17］Hoekstra, S. J. （1996）Field Research on Transportation Costs, Farm – Gate, and Farmer Market Prices in the Atlantic Zone of Costa Rica. Centro Agronómico Tropical de Investigación y Enseñanza, Agricultural University Wageningen and Ministerio de Agriculturay Ganadería de Costa Rica.

［18］Jainzik, M. , Pospielovsky, A. （2013）Busting Agro – lending Myths and Back to Banking Basics: A Case Study of AccessBank's Agricultural Lending. In this volume.

［19］Kader, A. A. （2005）Increasing Food Availability by Reducing Postharvest Losses of Fresh Produce. In: Proceedings of the 5th International Postharvest Symposium, Acta Hort. 682, ISHS 2005.

［20］KfW （2005） Wege bereiten. Potentiale nutzen. Neunter Evaluierungsbericht （2004/2005） über die Projekte und Programme in Entwicklungsländern. Frankfurt: KfW.

［21］Lamberte, M. B. , Vogel, R. C. , Moyes, R. T. , Fernando, N. A. （eds. ） （2006）Beyond Microfinance – Building Inclusive Financial Markets in Central Asia. Manila: Asian Development Bank （ADB）.

［22］Maurer, K. （2013）Where is the risk? Is agricultural banking really more difficult than other sectors? In this volume.

［23］Meyer, R. L. （2011）Subsidies as an Instrument in Agricultural Finance: A Review. Joint Discussion Paper, Washington D. C. : World Bank.

［24］Meyer, R. L. （2013）Innovative Microfinance: Potential for Serving Rural Markets Sustainably. In this volume.

［25］Miller, C. , Jones, L. （2010）Agricultural Value Chain Finance. FAO 2010.

［26］Mkenda, B. K. , Van Campenhout, B. （2011）Estimating Transaction Costs in

Tanzanian Supply Chains. Working Paper 11/0898, November 2011, International Growth Centre, London School of Economics and Political Science.

[27] National Academy of Sciences (1978) Postharvest food losses in developing countries. Washington D. C. : National Academy of Sciences.

[28] Oxfam International (2011) Land and Power – The growing scandal surrounding the new wave of investments in land. Oxfam Briefing Paper No. 151.

[29] Parfitt, J. , Barthel, M. , Macnaughton, S. (2010) Food waste within food supply chains: quantification and potential for change to 2050. Philosophical Transactions of the Royal Society 365: 3065 – 3081.

[30] de Schutter, O. (2010) Addressing Concentration in Food Supply Chains. The Role of Competition Law in Tackling the Abuse of Buyer Power. Briefing note by the Special Rapporteur on the right to food, December 2010.

[31] Sieber, N. (2011) Leapfrogging from Rural Hubs to New Markets. In: International Road Federation Bulletin, Special Edition Rural Transport, Vol. 2, 20 – 22.

[32] Sieber, N. (1999) Transporting the Yield – Appropriate Transport for Agricultural Production and Marketing in SSAfrica. Transport Reviews 19 (3): 205 – 220.

[33] Stifel, D. , Minten, B. (2008) Isolation and Agricultural Productivity. Agricultural Economics 39 (1): 1 – 15.

[34] Stuart, T. (2009) Waste – Uncovering the global food scandal. New York City: W. W. Norton & Company.

[35] Swinnen, J. F. M. , Maertens, M. (2013) Finance Through Food and Commodity Value Chains in a Globalized Economy. In this volume.

[36] Ulimwengo, J. , Funes, J. , Headey, D. , You, L. (2009) Paving the Way for Development? The Impact of Transport Infrastructure on Agricultural Production and Poverty Reduction in the Democratic Republic of Congo. IFPRI Discussion Paper 00944. Washington D. C. : International Food Policy Research Institute (IFPRI) .

[37] USAID (1973) Spring Review of Small Farmer Credit. Washington D. C. : USAID. Thünen, J. H. von (1910) Der isolierte Staat in Beziehung auf Landwirtschaft und Nationalökonomie. Jena: Gustav Fischer.

[38] Vogel, R. C. (2006) From Agricultural Credit to Rural Finance: In Search of a

New Paradigm. In: Lamberte et al. (2006), pp. 1 – 37.

[39] Westercamp, C. (2013) Reaching the Client in Geographically Adverse Conditions: Can Outsourcing Increase Effectiveness and Efficiency? In this volume.

[40] Zorya, S., Morgan, N., Diaz Rios, L. (2011) Missing Food – The Case of Post-harvest Grain Losses in Sub – Saharan Africa. Report No. 60371 – AFR, Washington D. C. : World Bank.

# 第二部分
## 服务农村客户的制度和流程创新

# 第三章　全球经济中的食品和商品价值链金融[*]

Johan F. M. Swinnen[①]　Miet Maertens[②]

## 一、简介

价值链的成长以及相关质量标准的推广，会对发展中国家弱势的生产者产生影响，这引发了发展研究界的热烈争论。[③] 价值链中的质量要求通过多种渠道影响到农场。首先，发达国家对于进口商品的质量，公开提出了前所未有的严格要求，从而对出口国家的生产商和贸易商产生影响（Jaffee 和 Henson，2005；Unnevehr，2000）。其次，全球价值链在世界食品市场中正扮演着越来越重要的角色，这些市场渠道（通常纵向协作）的开发与质量标准的提高相关（Swinnen，2007）。例如，现代零售公司在水果和蔬菜市场中越来越占据主导地位，包括很多贫穷国家的城市市场，它们已开始在自己的商业领域建立食品质量安全的标准（Dolan 和 Humphrey，2000；Henson 等，2000）。最后，发展中国家产品加工投资的增长，也带来当地生产商对高价值和高质量商品的需求，以便满足国内高收入消费者的需要，或者是在区域销售和供应链中将交易成本最小化（Dries等，2004；Reardon 等，2003）。

关于这些发展的意义及其对小户农民的影响，学术界已展开了积极讨

---

　＊ 作者声明：本文的撰写受到德国联邦经济合作和发展部通过德国复兴信贷发展银行和 Methusalem 计划授权的鲁汶大学的资助。

　① 经济学教授和导师，任职于天主教鲁汶大学制度和经济运行中心（LICOS）。

　② 助理教授，任职于天主教鲁汶大学地球和环境科学系。

　③ 本文的论点和实证证据包含了传统上被称为"发展中国家"、"转型国家"和"新兴市场国家"的地区。很多论点在这些地区是适用的；如果不适用，其差别将被专门说明。

论。一方面，发展中国家的农业开发和农产品出口被看作经济增长有益于贫困人口的重要潜在方式。另一方面，逐渐严格的食品安全和质量标准，无论来自私人部门还是公共部门，对国内和国际贸易以及价值链都具有强烈影响（Jaffee 和 Henson，2004）。有些人认为，这强化了全球不平等和贫困，因为：（1）它引入了新的（非关税）贸易障碍；（2）它把小规模、信息匮乏、资本实力弱小的生产者排除在高质量供应系统之外；（3）大型跨国公司通过在价值链中的议价能力榨取所有的剩余价值（Augier 等，2005；Reardon 和 Berdegue，2002；Unnevehr，2000；Warning 和 Key，2002）。

一个核心问题是，纵向协作的流程将把一大部分农田，特别是小户农民排除在价值链之外。这里有三个理由：第一，大型农场的交易成本更低。因为相比联系很多家小型农场而言，上下游公司联系几家大型农场会更加容易。第二，当需要一些投资以便与公司签订合同或者供应高价值农产品时，小型农场的金融方式很有限，更不容易进行必要的投资。第三，小型农场实现每单位产出通常需要公司更多的帮助。小户农民被排除在价值链之外的问题，经常在高价值作物产业链发展影响的相关研究中被提及和讨论。这些研究（比如 Reardon 和 Berdegue，2002）经常强调价值链正在向规模更大、更有优势的供应商转移，同时将小型农场排除在外。

但是，关于这些观点，也有不少的争论和不确定性，更广泛地说，在关于高价值产业链的社会福利意义方面说法很多（Swinnen，2007）。第一，尽管质量和安全标准确实提高了生产成本，但同时这也减少了国内和国际贸易中的交易成本。换而言之，除了阻碍交易之外，标准还可以成为交易的催化剂（Maertens 和 Swinnen，2010）。第二，最近的实证研究表明，小户农民在全球价值链中的参与程度，比开始设想的要广泛很多，甚至依据实际情况得出的结论可能完全相反，在本章后面我们将会看到这一点。在不同国家、不同领域的多种多样的现代价值链中，小户农民在市场参与者中是占主导地位的，比如亚洲（例如中国）的园艺价值链、中亚（例如哈萨克斯坦）的棉花价值链、非洲（例如马达加斯加）的园艺出口以及东欧地区（例如波兰）的各种价值链（乳品、大麦）。也有一些案例，农场结构在现代价值链中是大小混合型的（例如塞内加尔），或者大型农场占主导，比如非洲南部和东部的水果和蔬菜价值链、前苏联（比如俄罗斯和哈萨克斯坦）的谷物和油籽价值链。近期的证据表明，也许经过一段时期，价值链内部会发生重要变化，但是其变化方向却是各不相同的：小户农民的参与程度在有些案例（塞内加尔的园艺出口）中有所消退，而在另一些案例（斯里兰卡的茶叶）中却在增强。

关于第三个问题——价值链中的利益分配的问题证据较少。从实证来看，大多数研究集中在小户农民被排除在外的问题上，几乎没有研究真正估测福利、收入或者贫困方面的问题。只有很少的研究确实评估了福利效应，发现其对发展中国家贫困家庭具有积极作用。这些贫困家庭，或者作为小农生产者，或者在大型农业公司工作，从而参与到价值链中（Mae-rtens 和 Swinnen，2009；Maertens 等，2011；Minten 等，2009）。值得注意的是，显著的福利效应在好几个案例中都发生了，尽管小户农民和农村从业者面对的是独家垄断的加工、交易和零售公司。

为理解福利效应，一个重要的方面，是要认识到高质量要求标准的引入是与价值链金融（VCF）的成长和技术转移同步发生的（Dries 等，2009；Miller 和 Jones，2010；Quiros，2007；Swinnen 2007）。发展中国家当地供应商的质量生产合同不仅专门约定了运输条件和生产过程，还包含了投入、信贷、技术、管理建议等条款（Minten 等，2009；世界银行，2005）。后者对当地供应商特别重要，因为他们面临当地重要要素市场不完善的问题，这是另外一个关键特征，尤其是信贷和技术市场的缺陷通常很大，对质量升级所要求的投资形成了主要制约，特别是对那些不能从国际资本市场融资的当地公司和家庭而言更是如此。但是，强化质量生产的合约和价值链金融在发展中国家很难推广，因为这些国家的执法体系通常运行得很差。执法问题会显著增加合约成本，也会阻碍实际合约的履行，并抑制价值链金融的发展。

本章的第一部分将讨论价值链的发展和小农的参与，第二部分将讨论这些价值链中价值链金融业务的发展。

## 二、价值链的重要性增强

新兴市场国家和发展中国家价值链的成长，与两个因素相关：高价值产品需求的增长和高价值商品向高收入国家出口的增多。

第一，发展中国家对高价值作物的消费，比如水果和蔬菜消费，在1980—2005年增长了200%，而谷物类的消费在此期间停滞不前。这种增长与不断提高的收入水平和城市化水平相关，并且反映在城市市场中现代食品产业和零售连锁商店（超市）的快速成长之中（Reardon 等，2003）。现代零售公司在所有发展中国家迅速壮大，并且在食品质量和安全上建立了较高标准（Dolan 和 Humphery，2000；Henson 等，2000）。现代食品产业壮大背后的重要因素，是发展中国家食品部门自由化的投资政策和外国直接投资（FDI）的流入。在 20 世纪 90 年代早期，外国直接投资的股份占大多数发展中国家和新兴市场国家 GDP 的比重是 10%。到 2005 年，在东南亚和转型国家，这一比例为 25%；在非洲和拉美，这一比例是 30%。在大多数非洲国家，农产品部门吸收了外国直接投资流入的一大部分（联合国贸易和发展会议，2010）。

第二，发展中国家的高价值食品出口——包括水果和蔬菜、肉制品和奶制品、水产品和海鲜，在 1980—2005 年增长了 300%，目前构成所有发展中国家农产品出口的 40% 以上（世界银行，2008）。发展中国家高价值农业出口产品的增长速度远远超过传统热带产品（比如咖啡、可可、茶叶）出口，后者在整体中的重要性已经降低（见图 1）。亚洲较早开始了向非传统和高价值产品出口的转变，但在非洲、拉美和加勒比海，传统作物重要性的降低和水果蔬菜出口的增长进程从最近 20 年才开始。

这些非传统出口主要集中在水果、蔬菜、花卉、鱼类和海鲜等产品上。这些趁新鲜或者在加工后进行消费的产品，其价值（按重量或其他单位计）通常远高于尚待进一步加工的初级商品（比如热带产品）。在非洲，水果和蔬菜的出口从 1990 年的 19 亿美元增长到 2007 年的 56 亿美元

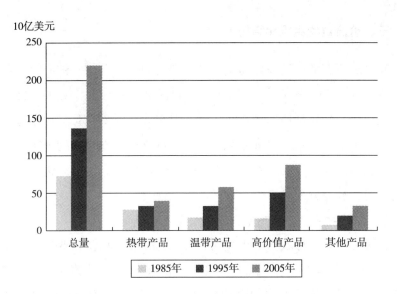

注：热带产品包括咖啡、可可、茶叶、坚果、香料、纺织纤维、食糖和糖果。温带产品包括谷物、动物饲料和食用油。高价值产品包括水果、蔬菜、鱼类、海鲜、肉类和肉制品、奶制品和乳制品。其他产品包括烟草和香烟、饮料、橡胶和其他加工食品。发展中国家包括非洲、中美洲、南美洲和加勒比海，以及东亚、南亚、东南亚和中亚的所有中低收入国家。

资料来源：Maertens 等（2009）。

**图1　发展中国家农产品出口的结构变化（1985—2005）**

（联合国粮食及农业组织统计数据库，2010）。一些非洲国家，包括非常贫困的国家（比如科特迪瓦、埃塞俄比亚和塞内加尔），已经成为欧盟新鲜水果和蔬菜的重要供应商。类似地，一些拉美贫困国家（危地马拉、洪都拉斯、玻利维亚）已经成功提高了新鲜蔬菜向美国出口的水平。

传统出口商品向非传统出口商品的转变具有双重重要性。第一，很多发展中国家数十年来高度依赖仅一种或者几种出口商品，从而使国家在面对世界市场价格的波动和动荡时十分脆弱。向非传统商品出口模式的转变意味着更为多元化的出口结构，从而降低这种脆弱性。第二，非传统出口的产品是高价值产品，这些产品的单位价值通常远高于传统热带出口产品（比如咖啡、茶叶和可可）。这为这些国家的小农生产者带来了源自农村的较多收入和减少贫困的机会。

### 三、价值链的组织和结构

向高价值农业的转变伴随着农产品部门的彻底转型。供应链的重构或者"现代化"包括：（1）质量和安全的标准不断增多，更加严格，不管公共部门还是私有部门都是如此；（2）从分布零碎的部门到链条整合的转变（大部分是加工、经销和零售）；（3）从传统批发市场的现货市场交易向提高纵向协作水平的转变，其中包括价值链金融。这些结构性变化对小农的参与和利益分配具有重要意义。

#### （一）针对涉农产品不断提高的公共和私营标准

在过去十年，涉农产品相关的监管部门标准和私营企业标准都已经大幅提高，特别是非传统产品的出口，比如新鲜水果、蔬菜和海鲜这些易腐烂产品的质量标准更高。向欧盟出口的新鲜食品必须满足严格的公共要求，包括营销标准要求、标签要求、关于食品污染条件的要求、一般性卫生准则要求和可追溯要求。此外，关于食品质量和安全、有机生产模式或公平交易的私营标准，正在不断被大型食品公司、连锁超市和非政府组织所采用，并且在农产品交易中发挥了越来越重要的作用（Jaffee 和 Henson，2005）。食品的高标准要求改变了食品生产价值链的商业模式。

公共和私营的食品标准通常被视为发展中国家食品出口的障碍。但是，很显然，在食品质量和安全标准大幅提高的时期，很多贫困国家生鲜产品向高收入国家的出口却经历了加速成长。比如，塞内加尔在 1997—2006 年，其园艺产品出口增长了 5 倍，而同时期（根据世界贸易组织资料文件）新的卫生和植物检疫方法的数量增长了 6 倍。

#### （二）加工和零售的不断整合

食品工业的整合一直在进行着，不管在高收入国家还是新兴市场国家都是一样。这个过程大多是通过收购兼并进行的，也适用于食品加工和零售公司。大型食品公司通过对外直接投资也在进行全球扩张。通过这种方法，它们在本土市场之外推进了产业聚集。

在很多东欧转型国家，食品零售环节五大企业占总市场份额的比重依然很高，在很多国家已经达到 60% 以上。比如，2009 年，保加利亚、罗马尼亚和波兰的前五大超市食品零售份额分别占超市销售份额的 59%、61% 和 57%。在南美洲、东亚（中国以外）和南非，超市食品零售的平均份额从 1990 年的 10% ~ 20% 一路上升到 21 世纪初的 50% ~ 60%（Reardon 等，2003）。同时，食品加工和出口也越来越趋于整合。比如，塞内加尔青豆出口企业的数量从 2002 年的 27 个下降到 2008 年的 14 个（Maertens 等，2011）。

（三）纵向协作和价值链金融

价值链中产品标准不断严格的趋势带来了供应链组织方式的变化。区别于基于现货市场的交易，价值链使不同环节产生了不同水平的纵向协作。① 首先，在生产环节，签约和纵向协作在拉美、亚洲、欧洲和非洲的一些高价值产品供应链中得到长足的发展（Swinnen，2007；世界银行，2005）。这些纵向协作的部分举措包括提供金融、运输、物理投入和质量控制服务；而在一些案例中，也有提供投资信贷和银行贷款担保的情况。

上游加工和贸易纵向协作的发展愈发极致，食品标准的提高也越来越与此相关。大型出口商更多地参与完全纵向整合的地产建设，这些地方成为大型种植园，雇用劳工在那里劳作。

其次，下游纵向协作也在不断强化。这一点在全球零售和食品进口公

① 世界银行 2005 年通过对东欧和中亚的比较研究得出结论：这种纵向协作项目对转型国家的一些商品和经济增长非常重要（世界银行，2005；Swinnen，2006）。这项研究认为，比如，在乳品部门，广泛的生产合同已经在乳品加工商和牧场之间建立起来，包括提供信贷、投资贷款、动物饲养、延伸服务和银行信贷担保等。在糖业部门，营销合同十分广泛，还有更多的延伸合同，包括投入要素供给、投资信贷资助等。在乳品和糖业部门，一些发展中国家的加工商提供的供给资助也在相当程度上超越了涉农企业对农场进行的贸易融资和投入资助。在棉业部门，棉花加工者通常让农场供应籽棉，并提供一些要素投入。这个模型在中亚非常普遍，也跟发展中国家（比如非洲国家）的棉花加工供应链结构类似。但是，在中亚地区，合约和供应商资助的范围似乎更为广泛，包含了信贷、种子、灌溉和肥料等，这些都是由棉花加工者提供的。在新鲜水果和蔬菜种植业部门，伴随着质量的高要求和运输的及时性，现代零售连锁的快速增长正在改变供应链。新的供给合约作为零售投资的一部分正在快速发展。它包含了农场资助项目，比在西方市场中通常见到的要更为广泛。这与新兴经济体的情况类似，但是在一些案例中看起来更为复杂。最后，在谷业部门，更广泛、更完整的纵向整合出现在俄罗斯和哈萨克斯坦。在这两个国家，大型的农业控股和谷物贸易公司在一些最好的谷物生产地区拥有大型农场。

司与海外供应商之间的纵向关系上表现得十分明显。大多数非洲水果和蔬菜出口商在产出季节之前，都与欧洲进口商签有事前协议。有些协议是口头的，并不包含对价格和运输日期的要求。但是，大多数大型出口商还是会与买家签订有效合同，包括（最低）价格、质量和运输的及时性要求等条款。有些出口公司甚至会从海外伙伴那里得到前期贷款。

### 四、小户农民在价值链中的参与情况

前文曾提到小型农户被排除在价值链之外。这一观点是基于有限的实证经验的。一些国家较新的实证经验则展现了一个大体上一致但仍然有些细微差别的图景。这些研究总体上肯定了一个主要假设：交易成本和投资约束是价值链中的重要考虑因素，并且加工和零售公司更倾向于与数量相对较少、规模更大、更加现代化的供应商进行合作。但是，经验观察也显示了有时价值链实际参与者更加多元化的情况。相比开始预想的情况，很多小户农民实际上更多地参与了合约耕作模式。表 1 总结了一些国家这方面的特征。

**表 1　　　撒哈拉沙漠以南非洲国家出口供应链中的小户农民采购**

| 国家 | 商品 | 年份 | 出口中来源于小农的份额 | 小农生产者数量 |
|---|---|---|---|---|
| 加纳 | 水果和蔬菜 | | | |
| | 菠萝 | 2006 | 45% | 300～400 人 |
| | 木瓜 | 2006 | 10%～15% | |
| | 蔬菜 | 2002 | 95% | |
| 科特迪瓦 | 菠萝 | 1997 | 70% | |
| | 芒果 | 2002 | <30% | |
| | 香蕉 | 2002 | 100% | |
| 塞内加尔 | 法国菜豆 | 2005 | 52% | 600～900 人 |
| | 番茄 | 2006 | 0 | 0 |
| 肯尼亚 | 新鲜水果和蔬菜 | 2002 | 50% | 12000～80000 人 |
| 马达加斯加 | 新鲜蔬菜 | 2004 | 90%～100% | 9000 人 |
| 赞比亚 | 蔬菜 | 2003 | | 300 人 |
| 津巴布韦 | 水果和蔬菜 | 1998 | 6% | 10 人 |

资料来源：Maertens 等（2009）。

因此，近期文献表明，小户农民确实被排除在一些国家的部分价值链之外。但这远不是一般性的模式。与基于交易成本和能力限制的观点所预期的相比，小型、贫困的农场其实在更大程度上是被纳入了价值链的。

一些研究表明，不同农场的合约和价值链金融的性质有所不同。比如，在乳品加工的案例研究中，大型农场的投资包含了对农场装备的租赁安排，而小型乳品农场的资助项目包含了对微型冷藏集成装置的投资（世界银行，2005）。

一些研究发现，在"小型农场"中，是那些最富有和受教育程度最高的人们被纳入价值链中，而最贫穷的人们则被排除在外（Maertens 和 Swinnen，2009）。但是，这也不是无可争辩的普遍结论。另一些研究表明，最贫穷的人们可能也被纳入了价值链，并且一些国家（比如中国）的情况甚至表明，"园艺革命"（现代零售投资和城市对园艺产品的需求同时陡增）的发生与供应链具备有利于穷人的倾向有关（Wang 等，2009）。

### 小户农民的参与和管制

现代价值链成长的一个重要方面是这些供应链的管制和产业组织方式。特别是，如前文中提到的那样，有很多证据表明，纵向协作在高价值供应链中，常常是作为弥补当地市场缺陷的一个制度性反应而广泛存在。随着投资者和食品公司面临供应端高质量生产和需求端高标准消费的重要问题，纵向协作体系已经出现，以控制供应商的生产质量标准，并为供应商提供生产要素投入和管理咨询建议。从食品公司所管理的综合性（大型）农场到小户农民的延伸性合约安排，其中的纵向协作方式都不尽相同。

合约制度的出现，绝没有导致贫困农民被排除在外，而被证明可以增加穷人获得信贷、技术和高质量要素投入的途径。在此之前，由于要素投入市场的落后，小户农民要面临流动性捉襟见肘和信息有限的问题。研究发现的广泛证据表明，通过相互关联的合约可以提供要素投入，包括基本生产要素投入、信贷、银行贷款资助、技术和管理建议等不同的方式。Minten 等（2009）、Maertens 和 Swinnen（2009）发现，由于新兴价值链中纵向协作的增加，非洲国家（比如马达加斯加和塞内加尔）的小户农民以及贫困农村家庭通过向全球零售连锁店供应高标准园艺商品获得了可观的收入。

但是，情况并不总是这样。比如在中国，Wang 等（2009）发现，随着城市居民收入的不断增长和相对富裕的中产阶级的出现，水果和蔬菜需求也产生了巨大增长。几乎所有增加的供应都是由小型的、相对贫穷的农民生产的，然后卖给小型的、相对贫穷的商贩。尽管食品链下游部门已明显地向现代零售转变（超市、便利店和餐馆中的城市消费者购买食品的份额已经快速增长），但市场营销和生产的组织方式仍然非常传统。

总体而言，价值链发展中的各种不同模式已经出现了。在不同的国家和不一样的部门，模式都有所差别。这反映了不同商品和市场的特点以及资源约束等。比如，在部分非洲国家，耕地充足而易于获取，我们已经发现，在一些案例中，当地已经建立起来了一些大规模农场。另一些案例中，耕地都在小户农民手里使用，耕地压力很大，从而建立起来一些合约制度。小型农耕体系对大型农耕体系的比较优势也导致了不同的价值链模式，这与不同的商品种类相关，比如广阔的谷物种植与密集的高质量蔬菜生产系统就有不同特征。我们将在本章最后的部分描述并解释这些变化和出现的模式。

### 五、价值链金融[①]

在 20 世纪 60 年代和 70 年代国家控制的供应链中，信贷的提供非常普遍。这在社会主义国家中极为明显。在这些国家，各个环节的生产、投入和产出的交易，包括信贷、金融，都由中央计划体系来协调决定（Rozelle 和 Swinnen，2004）。同样，在其他地区，政府的营销机构和半政府的加工公司也常常为其供应商提供信贷支持。由国家控制的价值链金融，其

---

① 参见 Miller 和 Jones（2010）、Van Empel（2010）、Winn 等（2009），这些都是近期关于价值链金融和不同案例、模型和应用的优秀报告；还可参见 Kloeppinger - Todd，R. 和 M. Sharma（2010）关于农村和农业金融创新的回顾。

主导形式是为小户农民提供季节性信贷支持，以换取初级产品的供应（Poulton 等，1998）。事实上，国家控制的价值链金融往往是农民获得信贷（或者其他要素投入）的唯一来源（国际农业发展基金，2003）。

国家控制的供应链和价值链金融系统在 20 世纪 80 年代和 90 年代的改革期间发生了巨大变化。在转轨国家中，商品交易和价格的市场化、农田和企业的私有化给供应链和农场的信贷供给带来了巨大冲击（Swinnen 和 Gow，1999）。在转轨时期，很多农场获取的金融支持非常有限，市场自由化导致对农场信贷和要素投入的供给急剧下降，因为这扰乱了政府控制的农业机构、合作社和半国营性质的加工公司的正常运转（国际农业发展基金，2003）。由于政府的经销部门及合作者在农产品采购中的重要性地位已经下降，国家控制的价值链金融提供的信贷支持也减少了。此外，市场自由化也导致政府对农业部门的（有补贴的）信贷一并减少。

随着私有化和市场化的推进，新形式的价值链金融已经出现并取得不断进步（Swinnen，2007；世界银行，2005）。这些价值链金融不再由国家控制，而是由私人公司掌握。私人经销商、零售商、农商企业和食品加工企业不断与农场和农村家庭签署合约，并且为农场和农村家庭提供信贷和金融服务，以保证能够获得高质量的农产品供应。

由于农村信贷和要素市场的不完善，农民面临资金约束和获取要素投入的限制。私人签署的农场合约最初是由加工者、经销商、零售商和投入供给商建立起来的，我们将其视为私人机构对这种约束和限制的应对措施。

基于调查数据的表 2 表明，哈萨克斯坦的一些小型棉农参与轧棉商合作，目前最重要的原因是为了获取信贷。类似地，对马达加斯加和塞内加尔的一些小型菜农来说，获取现金形式的信贷以及以前期运营融资形式存在的要素投入支持，是与出口商签订合约的一个非常重要的动机。

表 2    小型农民为高价值农作物产业链提供产品的动机

A. 哈萨克斯坦的棉农

| | 签订合约的原因（%） | 最重要的原因（%） |
|---|---|---|
| 保证产品的销售 | 9 | 8 |
| 保证价格水平 | 4 | 3 |
| 获取信贷 | 81 | 75 |
| 获取高质量要素投入 | 11 | 10 |
| 获取技术支持 | 0 | 0 |
| 其他 | 4 | 3 |

B. 撒哈拉沙漠以南非洲的蔬菜农场

| | 马达加斯加（2014 年） | | 塞内加尔（2015 年） |
|---|---|---|---|
| | 签订合约的原因（%） | 签订合约的原因（%） | 最重要的原因（%） |
| 稳定的收入 | 66 | 30 | |
| 稳定的价格 | 19 | 45 | 15 |
| 更高的收入 | 17 | 15 | |
| 更高的价格 | | 11 | 10 |
| 保证销售 | | 66 | 32 |
| 获取投入和信贷 | 60 | 63 | 44 |
| 获取新技术 | 55 | 17 | 0 |
| 歉收期间获得收入 | 72 | 37 | |

资料来源：Minten 等，2009；Maertens 等，2007；Swinnen，2005。

为了保证价值链金融的正常运转，提供融资的下游公司自身也需要充足的资金和现金流来为价值链金融体系提供融资服务。价值链金融服务项目的发起者通常包括：外国投资者（由于具有雄厚财力或者拥有接触国际金融市场的方便途径，他们有更多获取资金的方式）；在其他部门的业务往来中拥有金融资源的公司（以及那些对农业部门投资感兴趣的公司，比如俄罗斯的金融产业集团）；或者国内的加工商和国际贸易商（他们拥有充足的流动资金，比如哈萨克斯坦的谷物贸易商）；或者国内加工商，他们通过价值链金融与国际金融市场建立了联系（比如中亚的轧棉企业，它们通过与国际棉花贸易商的合约获取先期融资）（世界银行，2005）。

### 六、私人部门价值链金融的模式

世界上存在不同的私人部门价值链金融模式。有时候，价值链金融的不同模式得以发展，是由于加工商自身没有获取金融服务的途径。比如，在20世纪90年代的乌克兰油籽生产部门，农场更愿意通过实物交易合同把油籽卖给贸易公司，以换取生产要素投入，比如农业机具和燃油，而不是卖给油料压榨商，因为加工商（油料压榨商）获取信贷、贸易和装备供应的途径非常少，甚至银行还要为油籽压榨工厂寻找油籽。很多农场保留了产品的所有权，从而使油籽压榨工厂成为合同转包商，只靠收取油籽加工费度日。1999年，80%的葵花籽压榨商都靠加工费赚钱。在这个模式下，压榨商获取他们所接收油籽的13%~20%作为压榨加工费。剩下的油籽榨取的油料属于原来的所有者（装备供应商、农民或贸易商），他们把油料销往国内（与加工商竞争）或者进行出口［欧洲复兴开发银行（EBRD）/联合国粮食及农业组织（FAO），2002］。

另一种模式是，如果国内的金融资源匮乏，国外贸易商可能利用可交易的商品，来为整个产业链提供必要的金融支持。比如，在哈萨克斯坦的棉花产业链中，国内加工商（轧棉商）和国际棉花贸易商通过金融手段提供轧棉机，来对农场投入进行先期金融支持（Sadler，2005）。① 这些轧棉加工商从国际贸易商那里获得价值链金融支持，然后他们再用于与棉花农场之间的价值链金融方案。更一般地来说，你可以把价值链金融区分为若干类别。

### （一）贸易融资

在最简单的模式中，价值链金融可归结为由贸易商和中间商提供信贷支持。贸易融资通常涉及短期的季节性贷款，以现金或者货物的形式提

---

① 这种所有权结构与美国、澳大利亚相反。因为在中亚地区的农村，小农场大多数情况下获取金融支持的途径很有限，它们只好把棉花卖给轧棉加工者；而在美国和澳大利亚，农场在整个产业链条中都保留对棉花的所有权，轧棉加工商只作为服务提供商收取费用。

供，融资关系通常在农业生产者和产品购买者（或者投入要素提供者）之间发生。这种形式的贸易融资关系通常不会涉及产品购买合同，只要能够还清债务，农民就可以自由选择把产品卖给其他买家。但是，农作物要被用来作为抵押物，如果发生违约，贸易商或者中间商会将那些未收割或已收割的农作物变现，作为还款来源。中间商和小型贸易商提供的信贷大多数情况下是非正式的，通常基于社会和私人的交易关系。

### （二）相互连接的合约式农业

价值链金融的主导模式是合约式农业。在这种模式下，信贷的供给与农产品购买合约联系在一起。这也是国家控制的价值链金融的主要模式：国营（或半国营）的加工厂和政府的市场营销部门提供季节性信贷和投入要素，以换取初级产品的供应。

私人部门的价值链金融，大多数情况下也包括对农民直接提供现金信贷或者农业要素投入，而在产出的时候，将农产品作为还款来源。这种价值链金融的基本模式，在发展经济学文献关于相互关联的市场交易[1]的探讨中得到过研究，并且被描述为信贷和产出市场建立了相互关联的交易关系（比如 Bardhan，1989；Bell 和 Srinivasan，1989）。它们也是被广泛记载的各种耕种方案的精要所在（参见表1）。

但是，更多复杂的合约式农业和价值链金融的形式正在不断出现。除了信贷和产出品市场的交易以外，合约式金融越来越多地涵盖了为农民提供延伸服务、技术和管理支持、质量控制、运输和专门的存储服务。此外，比如在东欧和前苏联，一些食品公司会为农民提供中期投资贷款，推进支持性投资项目的实施，以及帮助农民获得农耕机具（Dries 等，2009）。

---

① Bell 和 Srinivasan（1989）将相互关联的市场交易定义为这样一种交易：在这种交易中，由于参与者之间所有交易的项目都是共同决策的，参与者至少参与两个市场的交易。相互关联的市场交易通常包括信用这个元素，因为它涉及为未来的索取权而进行现货的交换。除了相互关联的信用和产出交易以外，相互关联的交易也存在于土地市场（地主提供佃户的劳动力资源）和劳动力市场（雇佣者为劳动者提供借款，要求他们在劳动力需求高峰期进行劳动作为回报）。

### （三）借款担保项目

三方的结构关系被东欧加工者和零售商用于整合金融机构、资源和管理能力。其中一个例子就是，这些加工者和零售商为产品供应者（农民）在金融机构的贷款提供担保。这种承保仅限于与合约有关的专门贷款，并且仅限于参与合约的供应商。三方合约结构的贷款担保项目使用的范围很广，比如，被斯洛伐克的糖业加工商使用（Gow 等，2000），被克罗地亚的零售商用于水果和蔬菜供应商的温室和灌溉投资（Reardon 等，2003），也被一些国家的乳品加工商使用（Dries 和 Swinnen，2004）。

### （四）特殊目的机构

有一种形式更加复杂的直接价值链金融使用所谓的"特殊目的机构"（SPVs），要素投入的供应商和加工者都被纳入其中。特殊目的机构是一个独立经营的公司，由参与方共同所有，这里所说的参与方比如说加工商、投入供应商和银行。特殊目的机构与农场之间的合约可以包含产出、投入和信贷等方面的供给。

特殊目的机构的一个重要优势是，其参与者可以共同分担合同违约的风险。当一个加工商独自实施要素投入和投资项目时，加工商会自行承担农场违约的全部风险，但是要素投入供应商和金融机构却都会从这种合约创新中受益。像特殊目的机构这种安排能够让风险在不同的参与者之间进行分摊，从而激励公司进行投资；否则，公司将因为风险问题而踌躇不前。①

还有一种三方结构关系的例子，它也有专门设计的机构。它是俄罗斯乳品加工商 Wimm Bill Dann（WBD）和瑞典乳制品设备销售商 DeLaval 之间的合作。他们通过租赁合同向俄罗斯乳牛场出售制乳设备。该项目使受到金融资源制约的乳牛场能够租赁到制乳设备。乳牛场通过向 WBD 公司

---

① 在有些案例中，这种结构发展到农民也参与其中。比如，Gow 和 Swinnen（2001）的报告指出，在匈牙利东部，一群牧羊者组成的团体设立了一个生产合作组织，他们通过该组织参与了一个类似特殊目的机构的合作公司。

拥有的乳品加工商之一提供生牛奶来偿还债务（世界银行，2005）。[1]

### （五）仓储凭单金融[2]

仓储凭单收款是价值链金融的另一种形式。在这种形式下，安全可靠的仓库向有存货的商家发放仓储凭单，并且允许金融机构用这些存入的货物清单作为安全、可靠、可变现的抵押品。这是价值链金融的一种直接形式，生产者可以利用仓库的凭单作为贷款的抵押品。[3] 这个方式在谷物及其他不易腐烂的产品中最为普遍。[4]

### 七、价值链金融的重要性

White 和 Gorton（2004）、Dries 等（2009）以及 Swinnen（2006）发现，农业公司引入价值链金融项目，在转型国家中是一个普遍现象。

在拉丁美洲的合约式农业方案中，通过信贷和投入供给引入价值链金融的模式，在很多不同的农业领域中得到广泛应用。比如，水果和蔬菜行业、家禽行业、烟草行业、糖业、大麦行业以及大米行业都有一些案例（Dirven，1996）。类似地，印度也有一些价值链存在，价值链金融模式也非常普遍。Gulati 等（2007）指出的证据显示，在一些南亚和东南亚国家，小户农民和贫困农民参与到一些行业中去，并受益于合约式农业方案和亚洲粮食供应链中的价值链金融体系。在撒哈拉沙漠以南的非洲地区，私营的价值链金融已经成为农村金融的主导体系。比如，在莫桑比克和赞比亚，价值链金融实际上是农户获得金融支持的唯一来源（国际农业发展基金，2003）。评估表明，在整个撒哈拉沙漠以南的非洲地区，50%的农户通过这种方式获取信贷——资金来源于价值链金融模式中的批发商、零

---

[1] 另一个例证是一个国际金融机构所实施的。该机构通过与当地农商市场参与者合作，专门从事匈牙利的农商业和粮食供应链金融。参见 Van Empel（2010）。

[2] 关于转型国家中的仓储凭单金融可参见 Hollinger 等（2009）。

[3] 在肯尼亚玉米市场，仓储凭单系统已经于 2007 年建立起来，但是在当地作用十分有限（Collins，2009）。

[4] 仓储凭单系统已被证明是为价值链供应源国家提供金融服务的成功工具，对那些转型国家生产的耐存储商品，比如谷物来说更是如此（世界银行，2005）。

售商和加工者（英国国际发展部，2004）。根据国际农业发展基金（2003），撒哈拉沙漠以南非洲地区的价值链金融在很大程度上是直接价值链金融，其形式是合约式农业方案中的季节性贷款和投入要素供给，并且最为普遍的行业是传统的热带作物（咖啡、茶叶、可可、橡胶和油棕）出口产业，以及高价值的非传统出口行业（园艺）。①

总之，在很多国家和行业，相比传统的商业借贷和非正式借贷中进行的单一信贷交易，价值链金融正在变得越来越重要。

Maertens 等（2007）分析了价值链金融对塞内加尔的小型园艺农户的重要性，并且发现那些与出口公司签订合约的农民可以从公司获得平均300000 非洲法郎的季节性贷款，大多数以要素投入的形式存在；而农户从其他正式和非正式渠道每年平均仅能获得130000 非洲法郎的贷款。

### 八、价值链金融对生产率、质量和产量的影响

从实证角度来看，私营价值链金融系统对生产率的影响很难量化，因为一些其他因素也在同时影响产量，并且公司层面的信息也很难获取。然而，能够取得的任何信息都表明，成功的私营价值链金融都直接或间接地具有重要的积极影响。

案例研究表明，私营价值链金融项目能够带来产量、质量和生产率的有效增长。比如，东欧地区糖业和乳品行业的案例研究说明了价值链金融如何给产量、收益率和投资带来了极大增长（Gow 等，2000；Swinnen，2006）。在波兰的乳牛场案例中，20 世纪 90 年代中期，价值链金融带来了牧场（特别是冷柜和优质奶牛）投资的增长。因此，高品质牛奶的市场份额从1996 年的平均不到30％增长到2001 年的平均80％（Dries 和 Swin-nen，2004）。

由于农户获取的资金量整体上增多了，而风险实现了降低，因此价值

---

① 比如，在莫桑比克，有270000 户和100000 户小户农民分别从棉花公司和烟草公司通过合约式农业系统获得投入信贷（国际农业发展基金，2003）。

链金融具有间接的溢出效应。价值链金融也意味着可以实现有保障的农产品销售,销售价格得到保障降低了农民的市场风险。通过提供先期要素投入和贷款,合作公司也分摊了农民的生产风险。此外,在价值链金融项目中,信贷方案和收获后便捷的现金支付,增强了农民的现金流和资金获取能力,同时对其他农户的经济活动以及其他作物生产也具有溢出效应。在资金和保险市场不完善的情况下,降低风险、增强收入稳定性以及获取资金具有特别重要的作用。

一些实证研究为农户溢出效应提供了证据。Henson(2004)的研究表明,在乌干达,签订合约的菜农受益于风险降低和资金获取能力的提升。另一个例证来自 Minten 等(2009)关于马达加斯加蔬菜行业的研究。大量的小型农场从蔬菜的合约农业模式中获益,它们能够获得更稳定的收入,农闲周期缩短,技术和生产率对大米生产活动产生溢出效应。一些研究调查了农民参与价值链金融合约生产的动机。这些研究表明,最重要的动机是获取要素投入、信贷资金和有保障的销售价格,而不是为了对收入产生什么直接影响(见表2)。

如果加工公司能够设置价值链金融合同的条款,从而使其能够获取租金,那么生产率提高可能并不能使农场受益(Bardhan,1989);同时,相互关联的关系甚至可能赋予加工公司额外的垄断权力,它们可能利用与农民之间的不平等关系,从价值链中榨取租金。然而,关于这个问题的实证证据非常有限,并且几乎没有研究真正试图衡量这个问题。目前可知的情况表明,农民确实在价值链金融中获益良多。比如,关于非洲园艺出口行业的研究[包括 Minten 等(2009)关于马达加斯加的研究、Maertens 和 Swinnen(2009)以及 Maertens 等(2011)关于塞内加尔的研究]发现,高价值产品供应链中的纵向协作和价值链金融具有降低贫困程度的显著作用。

## 九、政策建议

关于价值链金融及其发展,有很多不同的政策建议。它们可以分为以下类别：为价值链金融的出现提供有利环境，处理价值链金融的利润分配和效率问题，掌握价值链金融对公共部门介入农业和农商产业发展的意义。

第一，强调一般性政策的含义非常重要。其目的是认识到价值链金融的重要性，以及将其明确地整合进政策设计和项目战略的必要性。这个观点的关键发现之一是，与通常所认识到的那样相比，价值链金融其实存在得更为普遍，虽然在不同国家和行业中具有显著的差异。因此，没有一个适用一切情形的价值链金融模式，相反，却有不同模式的价值链金融，它们反映了不同的商品特征和转型发展所处的不同阶段；也没有一个适用一切的政策，相反地，最优政策和政策要素应该有所差别和变化，以便能够反映这种差别。

第二，政策含义对良好的投资氛围和减少政策的不确定性十分必要。这是发展中国家的公司关注的首要问题。不好的政策环境对供应链投资和价值链金融项目本应有的有益影响具有负面作用。

第三，宏观经济的稳定是一个关键条件——不仅是对投资来说，对不同形式的供应链金融而言更是如此。既然价值链金融是一种金融活动，显著的不稳定性可能给合约条件带来重大改变，以至于价值链金融的自我强化不再成为可能。因此，宏观经济的稳定不仅对传统金融系统非常必要，对价值链金融而言也非常必要。

第四，一个重要的问题是竞争的作用，既是为了效率，也是为了公平。竞争将促使加工商、零售商和投入供应商提供价值链金融，并且它制约了上游或下游公司进行的供应商抽租（Swinnen 和 Vandeplas，2010）。考虑到竞争对供应链中的农场有很大的好处，确保竞争对政府来说具有重要作用。强化竞争可以用国内政策（竞争政策、更低的准入门槛），也可以用外部政策（自由贸易政策）。竞争的重要性不仅适用于私营公司，在政府直接或间接地利用垄断系统从而从农场抽租的情况下，也同样能发挥作用。但是，同时也要指出，有些人已经提出辩驳：过度竞争可能对价值链不利，因为它会破坏执行推进的进程（Poulton 等，1998）。

第五，与竞争问题相关，鼓励发展信贷市场中的其他可选方式也很重要。在价值链金融中，农民与公司产生合作关系，拥有获取信贷的其他选择是农民获得应有权利的一个重要方面。其他信贷或投入渠道的存在，将制约供应链中的抽租行为———一般来说，也是有益的。因此，价值链金融的存在，未必减弱了开拓其他农业融资方式的重要性，这些方式包括银行对农民的贷款，或者租赁等。

第六，对一些机构进行投资，帮助农场进行信贷合约谈判和解决纠纷，这是政府可以发挥重要作用的另一个领域。在法庭解决纠纷既不可行，成本又太高。因此，其他的纠纷解决机构能够发挥重要作用。政府可以帮助采取措施提高价值链金融合约的透明度、促成其他的纠纷解决安排、为价格谈判提供市场基准、培育农民作为订约人对权利和义务的认识等，这些对提高价值链金融系统的透明度、促进系统内竞争从而提高农场的议价地位等都非常重要。

第七，政府（和开发性机构）应该对支持创新的金融工具进行调查研究。一个关键结论是，最成功的价值链金融方式是具有弹性的，可以根据环境的变化进行调整。一些基于价值链的创新金融工具大多是私人的自主举措，政府的作用非常有限。在其他情况下，政府的作用更重要一些，比如需要管制和法律系统来确保这些金融工具能够起作用，或者用共筹资金的种子基金来启动一些创新工作，可能也能起到一些作用。关键结论是，要允许创新活动的顺利进行，作为融资问题的结构性解决方案，这是价值链需要明确重视的问题。

## 参考文献

［1］Augier, P., Gasiorek, M., Tong, C. L. (2005) The Impact of Rules of Origin on Trade Flows. Economic Policy 20 (43): 567 – 623.

［2］Bardhan, P. (1989) The Economic Theory of Agrarian Institutions. Oxford, UK: Clarendon Press.

[3] Bell, C. , Srinivasan, T. N. (1989) Interlinked Transactions in Rural Markets: An Empirical Study of Andhra Pradesh, Bihar and Punjab. Oxford Bulletin of Economics and Statistics 15 (1): 73 – 83.

[4] Collins (2009) ILRI – AGRA workshop.

[5] Dirven, M. (1996) Agroindustriay pequeňa agricultura. Sintesis comparative de distintas experiencies (LC/R. 1663) . Santioga de Chile: CEPAL.

[6] Dolan, C. , Humphrey, J. (2000) Governance and Trade in Fresh Vegetables: the Impact of UK Supermarkets on the African Horticulture Industry. Journal of Development Studies 37 (2): 147 – 176.

[7] Dries, L. , Swinnen, J. (2004) Foreign Direct Investment, Vertical Integration and Local Suppliers: Evidence from the Polish Dairy Sector. World Development 32 (9): 1525 – 1544.

[8] Dries, L. , Reardon, T. , Swinnen, J. F. (2004) The Rapid Rise of Supermarkets in Central and Eastern Europe: Implications for the Agrifood Sector and Rural Development. Development Policy Review 22 (5): 525 – 556.

[9] Dries, L. , Germenji, E. , Noev, N. , Swinnen, J. F. M. (2009) Farmers, Vertical Coordination, and the Restructuring of Dairy Supply Chains in Central and Eastern Europe. World Development 37 (11): 1742 – 1758.

[10] EBRD/FAO (2002) Ukraine: Review of the Sunflower Oil Sector. FAO Investment Centre/EBRD Cooperation Programme, Report.

[11] Gow, H. , Swinnen, J. (2001) Private Enforcement Capital and Contract Enforcement in Transition Countries. American Journal of Agricultural Economics 83 (3): 686 – 690.

[12] Gow, H. , Streeter, D. H. , Swinnen, J. (2000) How private contract enforcement mechanisms can succeed where public institutions fail: the case of Juhocukor a. s. Agricultural Economics 23 (3): 253 – 265.

[13] Gulati, A. , Minot, N. , Delgado, C. , Bora, S. (2007) Growth in High – Value Agriculture in Asia and the Emergence of Vertical Links with Farmers. In: Swinnen, J. (ed. ) Global Supply Chains. Standards and the Poor. CAB International Publishing.

[14] Henson, S. J. (2004) National Laws, Regulations, and Institutional Capabilities

for Standards Development. Paper prepared for World Bank training seminar on Standards and Trade, January 27 – 28, 2004. Washington DC.

［15］Henson, J. , Brouder, A. – M. , Mitullah, W. (2000) Food Safety Requirements and Food Exports from Developing Countries: The Case of Fish Exports from Kenya to the European Union. American Journal of Agricultural Economics 82 (5): 1159 – 1169.

［16］Höllinger, F. , Rutten, L. , Kiriakov, K. (2009) The use of warehouse receipt finance in agriculture in transition countries. Working paper, FAO Investment Centre.

［17］IFAD (2003) Agricultural Marketing Companies as Sources of Smallholder Credit in Eastern and Southern Africa. Experiences, Insights and Potential Donor Role, Rome, December 2003.

［18］Jaffee, S. , Henson, S. (2005) Agro – food Exports from Developing Countries: The Challenges Posed by Standards. In: Aksoy, M. , Beghin, J. (eds. ) Global Agricultural Trade and Developing Countries. Washington DC: The World Bank.

［19］Kloeppinger – Todd, R. , Sharma, M. (eds. ) (2010) Innovations in Rural and Agricultural Finance. IFPRI and the World Bank.

［20］Maertens, M. , Swinnen, J. (2009) Trade, Standards, and Poverty: Evidence from Senegal. World Development 37 (1): 161 – 178.

［21］Maertens, M. , Colen, L. , Swinnen, J. (2011) Globalization and poverty in Senegal: a worst case scenario? European Review of Agricultural Economics 38 (1): 31 – 54.

［22］Maertens, M. , Dries, L. , Dedehouanou, F. A. , Swinnen, J. (2007) High – Value Supply Chains, Food Standards and Rural Households in Senegal. In: Swinnen, J. (ed. ) Global Supply Chains. Standards and the Poor. CAB International Publishing.

［23］Miller, C. , Jones, L. (2010) Agricultural Value Chain Finance. Tools and Lessons, FAO and Practical Action Publishing.

［24］Minten, B. , Randrianarison, L. , Swinnen, J. (2009) Global Retail Chains and Poor Farmers: Evidence from Madagascar. World Development.

［25］Poulton C. , Dorward, A. , Kydd, J. , Poole, N. , Smith, L. (1998) A New Institutional Economics Perspective on Current Policy Debates. In: Dorward, A. , Kydd, J. , Poulton, C. (eds. ) Smallholder Cash Crop Production under Market Liberalisation: A New Institutional Economics Perspective. CAB International, Oxon, pp. 56 – 112.

［26］ Quiros, R. (ed.) (2007) Agricultural Value Chain Finance, FAO and Academia de Centroamerica, San José.

［27］ Reardon, T. , Berdegué, J. A. (2002) The Rapid Rise of Supermarkets in Latin America: Challenges and Opportunities for Development. Development Policy Review 20 (4): 317 – 334.

［28］ Reardon, T. , Timmer, C. , Barrett, C. B. , Berdegue, J. (2003) The rise of supermarkets in Africa, Asia and Latin America. American Journal of Agricultural Economics 85 (5): 1140 – 1146.

［29］ Rozelle, S. , Swinnen, J. (2004) Success and Failure of Reforms: Insights from Transition Agriculture. Journal of Economic Literature 42 (2): 404 – 456.

［30］ Sadler, M. (2006) Comparative Analysis of Cotton Supply Chains in Central Asia. In: Swinnen, J. (ed. ) The Dynamics of Vertical Coordination in Agrifood Chains in Eastern Europe and Central Asia: Case Studies. Washington DC: The World Bank.

［31］ Swinnen, J. (2005) When the Market Comes to You – Or Not. The Dynamics of Vertical Co – ordination in Agro – Food Chains inEurope and Central Asia. Report. Washington DC: The World Bank.

［32］ Swinnen, J. (ed. ) (2006) The Dynamics of Vertical Coordination in Agrifood Chains in Eastern Europe and Central Asia: Case Studies. Washington DC: The World Bank.

［33］ Swinnen, J. (ed. ) (2007) Global Supply Chains, Standards and the Poor. CAB International Publishing.

［34］ Swinnen, J. F. M. , Gow, H. R. (1999) Agricultural Credit Problems and Policies during the Transition to a Market Economy in Central and Eastern Europe. Food Policy 24: 21 – 47.

［35］ Swinnen, J. , Vandeplas, A. (2010) Market power and rents in global supply chains. Agricultural Economics 41 (s1): 109 – 120.

［36］ Unnevehr, L. (2000) Food Safety Issues and Fresh Food Product Exports from LDCs. Agricultural Economics, 23 (3): 231 – 240.

［37］ Van Empel, G. (2010) Rural banking inAfrica: the Rabobank approach. In: Kloeppinger – Todd, R. , Sharma, M. (eds. ) Innovations in Rural and Agricultural Finance, Brief 4. IFPRI and the World Bank.

[38] Wang, H. , Dong, X. , Rozelle, S. , Huang, J. , Reardon, T. (2009) Producing and Procuring Horticultural Crops with Chinese Characteristics: The Case of Northern China. World Development 37 (11): 1791 – 1801.

[39] Warning M. , Key, N. (2002) The Social Performance and Distributional Impact of Contract Farming: An Equilibrium Analysis of the Arachide de Bouche Program in Senegal. World Development 30 (2): 255 – 263.

[40] White, J. , Gorton, M. (2004) Vertical Coordination in TC Agrifood Chains as an Engine of Private Sector Development: Implications for Policy and Bank Operations. Washington DC: The World Bank.

[41] Winn, M. , Miller, C. , Gegenbauer, I. (2009) The use of structured finance instruments in agriculture in Eastern Europe and Central Asia. FAO Agricultural Management, Marketing and Finance working document.

[42] World Bank (2005) The Dynamics of Vertical Coordination in Agrifood Chains in Eastern Europe and Central Asia. Implications for Policy Making and World Bank Operations. Washington DC: The World Bank.

# 第四章　农业增长走廊
## ——释放农村潜力，促进经济增长

Sean de Cleene[①]

　　整体来看，产出水平低是非洲农业的特征之一。但是，非洲已经显著释放了生产率和农业增长的潜力。基础设施约束、复杂价值链的高风险以及政府传统上没有优先发展农业的现实，使得历来的投资激励非常有限。农业人口占非洲人口全职工作者的65%，并且估计有85%的人口直接依靠农业维持生计。提高生产率能够提升农村贫困人口的生活水平，并且改善粮食安全问题。

　　通过建立具有改革意义的公私合作伙伴关系，雅苒国际公司（Yara International ASA）推动了农业增长走廊概念的发展。这个概念的原理是进行杠杆投资，并显示出一个可持续增长的模式。由于具备良好的土壤和气候条件，当地的基础设施和导向性金融支持在促进农业价值链的投资方面具有巨大潜力。

　　若充分认识到莫桑比克的贝拉农业增长走廊和坦桑尼亚南部的农业增长走廊这两个走廊的全部潜力，其综合效果能帮助超过300万的农村贫困人口摆脱贫困。通过54亿美元的潜在杠杆投资，农业收入每年可能相应增加22亿美元。

　　尽管遭受了数十年的疏忽，非洲农业仍然具有重拾之前地位的潜力，使其成为非洲经济增长的主要引擎。从20世纪60年代早期开始，非洲在处理人口增长问题上并不成功；很多情况下，生产率停滞不前甚至有所下降。21世纪头十年结束时，农业GDP增长率上升到约4%。这表明，如果不同部门共同以可持续方式来加快生产率增长，同时市场机制更加透明

　　① 雅苒国际公司全球业务策划副总裁。

和完善，非洲农业就仍然存在巨大的增长潜力。

非洲发展小组声称，"欠发达的农业部门是经济增长最严重的结构性限制之一"。他们指出，"严重的投资不足"使农作物产量几乎停滞不前，仅相当于全球平均水平的1/4。[①]

近几年，非洲致力于将农业重新放到政治和发展议事日程的首位，并取得重大进展。一个显著的高层次政策措施是2003年非洲农业发展综合计划（CAADP）文件的出台。该文件描述了非洲的农业战略，其中包括号召私人部门帮助加快农业部门发展的内容。

## 一、全球挑战

未来超过90亿人口粮食安全是当今时代全球的主要挑战之一。这将要求粮食生产到2050年增长70%。在气候变化和资源稀缺的背景下，我们面临的挑战似乎更加艰巨。产量增长需要农田有几乎同样规模的增长——并且在很多情况下，并没有额外的淡水资源，同时还要减少每吨农作物的整体碳排放量。

全球增长也会影响农业：到2050年，世界人口数量估计将增长到91亿人，意味着更多的人需要糊口。仅仅是非洲人口，预计就将会翻番，在未来40年里将达到20亿人。全球经济增长带来中产阶级的扩大和更高购买力的产生，进而推动农产品的消费，包括饮食结构的改变。同时，麦肯锡全球研究院（MGI）认为，这种增长将创造更多的消费市场，并且市场规模对跨国公司具有足够的吸引力，可以促使其进行投资和技术转让。麦肯锡声称："非洲农业对价值链中的公司而言，具有巨大的潜力。"[②]

气候变化带来更多不稳定的天气条件。气候变化预计对大型区域的农业具有不利影响，这不仅仅是在热带地区的粮食不安全地带才会发生。特

---

[①] Africa Progress Panel，"Doing Good Business in Africa：How Business Can Support Development"，2010.

[②] Africa Progress Panel，"Doing Good Business in Africa：How Business Can Support Development"，2010.

别是南亚和撒哈拉沙漠以南非洲地区将面临严重挑战，它们毫无疑问地需要提高农业生产率，并且在大陆上要开发更多能够强有力地应对气候问题的农业系统。鉴于农业对更多土地的要求推高了碳排放量，生产率的提高通过减少对现有森林的压力，可能对减缓碳排放有所帮助。通过实施这两个农业增长走廊的发展战略，每英亩生产率预计将显著提升。此外，在坦桑尼亚的案例中，人们已经开始发展农业增长走廊的绿色增长覆盖战略，以确保一个平衡的、长期可持续的投资方式，并且使增长能够得以维持。在莫桑比克，这种可持续的方式隐含在他们所采用的催化资金模型之中。

## 二、非洲农业

农业是非洲经济的核心。农业人口占全职就业人口的 65%，估计 85% 的非洲人口依靠农业生活。农业产值约占 GDP 的 1/3，非洲大陆经济体超过半数的出口总收入也来自农业。

### （一）非洲的挑战

非洲农业同时面临一系列挑战。不仅是物理基础设施投资的需要极大，而且在人力资源投资上有惊人的历史欠账，包括创新、研发、培训、教育和延伸服务的投入等方面都是如此。

最关键的挑战在于生产率较低。尽管亚洲从 1960 年至今，人均粮食产量已经翻番，但撒哈拉沙漠以南的非洲地区在很大程度上一直停滞不前。与之形成对比的是，人口增长率已经很高，并且看起来这一增长趋势会保持下去。

数十年的忽视和投资不足，也带来土壤质量的下降。非洲在所有地区中具有最低的矿物肥料施用率，每公顷土地仅有七八公斤的施用量（一个中低收入国家的该指标平均为 100~200 公斤），同时还存在有机肥料短缺的情况。非洲土地被不断地进行矿产开采，却缺少足够的换土作业。大片的土地已变成不毛之地，并且需要用有管理的、可持续的方式进行养分补给。在全球变暖的背景下，非洲的干旱地区将更为干旱，这附加了另外一个挑战：淡水资源匮乏和低灌溉率状况愈演愈烈。总之，上述这些问题都导致了低产出和市场贫弱，并且导致整个农产部门的盈利能力较低。①

另一个挑战是，今天的非洲生产商在全球市场上一般并不是特别具有竞争力，虽然这种情况也在慢慢转变。同时，他们在国内一般很具竞争力，并且在中短期内供应国内市场甚至区域市场的时候都拥有巨大潜力。"我们根本不必考虑非洲大陆以外的市场"，热带农业国际研究院（International Institute for Tropical Agriculture）的院长 Peter Hartmann 在 2007 年非洲绿色革命会议②上就是这样说的。

传统上，企业由于对非洲农业整体缺乏信心，而不愿进行投资。它们将现有农业价值链的复杂度视为风险过高。此外，基础设施不足和不明确的监管通常意味着严峻挑战。而且，区域市场是分散化的，从而导致规模不够大。

虽然产量停滞不前、投资渐少以及政府对农业的支持是 20 世纪后几十年才有的事，但近几年，我们看到当地政府和国际社会以及私人部门投资非洲农业发展的意愿发生了 180°的转变。最近，大量的私营部门农业资金已经启动，这将提高私营部门对农业的投资潜力。但是，只有新生的并且可持续的投资拥有足够的渠道，这些效果才会产生。

将公共部门和私营部门承诺转变为实际落地的可持续投资，其关键因素是政府和企业要共同努力，克服农业成功增长的一些主要挑战。因此，一个关键的重点是公共部门和私营部门之间建立伙伴关系，以确保在非洲从事农业工作对小型、中型和大型规模的农户来说都有利可图。

农业增长走廊展示了这种公私合作伙伴关系及投资在实现转型改革上所具有的潜力。它们不仅是传统意义上的公私合作伙伴关系，也显示出多部门正在致力于采取行动。农民不仅需要种子和肥料，还需要运输、电力和水源。港口应当能够有效办理农业投入要素的进口，道路应当可以抵达

---

① 政府间气候变化专门委员会（IPCC）预测，干旱地区，包括淡水资源已经短缺的非洲大部分地区，获得的降雨量将更少。

② 非洲绿色革命会议由雅莘国际公司发起和共同主办，于 2006—2008 年在奥斯陆举行。报告和会议记录概要可以在以下网站找到：www.agrforum.com/about。

农民所在地。小户农民和农产品经销商需要通过创新的金融工具来获取农村金融服务，这些金融工具可以支持不同阶段的农业发展。"确保农业在非洲获得合适的资金将需要长远的眼光。这需要较长期且具有耐心的资本投入新模式，就像农业开发公司（AgDevCo）建议的那样。这种模式试图为最后阶段的基础设施建设、灌溉和土地平整提供风险资本，为其发展提供部分资金支持。同时，利率是有优惠的，但也有相应的改革要求，通常涉及将整个小户农民作为金融支持的先决条件。如果我们想看到农业呈规模化的发展，还急需更多这样的新型模式。"

**（二）政治支持**

巴西、中国、越南、泰国和其他国家的农业受到政策支持，现在被誉为初步成功的案例。这种政策支持在非洲很大程度上是缺乏的，直到最近才有所改变。在经历政府、双边捐助者、多边组织机构数十年的忽视之后，农业在最近十年里已经重新回到非洲政治、经济和发展议事日程的首位。

非洲发展新型伙伴关系①（NEPAD）的建立，是非洲的政治分水岭。2003 年，非洲发展新型伙伴关系项目与非洲联盟（AU）一道发起了非洲农业发展的重要战略平台——非洲农业发展综合计划（CAADP）。这是非洲各国政府致力于解决农业增长问题、促进农村发展和处理粮食安全问题的一个明显表现。2005 年，非洲国家首脑通过了马普托宣言②（Maputo Declaration），据此，非洲国家政府为非洲农业发展综合计划提供了强有力的政治支持。非盟成员国承诺，除其他事项外，拨出国家预算至少10%的资源支持农业和农村发展，以确保该部门每年6%的增长速度。非洲农业发展综合计划的第二个支柱③要求私营部门帮助加快农业部门的增长，通

---

① 非洲发展新型伙伴关系于 2001 年由非洲联盟组织和八国集团创建，作为政治和经济合作框架。

② 正式名称是非洲农业和粮食安全宣言。

③ 非洲农业发展综合计划包含五个支柱，按优先级分别是扩大土地、提升农村基础设施、提高粮食供给量、发展农业研究、促进畜牧业的可持续发展。

过促进伙伴关系加快农业基础设施建设。

此外，农业增长走廊方式的领导和国家所有制，是一个决定性因素。特别是在坦桑尼亚，基奎特（Kikwete）总统与全国范围的领军人物一起积极地亲自参与。在这个方法取得早期成功的过程中，它一直都是发挥作用的。

### （三）非洲绿色革命

2004 年在亚的斯亚贝巴，当时的联合国秘书长科菲·安南推促世界去开展一场真正的非洲绿色革命①。参加亚的斯亚贝巴研讨会时，雅苒国际公司②决定带头回应安南对私营部门的呼吁。连同它的百年庆典一起，雅苒国际公司 2005 年推出了非洲项目，随后举办奥斯陆系列非洲绿色革命会议，发起当地的合作伙伴关系，推出农业增长走廊的概念。这个概念目前已经固化成为两个现实中的走廊，一个在莫桑比克，一个在赞比亚。③

对雅苒国际公司而言，它对非洲绿色革命的支持，与它自 1985 年以来在非洲大陆持久存在的身影是紧紧联系在一起的，并且这与它的核心业务保持了一致，即提供基于知识和技能的咨询建议，以提高农业生产率。这些非洲计划与雅苒国际公司希望成为全球活跃型企业的社会责任相一致，也就是推动共同创造价值的平台搭建工作。

通过奥斯陆会议，雅苒国际公司建立了一个发展公私合作伙伴关系的集中场所，专注于支持非洲绿色革命，使来自公共和私营部门的重要股东，以及来自民间社会特别是学术界和非政府组织的代表齐聚一堂。

### （四）非洲的潜力

非洲农业的巨大潜力毋庸置疑。作为非洲大陆未充分利用的资产之

---

① 非洲绿色革命：呼吁采取行动，由埃塞俄比亚和联合国千禧年项目于 2004 年在亚的斯亚贝巴召开的高级别研讨会上提出。

② 雅苒国际公司是全球领先的化工公司。该公司供应矿物肥料，并将能量和空气中的氮转变为工业客户的必备产品。

③ 2010—2011 年，雅苒国际公司发起或者加入了三个合作伙伴关系：加纳谷物伙伴关系、马拉维农业伙伴关系、坦桑尼亚农业伙伴关系。

一，它所拥有的潜力不仅可以养活非洲大陆的人口，也能够成为经济增长和社会发展的引擎。不过，已故的诺贝尔奖获得者、非洲绿色革命的支持者诺尔曼·E. 博洛格曾说："你不能靠潜力吃饭。"潜力是需要被真实挖掘出来的。

　　土地是一个主要问题。理论上，全世界有大量的土地可供使用。但是实际上，选择却十分有限。在非洲，扩张潜力较为看好，特别是撒哈拉和萨赫勒（Sahel）以南，在几内亚大草原区——横跨整个非洲大陆，从西部的几内亚到东部的埃塞俄比亚，往南穿过乌干达，达到另一个从安哥拉横跨到莫桑比克和坦桑尼亚的地带。[①] 这是一个面积大约 6 亿公顷的地区，其中 4 亿公顷被视为适合农业生产，并且今天只有不到 10% 的面积种植了作物。根据非洲竞争性商业性农业协会（CCAA）的研究，这是"世界上最大的未充分利用的农业土地储备之一"[②]。

　　这个区域经常被比作巴西的赛拉多地区或者泰国的东北地区，这两个地区都被誉为现代农业的成功典范。两个区域的农业改革都始于对潜力的有限认知和匮乏的基础设施建设现状。然而，在强有力的政治支持及技术应用和金融投资的支持下，两个地区都已经在世界市场上具有强劲的生产力和竞争力。它们从低价值商品起步，然后转向高价值产品。有趣的是，非洲的物质和社会条件吸引了大量的小户农民。巴西取得市场成功是依靠大规模机械化方法，而小户农民在泰国农业部门则占据主导地位。非洲将要寻求一个可持续的平衡解决方案来发展商业性农业，它需要成功地整合小户农民，这样非洲将成为一个主要的粮食产区。

　　在《被掠夺的星球》[③] 这本书中，有影响力的发展经济学家、牛津大

---

　　① 《非洲正在苏醒的沉睡巨人》（2009）对这个广大区域进行了定义和描述，该报告研究了这个地区和毗邻地区商业性农业的前景。

　　② 《非洲正在苏醒的沉睡巨人》（2009），第 2 页。

　　③ 2010 年《被掠夺的星球》这本书是科利尔的著作《最底层的十亿人》（2007）的后续，这使他成为最具影响力的发展经济学家。此外，还有杰弗里·萨克斯（Jeffrey Sachs）以及他的著作《贫困的终结》（2005）和《共同财富》（2008）。他们都对制定全球对贫困和人口、气候和发展的讨论框架作出了贡献。

学非洲经济体研究中心主任保罗·科利尔（Paul Collier）教授指出了巴西的粮食是如何被大量生产出来的。借鉴这些经验，他认为，这个包含大型高生产率农田的案例可以"很容易地被土地未得到充分利用的地区所效仿"，并且以赞比亚作为例子。杰出的土壤专家、哥伦比亚大学地球研究所热带农业和农村环境项目主任佩德罗·桑切斯博士①也认同这个观点。他指出，整个非洲南部地带，包括赞比亚、莫桑比克和坦桑尼亚，围绕着两个农业增长走廊地区。他称之为"非洲的赛拉多"②。

非洲要把农业潜力变为现实，可以从巴西和泰国得到启示。可能的努力方向包括提高农业技术、政府对铁路和道路进行投资以及开展研发工作，还需要公共支持来开发充满活力的私营部门，包括小户农民的商业化。非洲竞争性商业性农业协会（CCAA）开展的国家案例研究表明，在莫桑比克、尼日利亚和赞比亚这些国家，商业化农业成功的前景以及小户农民的参与，与巴西和泰国在农业革命时期相比，其实一样好，甚至更好。

同时，非洲需要对任何经验有所取舍，至少包括亚洲和拉丁美洲原始绿色革命的那些经验。非洲自身的各种挑战和独特条件需要以一种与其政治抱负和增长需求相适应的方式来解决，需要更广阔的社会和环境可持续发展的考虑。这就意味着潜在的跨越式发展，像在其他国家所观察到的一样，以确保最好的结果。

### 三、价值链

在非洲，发展食品价值链得到越来越多的关注以及政治支持。值得注意的是，非盟和非洲经济委员会（ECA）用它们共同出版的关于非洲经济

---

① 桑切斯是非洲绿色革命和雅茸国际公司非洲项目的坚定支持者，是雅茸基金会董事会前成员，是非洲绿色革命会议的积极参与者。他也曾担任联合国千禧年项目贫困方面的工作队联席主席，而雅茸国际公司是其中唯一的私营部门参与成员。

② 桑切斯在非洲绿色革命研讨会上所称，该研讨会由雅茸国际公司于2009年在奥斯陆主办。

发展的刊物《2009年非洲经济报告》来讨论价值链。①

在指出农业在非洲经济的主导地位之后，该报告的主要结论之一是：有必要"开发创新性项目，以加强农业和其他行业的联系，并且在全国和区域层面发展农业价值链和市场"。这两个重要机构认为，非洲国家需要通过区域价值链促进投资、贸易、营销和食品安全，以此形成战略伙伴关系。它们补充说，这种价值链尤其能够促进公私合作伙伴关系——在全国和区域范围，从而实现规模经济和不同资源禀赋的互补。

伙伴关系也被视为强化价值链的重要环节。2010年9月非洲绿色革命论坛②（AGRF）上，科菲·安南发表了主题演讲。作为非洲绿色革命联盟（AGRA）的主席，他强调，"非洲农业必须取得一个质的飞跃"，并且金融服务——让小户农民获得资金——是必要的。③

安南认为，"所有这些都将给价值链带来改变"，并且强调"伙伴关系对成功至关重要"。鉴于安南先生在非洲大陆发展中的重要地位，他同时还担任非洲发展小组④的组长，这个小组主要关注企业如何促进发展。他认为，农业价值链对非洲发展很重要，并且援引"农业增长走廊"的概念作为例证。他认为，如果要实现可持续的经济增长，非洲必须确保更多地参与到价值链之中。⑤继2008年世界农业发展报告之后，世界银行在2011年题目为"非洲的未来"的战略文件中强调了农业的地位，而且强调战略实施要基于平衡的伙伴关系、促进融合机制、支持公私合作。⑥

人们往往会担心小户农民被排除在外的可能性。包括非洲在内的几大

---

① 非盟/非洲经济委员会：《通过区域性价值链发展非洲农业》，2009年。

② 非洲绿色革命论坛是奥斯陆系列非洲绿色革命会议的延续，举办时间是2006—2008年，是一个私营部门主导的举措，在"投资非洲农业"的主题下，目的在于吸引重要相关人士的参与。

③ 科菲·安南：《非洲绿色革命论坛：开始一个质的飞跃》，阿克拉（Accra），2010年。

④ 非洲发展小组最初由一组知名人士组成，用来跟进2007年格伦伊格尔斯（Gleneagles）八国集团峰会和UNK非洲委员会上及会后所作出的承诺。

⑤ 非洲发展小组：《在非洲做好生意：企业如何支持发展》，2010年。

⑥ 世界银行：《非洲的未来和世界银行对它的支持》（2011），这是世界银行支持非洲发展的新战略。

洲价值链的研究表明，这种情况不一定会发生，并且它也不是一般性特征。[1] 小户农民不仅被包含在价值链之内，并且愈加间接或直接地成为食品零售市场、超市供应的一个组成部分。随着城市化进程和富裕程度的提升，非洲还有大量尚未开发的潜力。在非洲农业发展走廊的背景下，小户农民的角色被赋予了特殊的关注。加强现代农业企业和小户农民及其团体的联系，被认为是促进这个大陆包容性经济增长最好的方法之一。

非洲联盟和非洲经济委员会的报告指出，区域价值链和市场的战略物资不仅可以提高农场的竞争力，还能激发农产品加工的发展和区域农业企业的创业。这是农业增长走廊方法的一部分，它聚焦在地方层面，重点是小户农民——在更广范围的、国家和区域范围的框架下，包含一系列行业，尤其是金融。

## 四、增长走廊

当这些建议提交出去的时候，第一个非洲农业增长走廊正在酝酿之中。一个国际财团于 2008 年发力，致力于建立莫桑比克贝拉农业增长走廊（BAGC），并讨论启动坦桑尼亚南部农业增长走廊（SAGCOT）。

农业增长走廊最开始得益于雅茸国际公司的倡议，后来则是在与一些合作伙伴的紧密合作下得以发展的，尤其是挪威政府、农业开发公司[2]（AgDevCo）和普拉如斯提卡公司（Prorustica），还有坦桑尼亚和莫桑比克政府的大力支持，以及双边合作伙伴和多边捐助者，包括挪威发展合作署（NORAD）、挪威发展中国家投资基金（NORFUND）、美国国际开发总署（USAID）、英国国际发展部（DFID）、非洲绿色革命联盟（AGRA）、世界

---

[1] Swinnen 和 Maertens：《全球经济中的食品和商品价值链金融》，本书中所录，2013 年。
[2] 农业开发公司是一个非营利性农业发展公司，进行"社会风险资本"投资，通过去除前端风险，创造商业上可行的农业企业投资机会。普拉如斯提卡公司是一个咨询机构，致力于通过建立伙伴关系来打造农业商品市场的增长。

银行和联合国粮食及农业组织（FAO）。① 其他机构包括 TransFarms、坦桑尼亚农业伙伴关系和 NEPAD 商业基金会等也发挥了重要作用。这个概念最初是由雅莼国际公司在英国和联合国开发署于 2008 年 5 月主办的企业呼吁行动会上提出，并于 2008 年 9 月在联合国大会的私营部门论坛上推出的。此后，这个倡议的发展不仅得到政府的重要支持——两个国家的元首亲自表态支持该框架，而且还得到一系列当地和国际公司及组织的认同。该倡议已获得非洲区域机构和政府的支持，并且世界经济论坛新愿景也号召对其进行支持。世界经济论坛被用来作为推出各自投资蓝图的平台：2010 年 5 月在达累斯萨拉姆的非洲区域会议上，为莫桑比克贝拉农业增长走廊；2011 年 1 月在达沃斯的年会上，为坦桑尼亚南部农业增长走廊。

农业增长走廊建设的基本思路是，通过价值链涵盖沿现有基础设施走廊干线的农业群，培育可持续的农业发展；建立革新性的公私合作伙伴关系，并利用催化融资吸引来自国内外包括公共部门和私营部门的资金，以此促进农村地区的发展。考虑到非洲农村的现实情况，农业增长走廊建设强调了小农部门参与和包容的重要性。基于非洲绿色革命会议发起的平台，我们选择公私合作伙伴关系作为倾向性战略，来提高非洲农业部门特别是走廊的整体投资。一般来说，农业部门以及具体走廊要求投资覆盖一定范围的元素，并且从本地和区域性的角度来看，还涉及大量的利益相关者。走廊模式可以打破僵局，催生大量私营投资，使农村地区得以发展，使当地农业变得可持续和具有国际竞争力。

农业增长走廊建设还提供了其他发展议程的框架。一些机构比如非洲绿色革命联盟（AGRA）已经将它们的一大部分粮仓战略集中于这些国家的这两个区域，而美国国际开发总署"养育未来"（Feed the Future）项目

---

① 最先对莫桑比克贝拉农业增长走廊和坦桑尼亚南部农业增长走廊的发展进行金融支持的机构包括挪威发展合作署（Norwegian Agency for Development Cooperation）、挪威发展中国家投资基金（Norwegian Investment Fund for Developing Countries）、世界银行、美国国际开发总署（USAID）、英国国际发展部（DFID）。

组也已经同意将大部分在坦桑尼亚的投资投放在坦桑尼亚南部农业增长走廊区域，以保证随后的协同效应可以最大化，从而证明投资潜力的回报巩固了走廊模式。

**（一）走廊集群**

这些走廊正在利用现有的物理基础设施，包括公路、铁路、电网、电信系统等。在农业增长走廊的概念中，投资可以将基础设施带到更偏远的地区，包括支线道路、电力线路和批量水供应，改善农民获得要素投入的渠道和开放产出市场，以及提供农作物储存设施和加工方法。尤其重要的是，通过价值链效率治理工程，将给小农带来低成本的关键要素投入和服务，比如种子、肥料、电力和融资等。但是，这些枢纽地带不仅仅有利于农民；他们的设计初衷是支持农场枢纽方圆 25 公里范围的周边社区，通过改善道路、供水和电力设施，提升当地就业机会，提供包括小额信贷和保险在内的金融服务。

可以想见的收益是基于"集群产生的竞争力"所带来的潜力；由于规模经济效应，当农民和农业企业彼此相邻并与相关服务商邻近的时候，他们最有可能获得成功。每个集群①都包含一些关键组成部分（见图1），它要求对整个农业价值链进行投资。典型的农业增长走廊集群一般会包含农场要素投入、机械机具和农业支持服务（推广机构、金融服务）供应商、商业性农场主（大型或小型）、加工商、基础设施（如灌溉设施和道路）提供商等。集群作用的发挥也可能借助政府和其他机构，例如大学、职业培训机构和行业协会。基于实际需求和各自领域的机会，集群发展一般需要依靠私营部门推动。投资于可持续发展和高效率的农业产业，在整个增长走廊中都是受到鼓励的行为。

这种集群被认为对成功发展至关重要，而且不仅仅在非洲如此。在《哈佛商业评论》2011 年的一篇文章中，Michael E. Porter 和 Mark R. Kramer 写道："集群对所有成功并且处于成长之中的区域经济体来说都

---

① 集群的定义是：相互关联的企业、专业化供应商、服务提供商和相关机构地理上的集中。

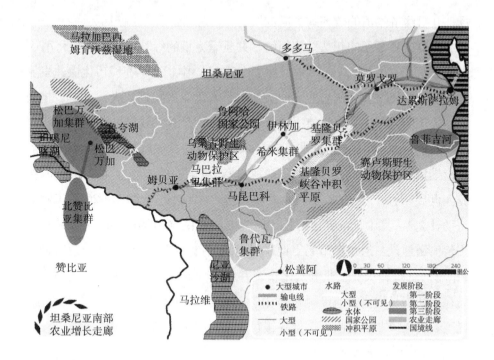

坦桑尼亚南部
农业增长走廊

**图 1　SAGCOT——坦桑尼亚南部农业增长走廊**

作用突出，在提高生产率、创新力和竞争力上起到关键作用。"① 作者引用农业增长走廊作为创造共享价值领域的领先性创新的典型案例。在2009—2010 年，雅莘国际公司与其他主要公司一起参与制定了世界经济论坛农业新愿景路线图②。该路线图计划于 2011 年 1 月拉开帷幕，它认为创新性工具可以打破价值链中的瓶颈，并将莫桑比克贝拉农业增长走廊作为一个例证。该路线图声称"通过他们的通力合作，利益相关者可以减少风险，充分利用他们的贡献和彼此的竞争力，动员市场力量实现可持续发展"，呼吁"在基础设施系统上进行投资协作，以快速启动和改善农村市

---

①　Porter 和 Kramer：《创造共享价值。如何重塑资本主义，并且释放一波创新和增长》，（HBR，2011 年 1~2 月），引证了雅莘国际公司参与打造集群的行动是"公司致力于提高框架条件的良好案例"。

②　被定义为利益相关者的路线图，农业新愿景是 17 个主要公司在由麦肯锡公司参与和支持的食品部门共同工作的过程中产生的。雅莘国际公司（包括作者）参与了项目委员会和工作组。

场，并且缓解物流的效率缺失问题"。

集群或者枢纽的想法并不新鲜，并且有大量的经验可以借鉴和利用。①
世界银行在它最新的非洲战略（非洲的未来）中指出，在城市化快速发展
的时代，要使农业、制造业和服务业的小本创业者规模扩大，集群、增长
极和聚集的外部性具有价值。要开发新的经营品种，或者推进"增长极工
程"。世界银行致力于帮助非洲国家部署大量的关键改革，进行基础设施
建设投资和技术搭建，而其中一项就是针对重要的农业企业和行业的措
施。世界银行在其 2008 年农业发展报告②中，跟进了 2010—2012 年农业
行动计划③。其中，世界银行指出，需要将农民与市场连接起来，并且加
强价值链建设。通过在市场当地进行定向投资、建设农村道路、改善通信
（市场信息）和农业企业电气化状况并且扩大商业模式的规模，使小户农
民在不断增长的高价值产品市场中参与竞争。为促进农业的进入和退出，
提高农村人口非农业收入，世界银行会支持经济活动的区域性聚集。

（二）已经建立的走廊

截至 2011 年，有两个走廊已经建立起来了：莫桑比克贝拉农业增长
走廊和坦桑尼亚南部农业增长走廊。最初选择这两个走廊是基于两个主要
因素：一是它们被非盟确定为具有强有力的经济发展条件的潜在区域粮
仓。二是它们受到莫桑比克和坦桑尼亚政府的专门支持。这两个走廊都有
大面积的农业高潜力区域，以及现成的基础设施支柱。

五、莫桑比克贝拉农业增长走廊

莫桑比克贝拉农业增长走廊具有成功发展农业所需要的所有自然条
件：良好的土壤和气候、土地和水资源。走廊的主要部分，从莫桑比克到
津巴布韦，有一大片区域蕴藏了巨大的农业潜力。该走廊位于莫桑比克的

---

① 这些案例之一是马里的芒果出口。通过发展价值链，包括组织、运输和质量控制，马里
推动了芒果出口，使芒果从内陆国家运往海外，减少了运输成本，提高了竞争力。

② 其要点之一是让农业动起来，"需要提高市场准入门槛，并发展现代市场链"。

③ 世界银行：《2010—2012 年农业行动计划》，2010 年。

1000 万公顷可耕种土地中，已耕种的土地只有 150 万公顷；只有 2% 用于商业性耕种，得到灌溉的土地不到 0.2%；98% 的土地由小户农民耕种。约 19 万公顷的土地可以得到灌溉，从而可以生产出世界一流的产品，在国内、区域和国际市场都可供出售获利。仅就莫桑比克而言，估计至少有 20 万个小规模农民直接从走廊带来的产量和收入提高中获益；并且，走廊创造了 35 万个新的就业机会，帮助 100 万人脱离了极度贫困。

莫桑比克贝拉农业增长走廊是通往非洲南部和东部的门户，通过公路和铁路网连接了赞比亚、马拉维、津巴布韦和莫桑比克等内陆国家和位于贝拉的航运设备。在 20 世纪 80 年代南非种族隔离的时候，莫桑比克贝拉农业增长走廊被作为津巴布韦的替代贸易路线，直到陷入莫桑比克的战争和随后津巴布韦经济的崩溃。如今，大部分基础设施已经修复，几个主要的交通运输项目正在推进之中，包括塞纳到太特的铁路线和贝拉港口。到津巴布韦的马奇潘达（Machipanda）铁路线已经开始运行。

莫桑比克贝拉农业增长走廊蓝图计划需要共计 17.4 亿美元的投资：估计 14.9 亿美元来自公共部门授权的私营部门，2.5 亿美元来自超过 20 年期的贷款。

### 六、坦桑尼亚南部农业增长走廊

坦桑尼亚南部农业增长走廊拥有巨大的潜力，这个区域和农场的产出效率是可以显著提高的，特别是在坦桑尼亚更是如此。它能够在很大程度上将自给自足的小农经济转变成可持续的商业性农业部门，服务当地、区域和国际市场。投资蓝图的目标是使超过 35 万公顷的土地进行盈利的商业性生产，使该地区的农业产出达到原来的 3 倍。通过在农业价值链中创造至少 42 万个新的就业机会，它能够使 200 万人口永久性地脱离贫困，并且估计每年为坦桑尼亚带来 12 亿美元的农业收入。

坦桑尼亚南部农业增长走廊受益于现有的基础设施。这些基础设施沿着传统的贸易路线，将坦桑尼亚往西连接到内陆国家，特别是赞比亚、马拉维和刚果。这个路线也被称为坦赞走廊，正是坦赞铁路所在地，最初是由中国于 20 世纪 70 年代所建，连接了达累斯萨拉姆和赞比亚的铜矿带，并且也是与之平行的坦赞高速公路和坦斯科（Tanesco）电网运行的地方。在坦桑尼亚的 Kilimo Kwanza（农业先行）战略的基础上，坦桑尼亚南部农业增长走廊最初的重点集中在高潜力的农业用地，特别是从达累斯萨拉姆经过莫罗戈罗到姆贝亚基础设施干线两侧的区域。该走廊有多样化的气候条件和海拔高度，以及多样性的土壤特质，使这里可以进行范围广阔的农产品生产，主要产品包括谷物、园艺、咖啡、茶、蔗糖、马铃薯、香蕉、大豆、蔬菜、向日葵以及牛肉、家禽和奶制品等。

坦桑尼亚南部农业增长走廊蓝图计划需要共计 34 亿美元的总投资：21 亿美元来自公共部门授权的私营部门，13 亿美元来自超过 20 年期的贷款。

（一）资本要求

对这些走廊进行融资需要不同类型的资本和投资。这要求捐助者和政府重新思考他们传统上是如何为农业融资的。总体上需要更加注重私营部门融资，以援助该商业模式的早期发展，并且小户农民应当作为重要参与者。他们的努力应当致力于准备好投资，并且使其可以被主流商业投资者无障碍地加以使用。催化融资融合了"社会风投"，并且与捐款相匹配，它寻求对公司和组织的支持，以发展可以产生规模效应的项目。这个过程中需要"有耐心的资本"来资助可升级的灌溉基础设施连接到农场大门口，催化附加值生产及农产品收获后的处理加工。农场运作和增值服务需要获得商业性的债权投资和股权投资。有关人士也需要号召将公共投资和赠款用于公共基础设施建设和对小户农民的定向支持。

为了利用私营部门对于这两个走廊共计 35.9 亿美元的总投资，两个走廊分别设立了催化投资基金：对莫桑比克贝拉农业增长走廊有 1500 万美元初始承诺，对坦桑尼亚南部农业增长走廊有超过 7000 万美元的保证承诺，参与者包括世界银行、美国国际开发署、挪威政府和坦桑尼亚政府等。在 2010 年底，第一轮对几个位于莫桑比克贝拉农业增长走廊区域的初创农业企业的贷款由农业开发公司提供，到准备正式开始的时候，23

项催化投资已经在基金下运作了。

但是，催化投资基金方式的一个重要组成部分是这种融资将要以私营部门投资作为杠杆。对坦桑尼亚南部农业增长走廊案例的保守估计是 1 亿美元的初始催化资金和类似投资工具将带动 5 亿美元的私营部门融资。

为强调这个事实，第一个落地的基础设施投资是由雅苒国际公司进行的，我们于 2011 年 1 月启动了对一个新建肥料配置点 2000 万美元的投资，这个终端在达累斯萨拉姆港口附近，而同一时间，坦桑尼亚南部农业增长走廊蓝图计划推出。雅苒国际公司的首席执行官和主席声明，这项投资的目的是践行公司对坦桑尼亚农业部门发展的长期承诺。有趣的是，该配置点是坦桑尼亚最初邀请雅苒国际公司前来协助稳定化肥市场的结果。从那时起，我们就开始与政府和贾卡亚·基奎特（Jakaya Kikwete）总统进行建设性对话，总统先生是坦桑尼亚南部农业增长走廊的强烈支持者。该化肥配置点具有 4.5 万吨的循环存储容量，是提高供应链要素投入规模、给作物补充关键营养的重要设施。

与此同时，由于改善了矿物质获取渠道并帮助稳定了化肥市场，该配置点有助于提高达累斯萨拉姆重点区域港口的吞吐效率。世界银行表示，港口效率对国际贸易非常关键，既需要机构投资，也需要基础设施投资。①在非洲东部，一些国家是内陆国家，比较依赖邻国的海港，不仅贸易被政治纷争复杂化，运输服务质量和港口吞吐能力也往往特别脆弱，这进一步增加了长途运输的高成本。

（二）农产品加工业

非盟、非洲经委会的报告指出，战略物品的区域价值链和市场不仅会提高农场层面的农业竞争力，同时也会推动区域层面农产品加工和农业经营企业的发展。这也是农业增长走廊的做法，在更广泛的跨区域（全国性和区域性的）框架内推进相关活动，但比较着眼于地方一级。

走廊概念的一个重要组成部分是增加了相关的非农业经济活动，特别

①　世界银行：《2010 年世界发展报告：重塑经济版图》，2010 年。

是当地农产品加工业会创造就业机会和附加价值。一个相关的重点领域是存储能力的提高和收获后损失的减少。这两种干预措施都是非洲开发银行集团农业部门 2010—2014 年战略的一部分，再加上其他基础设施建设投资，比如道路支线和社区通路，在一起共同发挥作用。

有趣的是，区域经济共同体——东南非共同市场①（COMESA）提出了一个农产品加工行业战略，以获取生产的全部价值、创造就业岗位、降低贫困水平，以及提高经济增长率。该共同体指出一个事实：在发展中国家，98%以上的所有初级农产品销往农产品加工企业，而在东南非共同市场地区，这个比例只有30%。② 2010 年，该共同体与国际肥料发展中心一起，宣布了东南非共同市场区域农业投入计划项目的成立，通过改善融资、肥料和种子的获取渠道，提高农业生产效率，以应对粮食价格上涨。③

（三）区域一体化

1963 年非洲统一组织成立以来，在大多数非洲国家获得独立之后，区域经济一体化一直是非洲的倾向性战略。这是一个主要的目标，而农业增长走廊为此作出了贡献——作为区域互连的纽带，它是贸易和一体化的主要推动者。

农业知识和科技促进发展国际评估项目（IAASTD）在其研究报告《处于十字路口的农业》④ 中得出结论说，非洲的区域贸易潜力巨大，并指出"区域内农业贸易的发展，现有非正式贸易的正规化、附加值开发和信息通信技术（ICT）研发都是大部分尚未开发的贸易机会"。此外，该研究认为，"如果没有建立区域性市场和全国及区域范围的基础设施，来帮助当地生产者进行附加值生产，那么撒哈拉沙漠以南非洲地区在全球贸易中获取更多利润将是比较困难的"。

---

① 东南非共同市场于 1993 年创建，由 19 个成员国家组成，覆盖的总人口超过 4.3 亿人。
② 数据来源于非洲、加勒比、太平洋—欧盟（ACP - EU）农业和农村合作技术中心于 2010 年 3 月 16 日发表的一篇报告。
③ 国际肥料发展中心（IFDC）新闻稿，2010 年 9 月 7 日。
④ 农业知识和科技促进发展国际评估项目（IAASTD）：《处于十字路口的农业》，2009 年。

2010 年在伦敦举行的高级别非洲结盟会议①再次强调了区域一体化对非洲增长和发展至关重要。这次会议的议程之一，是改善交通走廊，实现更好的贸易活动和促进企业发展、推进区域一体化。会议结论指出，为确保私营部门在支持区域一体化中更加有效，必须解决一些障碍。会议还强调了促进竞争力提升和改善投资环境的做法，以及要进行"金融和保险产品的不断创新，以支持非洲的私营投资，包括增强的担保、风险分摊机制和区域内贷款"。

如今，非洲国家有平均10%的商品在彼此之间开展贸易，而在欧洲国家之间，这一比例是65%。

## 七、基础设施干线

农业发展走廊依赖于现有的基础设施骨干网（如图 2 所示），而这些基础设施仍然有待加强和扩展。基础设施是经济发展和农业发展的主要前提，大量的研究都支持这一分析结论。法国开发署和世界银行关于非洲基础设施建设的一份联合报告的副标题即指出"转型的时代"②。该报告指出，与其他发展中国家相比，非洲基础设施网络"越来越拖后腿"，特别是发电方面面临着最大的挑战。尽管基础设施不足是业务发展的重要限制，极大地压制了生产力，但它们仍然带来了非洲近期一半以上的业绩增长，这也彰显了进一步发展的潜力。非洲基础设施集团③（ICA）的数据表明，基础设施不足导致非洲的人均经济增长减少了 2%，企业的工作效率降低了40%。"为了使非洲变得有竞争力，或者说实现其潜在的生产力"，非洲基础设施集团声明，"有必要进行大规模的基础设施改善"。④

---

① 重要多边机构，比如世界银行、非洲发展银行、非洲经济委员会都有高级别人士参与。私营公司，包括雅苒国际公司（作者作为代表）也参加了会议。其目的是增强对撒哈拉沙漠以南非洲区域经济一体化联合行动的支持和推进。

② 世界银行：《非洲的基础设施：转型的时代》，2009 年。

③ 非洲基础设施集团成立于 2005 年八国集团格伦伊格尔斯首脑会议上，由双边捐赠者及多边机构组成，致力于从公共的、私人的及公共—私营资源各方面扩大非洲基础设施投资。

④ 根据非洲基础设施集团；www. icafrica. org。

非洲是拥有最多内陆国家的大洲，这为其增加了挑战和成本。

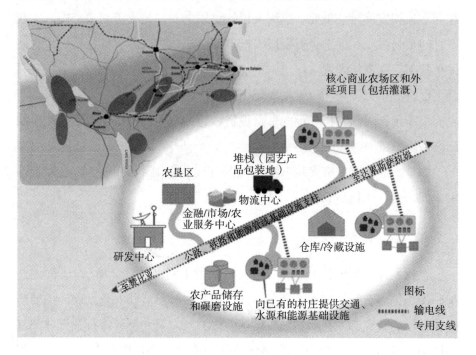

**图2　非洲南部农业增长走廊——基础设施支柱**

运输服务的高成本是农业生产力和盈利能力的重要制约因素。通常非洲的成本是其他地区成本的两倍，这就增加了生产和交易成本，导致在国际市场上，重要的生产要素投入诸如种子及肥料等过于昂贵，而生产产出并没有竞争力。国际战略研究中心（CSIS）对非洲基础设施赤字是这样描述的："比起其他发展中国家农村地区的农民，非洲的农民在物理市场准入条件上更受限制。"在距离市场两小时车程内的区域，非洲农民仅仅占1/4，而在亚洲及太平洋地区，这一比例接近一半，其他发展中国家农村地区这一比例大约为43%。国际战略研究中心还指出，非洲农业的集约化"关键"取决于市场和相关机构的发展。由于缺少市场运作，该中心指出："农村地区仍然被困于自给自足的经济体中，在这种经济体里，无论是农业生产部门还是更广义上的农村经济，都无法增长。"①

现代农业基础设施的重要组成部分，除了物理上的市场准入条件之外，还涉及市场信息。大多数情况下，由于与市场隔绝，非洲小户农民在谈判交易条款时处于劣势。最近几年，由于信息和通信技术的延伸，特别是移动电话服务，如肯尼亚的"移动钱包"②（M－PESA）系统，使得价格信息和金融服务很容易获得。通过无线数字技术，农民还可以获取农业建议，从而提高他们的产量。

在 2010 年阿克拉（Accra）的非洲绿色革命论坛上，国际农业发展基金（IFAD）总裁 Kanayo F. Nwanze 简短概括称"小户农民需要的是道路和金融服务，而非施舍"。

### 八、投资机遇

在基础设施建设方面进行投资，除了改变农业部门之外，还能带来必要的其他投资。在开发各种整合模式时，相关人士需要付出极大的努力，以便使得非洲农业能够通过可持续的、靠得住的方式进行规模调整。与此同时，非洲的任何可持续农业发展战略也应考虑大陆的自然条件以及未来仍然将在那里生活 20 年以上的人们。

让非洲的小户农民转型成为可靠的经济力量，并让他们形成以市场为导向的价值链的一部分，是我们当前面临的最大挑战之一。同时，这种挑战也代表着大量的投资机遇。农业发展道路模型绝不是非洲农业发展的唯一模式，为了使得非洲农业的潜在需求得到真实的满足，需要开发一系列不同的模型，并且使其相互补充。为了使这种转型成为可能，可以考虑构建一个 20 年的愿景和综合投资框架。农业发展需要通过综合方式进行，以一种可持续的、可靠的方式，使集群发展覆盖在现有的基础设施骨干网络之上，利用催化融资和长期资本的运行锁定更大规模的本地和国际投

---

① 国际战略研究中心（CSIS）：《改变农村世界的农业生产力》，2010 年。
② "移动钱包"是 Vodafone 在肯尼亚提供的一项移动电话基础汇款服务，最初设想是允许小额贷款借款人通过移动连接来获取和偿还贷款。

资，对于确保非洲实现它的长期农业发展目标至关重要。每个集群的发展达到了临界值时，将同时涉及小户农民和商业型农场发展，预计走廊地区将经历一个良性的农业增长周期，伴随着投资的增加，产量提高，将提升供应链响应和经济规模，进一步提高竞争力，鼓励更多投资，引发增长速度加快。

世界银行非洲地区副行长 Obiageli Ezekwesili 在 2011 年亚的斯亚贝巴非盟首脑会议上接受英国广播公司（BBC）采访时赞扬了非洲，指出非洲贡献了一些投资的最高回报率，"任何不把非洲作为投资目标的企业都是错误的"[1]。

### 非洲成长组织

近期，农业发展走廊激发并鼓舞了非洲成长组织（GROW Africa）的建立，坦桑尼亚总统贾卡亚·基奎特和莫桑比克总统阿曼德·艾米利欧·桂古扎（Armando Emilio Gueguza）与一系列其他来自重要的双边及多边机构的赞助人一同声援这个更加广阔的平台。

非洲成长组织是非洲联盟和非洲发展新伙伴之间的合作，其目标与世界经济论坛农业新愿景和非洲农业综合发展计划支持的目标相一致，认为非洲七国[2]在一开始就要开发一个类似的改良版公共—私营部门模式来提高农业发展的可持续性，当然也不一定要通过增长走廊的形式来实现该目标。

### 九、结语

非洲如果想要扩大和提高其在农业中的竞争力，需要在自身的潜力之上附加众多资源。失败的原因并不是某个单独的因素，而是归结于一系列盘根错节的关乎发展的挑战。从商业的角度看，关键是要投资于提高整个

---

[1] 世界银行新闻稿，2011 年 2 月 2 日。
[2] 布基纳法索、埃塞俄比亚、加纳、肯尼亚、莫桑比克、卢旺达、坦桑尼亚。

价值链的效率等方面。这些投资需要得到公共政策的有力支持。

　　关于农业增长走廊的几个关键看法指出了它所面临的挑战，以及最终可能带来的长久变化。首先，它对农业发展的看法是从实业和市场的角度出发的，主要的焦点在于创造跨部门的市场，实现价值共享，从而开拓可持续发展道路。其次，成功的关键因素在于领导的积极参与，以便使视角更加广阔，并确保这些举措取得初步成功。再次，变革性的、跨部门的多层次伙伴关系的目标，是利用伙伴关系的不同优势来达到最佳效果。最后，要运用创新和多层次的方法进行融资及风险管理，以便吸引私人投资。风险可以通过天气指数保险计划、仓储凭单、催化资金和长期资本来进行缓释。在这三种视角里，还要考虑到集群方式或者中心枢纽的发展，向整个价值链上的广大小型、中型及大型农户提供可承担得起的服务，从而附加社会角度的考量。

　　落地效果才刚开始显现。在本书付印的时候，在莫桑比克有 20 多个初始投资项目使用了类似于坦桑尼亚的催化融资工具。受莫桑比克和坦桑尼亚的启发，非洲成长组织伙伴关系涉及的五个国家正开始对伙伴关系进行进一步的变革以吸引农业投资。这一切都昭示着一个雄心勃勃的进程的开端。尽管如此，增长走廊激发了利率的上升，表明它们产生了共鸣。如果在中长期内培育成功，这将对该区域的农村发展和粮食安全产生显著影响。

## 参考文献

［1］Africa Progress Panel（2010）Doing Good Business in Africa：How Business Can Support Development.

［2］Annan, K.（2010）Africa's Green Revolution Forum：Initiating a Quantum Leap Forward. Accra.

［3］AU/ECA（2009）Developing African Agriculture Through Regional Value Chains.

［4］Center for Strategic & International Studies（CSIS）（2010）Agricultural Productivity in Changing Rural Worlds.

［5］ Collier, P. （2010） The Plundered Planet.

［6］ IAASTD （2009） Agriculture at a Crossroads.

［7］ IFDC （2010） Press Release, 7 December 2010.

［8］ Swinnen, J. , Maertens, M. （2013） Finance Through Food and Commodity Value Chains in a Globalized Economy. In this volume.

［9］ Technical Center for Agricultural and Rural Cooperation ACP – EU （2010） Report, 16 March 2010.

［10］ The infrastructure Consortium for Africa （ICA）, www. icafrica. org.

［11］ World Bank （2011） Africa's Future and the World Bank's Support to It.

［12］ World Bank （2009） Africa's Infrastructure. A Time for Transformation.

［13］ World Bank （2010） Agriculture Action Plan 2010 – 2012.

［14］ World Bank （2010） Press Release, 2 February 2011.

［15］ World Bank （2011） World Development Report 2010: Reshaping Economic Geography.

# 第五章　创新性的小微金融：
# 持续性服务农村市场的潜力<sup>*</sup>

## Richard L. Meyer<sup>①</sup>

　　在发展中国家，金融机构持续向农村地区和农业产业提供金融服务被证明是具有巨大挑战的。补贴性项目已经花费了几十亿美元了，也有大量政策出台，就是为了激励金融机构为这个被忽视的市场提供服务。然而，这个部门的很多政策制定者和分析人士仍然对状况的进展感到不满。我们能找到的一个亮点是小微金融机构<sup>②</sup>向农村地区进行了不断渗透，它们设计出了一些产品和服务以满足农村人口的需要，特别是季节性农业生产的需要。小微金融机构和所有服务于这一市场的金融机构面临着同样的高成本和高风险的挑战，但是它们进行了很多创新，并对其加以检验，最终形成一些结论，而这些结论对以市场为导向、追求财务可持续的金融机构是具有更大吸引力的。

　　本章总结了一些小微金融机构是如何向农村地区和农业产业提供金融服务的。我们将关注的重点放在了贷款方面，不过，更多的进展其实是发生在小微保险、存款动员，以及支付汇款服务等方面的。关于小微金融机构的农业贷款或者农村地区的金融活动并没有大量的数据可以作为研究基

　　* 本文的写作得到了德国联邦经济合作和发展部（BMZ）通过德国复兴信贷发展银行（KfW）给予的财务支持。作者感谢 Michael Jainzik、Piero Violante，以及德国复兴信贷发展银行的其他人员提供的支持和建议，感谢本书其他论文的作者，感谢联合国粮食及农业组织（FAO）、国际农业发展基金（IFAD）、联合国资本发展基金（UNCDF）和世界银行（World Bank）对本文作者一篇关于补贴的研究手稿的支持，该手稿赋予了本文（Meyer，2011）的主要灵感和基本精神。

　　① 俄亥俄州立大学（Ohio State University）名誉退休教授。

　　② 最初的创新更多地来自于非政府组织（NGOs），但是如今很多银行和合作社都开始从事小微金融服务。

础，因此本章将关注的重点放在了能够获得数据和研究成果的部分小微金融机构上面。本章也讨论了小微金融机构在将服务重点从城市和城乡结合部客户身上移开的时候需要作出什么样的调整。本章的末尾则讨论了捐款人和开发性金融机构（DFIs）在克服农村金融障碍方面所起的作用。

## 一、农业和农村小微金融

### （一）定义

一般认为，这个术语来源于国际农业发展基金（IFAD，2010）。"金融市场"包括为实现城市和农村地区的所有意图而提供的全部金融服务。"农村"通常被描述为一个地理区域（村庄、市镇、小城区），其中居民较少，人口密度也就低于大城市和市镇。"农业金融"是指给农业部门提供的金融服务，服务标的是农业生产或者农业相关的活动，主要包括生产要素供给和农产品加工、批发和销售等。"农业贷款"通常用现金方式支付，但是也有一些贷款是交付种子、肥料或者其他生产要素的。"小微金融"（MF）是指一种小规模的金融交易和产品，它是为低收入家庭和小规模企业量身定制的，通常集中于城市或者人口密度较高的农村，但是目前正越来越多地渗透进了农村地区。因此，"农业小微金融"是指与贫困农业家庭和农业相关企业进行的小规模交易，"农村小微金融"则涵盖了农村地区的农业和非农行当。

### （二）接受补贴的农业信贷模式

在 20 世纪 60 年代到 80 年代期间，流行的模式是包含补贴的直接农业贷款项目，这一旧有模式普遍存在于自上而下推进的政府和公益人士政策及项目当中。遗憾的是，解决所谓"市场失灵"问题的努力却常常导致了"政府失灵"。① 于是，一个崭新的金融系统性模式出现了，并为小微

---

① 市场失灵描述的现象是指通过自由市场来进行商品和服务的配置是效率低下的，而政府失灵是指政府的干预会导致商品和服务的分配效率低下。

金融事业的发展作出了贡献。①

虽然也有重要的例外情况，但是很多国家使用的旧有模式具有几个共同的特征。在国家层面，人们相信，给金融机构下达贷款目标，并给农村网点施加刺激，可以带来经济增长加速的效果。在农村层面，人们往往在没有仔细分析所谓"信贷市场失灵"的实际原因是什么的情况下，就推进了相关策略的实施。人们通常还认为，为了让商业性贷款者向农民提供贷款，需要给予一定的干预，这有助于推进"绿色革命"（Green Revolution）式的生产一揽子措施，并且为了加速推进该革命，人为降低利率的行为是恰当的。信贷的目标通常会定位于满足食品生产目标，国内会成立特殊的农业开发银行和合作社来发放贷款，利率通常会得到补贴，在发放贷款时通常还只设计一种规模，来同时适应所有的情形。

除了一些例外情况之外，这个模式在很大程度上都无法达到预期的效果，会导致很多未预料到的后果。增大信贷发放量能够使得食品供给在短期内有所增加，但是无法带来可持续的信贷供应。低利率挤出了商业银行，②刺激了对贷款的额外需求，并导致信贷配给，这种配给制对更加富裕和政治上更加强势的农民比较有利。③对借款者来说，较高的交易成本，再加上贷款发放速度非常迟缓，造成了正式贷款相对于非正式渠道而言给农民带来的好处日益减少。较低的运营利差和贷款回收率损害了金融机构；一些金融机构破产，而另外一些金融机构则持续要求进行再融资。在借款人当中弥漫着一种不好的信用文化，特别是当他们认为贷款是来自于政府的时候更是如此。由于直接信贷无法解决农村信贷中基本的筛选、激励和执行问题，政府失灵就此发生（Hoff 和 Stiglitz，1990）。

---

①  有大量的文献讨论了这场革命，并进行了非常详细的讨论分析，这些报告都是可以公开获得的，包括 von Pischke 等（1983）、Adams 等（1984）、世界银行（1989）、Yaron 等（1997）、Conning 和 Udry（2007）。最近的一份补贴性信贷政策影响的相关报告是关于中国的（Jia、Heidhues 和 Zeller，2010）。

②  参见 Vogel（2005）所描述的秘鲁农业银行（Banco Agrario del Peru）所导致的商业银行挤出效应。

③  Gonzalez（1984）将其解释为利率管制铁律所自然引致的结果。

### （三）金融系统方法

20 世纪 80 年代，绝大多数旧有模式的项目没再持续下去，而是被金融系统方法所取代。[①]"金融系统"这一词汇包括：（1）金融机构；（2）金融市场和工具；（3）法律和监管环境；（4）金融习惯和行为。要构建这一系统，需要在三个层面有所建树：（1）微观层面：了解不同客户的金融需求和行为，成立金融机构，开发金融产品和服务。（2）中观层面：打造金融中介服务所需要的基础设施。（3）宏观层面：推出引导型的国家政策和策略，提供补充性的非金融服务，构建具有支持性的良好环境。

这一新型模式的关键要素在于：

1. 将农村金融的含义扩展到包括农业和农村非农活动；

2. 认识到储蓄动员的重要性；

3. 相信存款和贷款活动都使用市场利率会同时强化金融机构和客户的市场纪律；

4. 按照需求，而不是供给目标来发放贷款；

5. 用生存实力，而不是其所发放的贷款来评估金融机构；

6. 认识到成功的金融活动依赖于有利的宏观经济、农业和金融部门政策，以及恰当的法律框架；

7. 接受非正规金融作为补充，而不是认为它是进行高利贷盘剥的和有害的；

8. 相信金融部门改革对改进绩效和拓展金融机构业务覆盖面是必要的；

9. 认识到公益人士的重要作用，主要体现在创造适宜的正常环境、改进农村金融市场的法律和监管框架、提高制度的作用能力、支持降低交易成本和提高风险管理能力的创新活动。

新型模式不再追求发放廉价贷款的目标，而是更多地关心创建可持续经营的金融机构、训练借款人和储户，将他们更多地作为客户而不是受益

---

① 这一结论的得出来自于对联合国粮食及农业组织和德国技术合作有限公司（GTZ）（1998年 6 月）、Yaron 等（1997）和国际农业发展基金（IFAD，2010）等的观点总结。这一新型方法得到了 20 世纪 90 年代国际组织的政策运用（世界银行，2003）。

人看待，对产品和服务进行妥善定价，以便能够覆盖成本和风险。通过逐渐提高与偿还能力相匹配的贷款规模来鼓励客户建立长期关系。公益人士更少地直接提供信用额度，而是提供捐款、贷款和技术援助来支持产品、制度和政策的设计。新型模式对小微金融的成功及其向农村地区和农业产业的渗透作出了重要贡献。

## 二、服务于农业和农村地区的小微金融

小微金融在服务农业和农村地区方面取得了长足的进展。本节讨论了为什么小微金融机构会进入这个相对隔绝的市场、它们是如何适应这个市场的，最后还总结了一些成功的案例。

### （一）小微金融机构挺进农村地区的原因

一些小微金融机构成立时就带有服务农民的使命，而另一些小微金融机构开始时主要是服务人口密度较高的城市和城乡结合部客户，慢慢地才开始渗透进农村地区，来服务更多农业和涉农客户。[①] 原有市场饱和、客户过度集中，以及需要通过增加业务规模来提高效率和可持续性的要求解释了小微金融机构向这个市场进军的原因。

#### 1. 一些市场的饱和

当小微金融机构快速成长，相对于整个金融市场来说达到相对较高规模的时候会发生市场饱和现象。玻利维亚、乌干达和孟加拉国都是重要的例子（Rhyne，2001；Wright 和 Rippey，2003；Porteous，2006 年 2 月）。不断增加的竞争会导致一些正面效应，比如迫使小微金融机构降低利率、提高贷款规模、引入新的产品，以及改进客户服务等，但是也可能导致借款人从两家甚至更多金融机构那里同时借款，引致过度负债，以及日益增多的贷款违法行为。[②] 一个解决方案就是小微金融机构寻找新的市场，从

---

① 令人惊讶的是，Gonzalez（2010 年 8 月）发现小微金融机构的职员生产力在农村地区比在城市地区还要高，这可能是因为客户的分散度并没有想象中的那样高。

② Chen、Rasmussen 和 Reille（2010）发现过度贷款也会带来更多的违法行为，在尼加拉瓜、摩洛哥、波斯尼亚和黑塞哥维那，以及巴基斯坦都是如此。

而转移到了更小的市镇、村庄和农村地区。[①]

2. 提高效率和可持续性

由于发展中国家的一些金融机构实现了规模经济[②]，我们有理由预期如果小微金融机构扩张的话会获得类似的好处。如果真能如此，这会带来"双赢"的格局，小微金融机构会通过更低的成本、更高的利润和更强的财务可持续性而获得收益，客户则会受益于更低的利率，以及小微金融机构以更小的贷款额度来服务于偏远地区农村和贫困客户的更多机会。因此，横向扩张进入新的农村和农业市场能够提高规模，这会是一个高度合意的结果。[③]

关于小微金融机构规模经济的研究显示出了复杂的结论。比如，Qayyum 和 Ahmad（其论文没有标明时间）发现了孟加拉国、印度和巴基斯坦的一些小微金融机构的规模经济证据。Zacharias（2008）分析了从2006 年米克斯小额信贷市场数据库（MIX）中提取的一个小微金融机构案例，得出结论说平均规模更大的小微金融机构似乎更有效率。可以通过发放更大规模贷款的方式构建更大规模的资产组合，但这可能和小微金融机构的社会使命相冲突。另一方面，Gonzalez（2007）使用2006 年的米克斯小额信贷市场数据库研究了更多的样本，发现规模因素在解释借款人数少于 2000 人的小微金融机构的成本差异时扮演了重要角色，但是令人惊异的是，对更大规模的小微金融机构来说却并不是如此。他还发现，随着贷款规模的增加，在降低运营成本方面会带来显著的但却是递减的效应。因此，进军新的农村市场可能会给成本和效率带来有益的影响，但是在现有市场上发放更大规模的贷款也能带来类似的效果。

---

① Gonzalez（2010 年 6 月）使用米克斯小额信贷市场数据库（MIX）数据得出结论说，在集中的市场中有更多的机会提高高质量资产组合的增长率，在这方面，通过给新分支机构的新客户提供融资，比通过现有地点分支机构来吸引新客户能够带来的潜能更大。

② 规模经济指企业通过扩张来实现的好处，比如随着生产量的提高，每单位产品的平均生产成本会下降。

③ 规模经济因素也可以解释为什么一些非政府组织转化成了接受监管的正规金融机构（Ledgerwood 和 White，2006）。

**（二）业务方式调整的要求：以客户为导向**

大多数小微金融开始时采用了一种相当标准的小组信贷方法，使用联合负债模式，并且取得了成功。接着，它们就意识到贷款应当更加适应客户的需要。于是，个人信贷就变得更加普遍，取代了小组信贷，或者成为小组信贷模式的补充。它更好地适应了农村家庭的异质性，也更加适合季节化的农业生产。特别是这一改变要求小微金融机构的关注点从它们能够生产的产品过渡到客户需要的产品，从服务于金融机构的需要过渡到服务于客户的需要（Woller，2002）。本节重点强调小微金融机构进行的改变。

1. 产品设计

典型的小微金融贷款被设计成为一个标准规模的产品，适用于所有情景，特别是拥有定期现金流的城市和农村家庭，但是对只有季节性现金流的农民来说就不太适合了。孟加拉国的格莱珉银行倡导的模式是向小组所有成员同时发放等额或者几乎等额的贷款，作为小额年度营运资金来使用。随着借款人建立起他们的信誉记录，接下来的贷款额度可以更大一些（也就是累进式或者步升式的贷款模式）。贷款是全额分期偿还的，这种偿还非常频繁，常常是每周或者每月都要偿还，其还款金额包括利息和本金两个组成部分。无论贷款的目的是什么或者其规模有多大，利率都是固定的，甚至提前偿还贷款的借款人在所有小组成员偿还完毕之前都无法获得一笔新的贷款。这些没有弹性的安排便于纸质方式下的记账工作，借款人可以较为容易地理解其还款责任，但是也将一些客户排除在外，并可能导致贷款中断、不法行为，以及向多个小微金融机构同时借款行为的发生（Meyer，2002；Wright，2000）。向个人发放的贷款有助于解决这些问题。

2. 向个人发放的贷款

向个人发放的贷款①需要详细地评估客户的财务状况、性格品质、偿

---

① 一些小微金融技术服务提供商（比如德国的国际项目咨询公司）总是提倡向个人发放贷款，而另外一些小微金融机构开始时使用小组信贷模式，后来因为竞争压力而转向了个人信贷模式（Churchill，1999）。比如，在玻利维亚，当以更快速度向老客户提供更大规模贷款的个人信贷模式开始在市场上出现的时候，小组贷款提供商的客户就开始流失了（Navajas 等，2003b）。

还能力和他（她）所从事的工作及个人风险。这意味着发放第一笔贷款时会有较高的成本，但是随着时间的推移，贷款负责人会积累起其客户的信息，成本就有可能下降。从客户那里获得的关于他们业务的信息和预期现金流状况决定了贷款是否会被授予，以及其规模、期限、发放和偿还安排会是怎样的。贷款负责人需要具备极好的技术和耐心，才能对农民的生产活动、产出和现金流进行较为完善的评估。

在没有定期小组会议和联合还款责任的情况下该如何保证较高的还款率呢？这就是问题之所在。一些小微金融机构抛弃了联合还款责任，但是仍然保留了收取还款之时所召开的小组会议，因为在公开场合办理定期还款业务会给借款人带来按时还款的压力。比如，社会进步协会（ASA）在孟加拉国人口稠密的农村地区开展业务，是该国最先摈弃联合还款责任的金融机构之一，却将还款时候的小组会议安排保留了下来（Armendariz 和 Morduch，2005）。小微金融机构正在试验允许借款人使用移动电话来在任何时间段偿还贷款，但是当贷款负责人去收取未能支付的分期还款金的时候还会召开定期的小组会议。

很多小微金融机构通过办理抵押的方式鼓励还款，抵押的模式可能是联合签字人（担保人）或者真实的抵押品，比如牲畜、工具器械、土地（甚至是没有明确所有权的土地），以及其他企业和个人资产。① 一些文件，比如说完税单也会被当作抵押品，特别是如果它们对客户的其他活动具有价值的话更是如此。这样，对借款人来说，抵押品的名义价值或者使用价值更加重要，而它的市场价值就不那么受到关注了（Armendariz 和 Morduch，2005）。在一些国家，按照法律规定，开出支票却没有足够资金可资支付的行为会被立即施以重罚，在这类地区，相比于获取并处置抵押资产的漫长法律程序而言，开展未到期的检查显得更加有用。

获得未来贷款的可能性是本次及时还贷的重要激励，因为还款比违约

---

① 仓储凭单被用于充当农业商品的抵押凭证，在几个非洲国家，之前这种模式只适用于部分出口作物，但现在也可用于一般的粮食作物（Coulter，2009）。

对借款人来说更有吸引力。因此，小微金融机构努力建立长期客户关系，树立长期稳定的形象，对那些及时还款的借款人快速发放新的贷款，随着贷款偿还能力的提高还能增加贷款规模，尽力维持流动性以便客户不会因为银行缺少资金而被拒绝放款。然而，一个限制在于大多数小微金融机构还没有给更大规模的企业投资发放它们所急需的关键性贷款（Hollinger，2004）。

3. 权限下放和员工培养

由于个人贷款通常是由远离总部的分支机构发放的，因此需要决策权限的下放。分支机构经理、信贷经理和驻场客户经理需要一定的灵活性和权限来快速地对贷款申请进行决策，比如他们需要快速决定贷款规模和期限，以便满足异质性的农民需求。金融机构可以采取两种人员策略。一个选择是针对现有员工实施较为深入的培训，以便他们有能力服务农业和农村市场。另一个选择是雇用专家团队，指派他们独自服务这一客户群体。管理信息系统和监察系统应当进行调整，以便经理和贷款负责人针对当地市场条件能够获得足够的灵活性和决策权限，同时又可以实施监督和控制（Dellien 等，2005）。

小微金融机构在服务农业方面实施了不同的人力资源策略。一些机构选择有经验的信贷负责人，对他们施以作物种植和牲畜养殖方面的培训；而另一些机构则雇用那些懂得农业知识的人才，再对他们施以银行业务方面的培训。一些金融机构更希望从当地雇用员工，因为觉得他们会乐意在当地长期工作；而另一些机构更乐意雇用那些不会为当地家庭和社会责任所拖累的人员。很多小微金融机构在进行贷款决策时会使用委员会模式，所以年轻的贷款员可以从更有经验的人员那里获取经验。贷款员开展工作的时间安排需要考虑农业生产的季节性，绩效激励安排也必须作出调整，以适应农村和城市贷款员在潜在资产组合增长方面的差异。①

---

① Navajas 和 Gonzalez - Vega（2003a）对个人信贷技术进行了详细的分析，并考察了萨尔瓦多资本金融公司（Financier Calpia，今萨尔瓦多正面信贷银行）所采用的激励措施，该类措施使得农村贷款员获得了和城市贷款员同等的生产率。

4. 管理信息系统（MIS）

很多小微金融机构使用纸质的记账系统来服务于标准的小组信贷项目中数以千计的客户，但是向个人发放信贷却需要配备更加现代一些的管理信息系统，以便员工能够作出合适的贷款决策、实施贷款监测、管理贷款资产组合，并跟踪客户及其业务的全面信息。比如，在孟加拉国推广弹性化的贷款产品的一个障碍就在于，大多数小微金融机构更倾向于发放标准化的贷款，因为这样更容易进行手工记账。[①]

信息系统也必须能够对小微金融机构所有层次的业务活动出具监测和核实报告（Dellien 等，2005）。驻场贷款员需要及时获取客户偿还报告，以便能够即刻跟踪拖欠债务的借款人。管理人员需要衡量员工的产出以便实施激励措施，监督资产组合的构成以便保证合适的资产分散化水平，以及跟踪贷款偿还、进行贷款时间表的重新安排，发放新贷款和循环放贷。脱逃债务的人必须被识别出来，并采取相应的后续措施。

（三）成功服务农村和农业领域的小微金融机构

由于缺少农村金融的综合数据库基础，我们要了解小微金融机构业务规模和绩效表现，就不得不局限于选择一些案例来进行剖析。[②] 本节突出介绍了我们可以获取信息的那些小微金融机构的农村业务活动。无疑世界上肯定存在其他成功的案例，但是它们可能比较不为人所知。

1. 三家广受称赞的亚洲金融机构先驱

人们经常提到三家亚洲金融机构，并将它们奉为在农村地区成功发放贷款和提供其他金融服务的典范：泰国农业和农业合作社银行（BAAC）、印度尼西亚人民银行的村镇银行（BRI – UD）、孟加拉国的格莱珉银行

---

① 孟加拉国 2008 年有 2500 万～3000 万借款人接受了小微信贷，但是只有 100 万～150 万笔借款是特别为农业季节化生产或者投资用途量身设计的，而从事作物种植的总人口有 600 万～700 万人（Alamgir，2009）。

② 22 家正面信贷银行（ProCredit banks）的年报（www. procredit – holding. com）显示，其整个资产组合中的农业贷款比例从不到 1% 到超过 26% 不等。因康菲（Inconfin）基金管理公司管理的农村推动基金（Rural Impulse Fund）对 22 家机构的投资中的未公开数据显示，农业贷款比例从 1% 到 77% 不等。

（GB）。格莱珉银行是唯一一家被公认为属于小微金融机构的，但是所有这三家机构都有数以百万计的客户，其中很多是穷人，并且它们直接或者间接地服务于农业。它们的成功有助于改变农业贷款范式。[①]

有助于这三家机构成功的普遍特征包括：

- 在人口密度较高的地区运营。

- 合理且有益的经济、农村和农业政策。

- 正常或良好的农村基础设施。

- 高度的管理自主权，包括收取大于零的，甚至常常是较高的贷款利率。

- 人力资源政策强调培训和责任制。

- 创新且成本较低的操作系统。

- 合适的贷款期限和条件。

- 对贷款绩效表现的密切监测。

- 管理信息系统足够得到计划、控制和监督。

- 较强的储蓄动员能力，可以减少或者消除额外资金需求。

一些特征值得关注。泰国农业和农业合作社银行是一家国有银行，创设于 1966 年，直到最近都局限于农业贷款领域。印度尼西亚人民银行也是国有银行，拥有一个村镇银行网络，该网络在 1984 年作为单独的利润中心而成立。孟加拉国格莱珉银行成立于 1983 年，是一个拥有自身银行业务规范的特殊金融机构。这三家机构均服务于数以百万计的客户，但是以不同的方式进行的。格莱珉银行开发了五人小组联合负债模式，小组主要由妇女组成，这一方法后来在全世界得到了广泛复制。印度尼西亚人民银行的村镇银行使用了个人信贷模式，而泰国农业和农业合作社银行对小额贷款使用小组贷款模式，对大额贷款使用个人贷款模式，这样使国家中 80% ~ 90% 的农民受益，同时它也贷款给合作社。格莱珉银行在 1998 年

---

① Yaron 和其他作者有大量的文献是关于这三家机构的。Meyer 和 Nagarajan（2000）在亚洲农村金融的一份报告中分析了它们的情况。

洪灾之后调整了其略显僵化的贷款和储蓄产品，并创设了高度成功的第二格莱珉银行（Grameen II）。

印度尼西亚人民银行的村镇银行强调自愿储蓄的动员，其储蓄规模是贷款余额的两倍，显示出更多农村人口会受益于安全的储蓄渠道，这比借款渠道的作用更大。泰国农业和农业合作社银行最初依赖于政府资金和银行贷款，但是其所动员的储蓄量慢慢地增大了。孟加拉国格莱珉银行在动员自愿性储蓄方面进展缓慢，但是第二格莱珉银行引入了有吸引力的储蓄和养老金产品。印度尼西亚人民银行的村镇银行将巨额的储蓄和利润交付给了母行。因此，它的补贴依存度指标[1]（SDI）为负数（它可以降低贷款利率并仍然能够覆盖所接受的补贴）。因为补贴的原因，泰国农业和农业合作社银行的补贴依存度指标稍高于零，而孟加拉国格莱珉银行的补贴依存度指标远高于零，这主要是因为该银行早年间曾接受了巨额补贴。[2]

令人惊讶的是，泰国农业和农业合作社银行，以及印度尼西亚人民银行的村镇银行对贫困客户的平均服务深度（用贷款平均余额占人均 GDP 的比例来衡量）在一定程度上都算是比较低的，即使是声称服务于贫困人口的孟加拉国格莱珉银行也是如此。所有这三家金融机构都拥有比较好的贷款偿还率，贷款核销规模相对较低，虽然它们其间经历了金融危机，孟加拉国格莱珉银行在 1998 年洪灾期间还出了一些问题。相比于其他地区的小微金融机构而言，这三家金融机构对成本和损失的控制比较好，因此它们的利率水平相对比较低。

2. 萨尔瓦多的正面信贷银行（前资本金融公司）

萨尔瓦多的正面信贷银行集团是一家拥有 22 个银行性机构的控股公司，从 1988 年的一家非政府机构演变而来，开始是一家金融公司，最终

---

① Yaron（1992）创造了补贴依存度指标来衡量运营一家金融机构的综合财务成本。它的计算方法是所获得的年度补贴除以年度平均贷款资产组合所赚取的年度平均利率。一个数值为负数的补贴依存度指标表示该机构能够获得充分的自身持续性经营能力，而一个正值则意味着利率需要提高以覆盖所获得的补贴。

② 自 1985 年到 1996 年，据估计，孟加拉国格莱珉银行需要将原始贷款的名义利率从 20% 提高到 33%，才能摆脱补贴（Morduch，1999）。

在 2004 年成为一家银行。它最开始服务于城市的小微企业家，但是自
1992 年以来调整了其个人信贷技术，以便能够符合农村客户的需求。最
初的目标区域选择基于三个标准：市场能够进入，距离分支机构的办公地
点较近，有安全的水源供应以便能够减少农作物歉收的风险。一家名为
"国际项目咨询公司"（IPC）的德国咨询公司对贷款方案的设计提供了技
术援助，它也成为创始股东。

农业贷款的平均期限为 10 个月，而牲畜养殖贷款的平均年限为 15 ~
18 个月。对于拥有必要现金流的客户而言，利息和部分本金可以定期偿
还；否则的话，也可以在要求的还款期到来的时候进行一次性偿还。对未
偿还贷款本金所收取的年度名义利率从 12% ~27% 不等。贷款拨付和还款
活动会在银行分支机构的办公室完成，以便减少贷款负责人潜在欺诈的可
能性。银行比较愿意雇用年龄在 30 岁左右的贷款员，他们刚刚从当地的
大学获得学位，几乎没有太多银行业务经验。银行认为需要对他们加以培
训，以便他们获得所必需的农业经验，这样才能有效地评估贷款申请人的
管理能力、潜在生产力和生产风险。

奖金是贷款员薪酬的重要组成部分，高效的贷款员所获得的奖金可能
高达他们底薪的 100%。给予激励资金所考虑的因素包括资产组合规模、
借款人数量、新的借款人数量和逾期贷款情况（Navajas 和 Gonzalez – Ve-
ga，2003）。这种激励方式带来了较高的生产率，但是也可能会"燃尽"
贷款员。国际项目咨询公司在 2005 年改革了这一体系，提高了所有员工
的福利和保险水平，对榜样行为给予最多两个月的薪水奖励，对部分优秀
的中层管理者则提供利润分成（Zeitinger，2005）。

2009 年的农业贷款总额超过了 1500 万美元，相当于贷款资产组合的
7.5%（2009 年年报）。① 银行宣布拥有 76000 笔贷款和大约 290000 个储

---

　　① 到 2010 年 11 月，农业贷款的平均期限提高到 30 个月，牲畜养殖贷款的平均期限提高到
39 个月。农业贷款总额下降到刚刚超过 700 万美元，仅相当于贷款资产组合总额的大约 4%。这
一下降主要是由于对业务进行了重组，卖掉了 1000 美元以下的全部贷款，其中很多都是农业贷款
（在银行的个人贷款）。

蓄账户。相对于 2008 年而言，利润有所下降，这是因为经济衰退而使得权益回报率下降到了 2.7%。2006 年其农村和城市分支机构的分析报告显示，农村贷款员对应的平均客户数更多（320 户对 289 户），但是贷款平均规模更低（1130 美元对 1686 美元），这是因为账上存在很多小规模的农业贷款；运营成本略高（6.2% 对 5.8%），但是贷款损失拨备较低（1.3% 对 2.9%）。农村分支机构所创造的利润率和城市分支机构类似，显示出农村业务具有一定的吸引力。银行成功地消化了 1998 年飓风米奇（Hurricane Mitch）和 2001 年地震所带来的问题，包括房屋的损毁，以及对大约 20% 农村客户生存条件的影响（Buchenau 和 Meyer，2007）。

3. 乌干达的世纪银行（前世纪农村发展银行有限公司，CERUDEB）

世纪银行由乌干达天主教堂在 1983 年创设，最开始是一个信托基金，服务于经济上落后的人口，特别是农村地区的穷人。它经历过一些问题，进行了改革，并在 1993 年转化成为一家商业银行。天主教堂仍然掌握大多数的股权。该银行仿照萨尔瓦多正面信贷银行的案例，开发了个人小微信贷技术，包括农业贷款产品和发放流程，这使得它成为向小型农户发放个人贷款的先驱性银行。

银行会使用现金流分析来评估借款人的偿还能力。贷款额最初比较小，大约是 60 美元或者更少，贷款期限是 3 ~ 6 个月，借款人接着会得到重复的贷款，额度逐渐增大，期限逐渐延长。在三次成功的贷款循环后，借款人可以有权获得"自动"贷款，利率也会显著降低。抵押要求是比较弹性化的，可能结合着固定资产和担保人要求而存在。贫困的客户可以提供担保人、没有完全产权证的土地、可移动资产如牲畜等、家庭用品包括易耗品和企业设备等，都算是合格。银行还开发了软件系统，用于处理贷款流程、进行监督、实施员工绩效表现分析、进行激励测算、完成贷款发放和贷款追踪等活动（Seibel，2003）。

一家分行在 1998 年开始发放农业贷款，在其所选择的地区，小户农民通常拥有 1 ~ 4 英亩土地，他们在那里种植咖啡、玉米、园艺作物，养殖奶牛、山羊和家猪。① 一些人从事加工业，做点小生意，大部分人有多种收入来源。当地每年有两个生产季节，降水量比较可靠。贷款员会预测贷款对象的现金流，以评估其资产负债水平和每月的现金状况。贷款抵押品通常是普通的土地所有权、牲畜和家庭用品，最少应当价值贷款水平的150%。最初的四名贷款员是农业学或者农业经济学专业的大学毕业生，以前基本没有什么工作经验。

在最初一季，银行发放了388笔贷款，平均额度200美元，平均贷款期限6个月，通常会有3个月的宽限期，之后的3个月中每月需要定期还款。利率为每月1.8%，计息基础是逐渐下降的贷款余额，申请费大约为3美元，每月的检查费率为2%，如果借款人按时偿还贷款的话，到第四笔贷款的时候，检查费率会下降到0.5%。贷款发放时银行会将款项打到借款人开立的储蓄账户当中，同时还会开立一个特殊的活期账户，以便日后可以为贷款分期还款的部分开出支票。这样做会改进贷款偿还状况，因为开出无足够余额可资支付的支票是违法行为。到第一季结束的时候，92%的借款人全额按期还款了，但是有几笔贷款面临着偿还困难，因为农产品的价格较低，还有几个人不乐意还款。1999年银行发放了超过1000笔贷款，但是拖欠率更高了，因为大丰收压低了农产品价格。

在2000年的时候农业贷款拓展到8家分支机构，当时一个公益资金担保的项目给农业贷款的发放带来了额外的激励。银行雇用了新的贷款员，但是很多笔信贷是由现存那些没有什么农业经验的贷款员发放出去的。很多新的客户是玉米种植农户，是由公益项目推荐来的，该项目还提出关于贷款规模的建议，公益人士同意为每笔贷款提供担保。由于存在担保，银行对抵押品的要求也就放松了，贷款被发放给很多首次借款人，新的贷款还被发放给一些违约了的农民（这与担保协议不符），贷款规模也变得更大。2001年玉米价格很低，拖欠率大幅提高，银行于是从担保人

①　关于农业贷款演进的这些信息是基于2004年的调研结果（Meyer、Roberts和Mugume，2004）得出的。

那里获得了大约占资产组合29%的担保资金给付。这一经验显示了公益人士是如何导致金融机构过度膨胀进入新的市场的，而在那里他们并没有足够经验，也没有充分受训的员工和可供实施监督控制的系统（Meyer、Roberts 和 Mugume，2004）。

世纪银行在 2002 年进行了另一场改革，开始向中等规模的企业发放更大额度的贷款，还从事公司金融活动。其资产组合迅速地包括了几百笔商业贷款，使得该银行能够继续成长起来，获得很多新的借款人。人们认为银行从大额贷款中获得的更高利润将可以使得它更深入地为穷人服务（Seibel，2003），但这并没有得到证实。2008 年，世纪银行开始试验发放两年期农业贷款，其用途是购买幼年牲畜来进行养殖（Roberts 和 Ocaya，2009）。

世纪银行在 2009 年年度报告中公布了 430 亿乌干达先令的农业贷款，相当于其整个资产组合的 12%。其不良贷款中仅有 8.7% 被分类为农业贷款，这表明其早年间的担保覆盖问题已经得以解决。2009 年的米克斯小额信贷市场数据库（MIX）数据显示，该银行的贷款资产总额达 1.87 亿美元，拥有 109000 个借款人，存款总额超过 2.36 亿美元，借款人达875000 人，资产回报率为 4%，权益回报率为 26.1%。

4. 马拉维机会国际银行

机会国际银行在 27 个国家设立了接受监管的小微金融机构和非政府组织，该银行在进行创新性试验以推广农村金融业务和降低风险方面十分活跃。它向加工商提供以天气为基础的指数型保险，通过补贴的方式提供作物、贷款、健康、人寿和财产保险，还开发了模型推广移动银行业务（Berger，2009）。① 一些创新项目是在马拉维机会国际银行进行检验的。

---

① 在 2010 年初，机会国际银行宣布开始一个价值 1600 万美元的项目，由比尔和米琳达·盖茨基金会（Bill & Melinda Gates Foundation）和万事达卡基金会（MasterCard Foundation）共同提供融资。项目的目标对象是撒哈拉沙漠以南非洲地区的 140 万人口，主要业务给他们提供储蓄账户和农业贷款，其中包括超过 90000 个小户农民。在马拉维和加纳开展的项目也会拓展到其他国家。

它是在 2003 年开始成为商业银行的，开始是一家储蓄主导的金融机构，服务于所有类型的市场，尽管其目标客户的定位是城乡结合部和农村地区经济上活跃却缺少银行服务的人群。贷款通常是通过 10 ~ 30 个小业主组成的"信用小组"来发放的，其中通常是妇女。在借款之前，小组成员通常会接受 4 ~ 8 周的培训，对相互之间的贷款提供小组担保。对有经验的企业主，尤其是那些提供抵押品或者担保人的客户，银行也可以发放个人贷款。

马拉维机会国际银行在 2007 年拓展到农村地区。贷款通常是通过与农作物买家签约的农民小组发放的。银行会评估农民的土地和资源，来估计提供贷款服务的利润。买家会获得农作物，卖掉它们，扣除投入要素的成本，并将剩余资金直接打入借款人的账户。风险控制技术包括农作物保险和仓储凭单抵押等。2009 年年报显示，贷款资产组合总金额达 3040 万美元，其中 10.5% 是农业贷款。45000 个以上借款人中的 60% 是妇女。储蓄者总数超过 252000 人，储蓄存款超过 3100 万美元。该银行在 2008 年实现了经营上的自我循环，以及正的利润率，但是到了 2009 年这两项指标都有所下降，而其 30 天以上在险资产组合攀升到了 7.25%（米克斯小额信贷市场数据库数据）。

银行还尝试了多种销售渠道来提高金融服务渗透力。在 2007 年，这些渠道包括：（1）7 家固定的网点（移动单元、书报亭、卫星中心）和 2 辆移动大篷车；（2）11 台大型自动取款机和 2 台小型自动取款机；（3）超过 1000 部销售终端 POS 机设备（通过马尔斯维奇信用卡网络，布设在加盟小商店、加油站、农用供应站，或者其他银行等地方）；（4）超过 100000 张使用生物识别技术的智能卡（Kalanda 和 Campbell，2008）。[①] 2010 年开始试验给贷款员配备电动自行车（机会国际银行博客，2010）。

移动大篷车装备了电动发动机、用于输入及回传数据的计算机、生物

---

① 马拉维银行出于便利创新的考虑，在全国推广了交换网络和附带生物指纹识别功能的智能卡支付系统（Opuku 和 Foy，2008 年 3 月）。

智能读取设备、一台可读智能卡的销售终端 POS 机、一台能够摄取存取款记录簿的网络摄像头，以及一台指纹扫描仪。安保摄像头和武装保安人员会完成安全保卫工作，GPS 全球定位系统设备会追踪车辆的行踪。大篷车每周在固定地点停留 1～2 次，那时客户可以存款或者提取资金，也可以偿还贷款。他们在营业日结束时会返回网点办公室，以便将数据上传到总部的数据库中。车辆的购置和运营成本较高，但是第一辆大篷车在 3 个月内获得了 3000 名客户，而一个卫星网点大约 18 个月才能获得那样多的客户（Opuku 和 Foy，2008）。

智能卡可以帮助解决客户识别方面的挑战。大多数商业银行要求客户提供官方身份识别证件，但是该国却并不存在身份证件。驾照和护照的成本大约为 30 美元，因此马拉维机会国际银行和其他金融机构会使用马尔斯维奇智能卡来储存用户的指纹和照片，以便使卡片和持有者对应起来。智能卡可以用于储蓄、发放贷款和进行汇款，它的一个缺点在于每张卡片的成本高达 7 美元。

银行集中评估了创新活动对市场拓展的影响，以及金融设备的使用所产生的影响，以便提高对实际情况的理解力。比如，农村市场的妇女更喜欢存折，这使得她们能够随时检查账户余额，而不必借助生物智能卡读取器设备。一些银行里的读取器并不是总能读到马拉维机会国际银行的卡片。妇女们也发现每周访问移动银行网点不太够用，这促使她们也同时保留了在商业银行的储蓄账户。我们可以找到的一份基础研究评估了移动大篷车和相关技术运用的效果（McGuinness，2008）。研究考察了使银行贴近客户、提供几种金融产品的一站式服务。为贫困客户及非贫困客户同时服务可以分散风险，以及提供更好的服务。一份研究评估了在移动银行所服务的地区推广产品的市场策略。基于田间地头现场的市场推广助理所打响的市场开拓攻坚战显著增加了新客户开户量，比大规模媒体宣传的效用更强（Nagarajan 和 Adelman，2010）。

一个使用指纹的实验发现，最有可能违约的借款人（最坏的借款人）显著地提高了他们的偿还率，部分是因为选择了更低的贷款规模，以及将更多的农业要素投入了红辣椒种植，这种作物正是贷款用途所指定的种植对象。一个粗略的成本收益分析认为这一系统是有益的（Gine 等，2010）。关于强制储蓄账户的一个实验的初步分析显示，在客户使用资金带有一些限制的情况下，他们的储蓄量更大，并且更多地用于农业投入（Brune 等，2011 年 4 月）。

### 三、农业和农村金融领域内的会员制小微金融机构

会员制的金融机构（MOIs）在发展中国家农村地区十分重要。农村人口开发和运营了大量的合作社、信用联盟、自助团体、轮流储蓄和贷款协会（ROSCAs）、村级的储蓄小组或者积累储蓄和信贷协会（ASCAs）、丧葬费保险协会和社区基金，它们服务的客户通常比银行客户更加贫困。世界银行扶贫协商小组（CGAP）得出结论说，商业银行提供了最主要的农村金融服务，但是所有银行网点平均只有26%处于农村地区，而合作社却有45%的网点在农村，特殊国营金融机构也有38%的网点在农村，小微金融机构则有42%的网点在农村（世界银行扶贫协商小组，2010）。① 然而，合作社和贷款联盟相对规模较小，因此其在总存款和贷款账户中的占比也相对较小（Christen 等，2004）。

一些会员制金融机构获得了令人惊讶的市场开拓效果，比其他类型的金融机构服务农村市场的程度更强，也渗透进了更加偏远的地区。通常来说，它们的经营能够覆盖其成本，虽然规模有限，但是它们的服务对客户需求的反馈更好，相比其他选择来说给客户带来的成本也更少。它们强调储蓄动员工作，并以更低的利率发放贷款，这使得合作社和信用联盟区别于其他小微金融机构。它们也建立了一些机构来赋予社区一定的权力，并聚集了社会资本，还能够以较低成本获得有关当地低收入居民的深度信息，而这些信息对外界机构而言既难以获得，成本又很高昂。然而，它们

---

① 世界银行扶贫协商小组指出，这些结果容易低估非银行网点网络的规模，因为数据受到了限制。

通常只局限于当地，规模较小，并容易受到协同风险的影响。频繁的欺诈和管理不当限制了它们的规模和持续生存能力（Hirschland 等，2008；Zeller，2006）。

金融合作社在西欧、加拿大和美国的农业开发方面扮演了重要角色，但是在很多发展中国家的名声却很坏，因为其绩效表现很差，并遭受了严重的政府干预。然而，如果管理得当，它们可以获得成功并且有能力与其他金融机构竞争。本节总结了一些案例，它们在农村地区和服务农业方面的绩效表现较为正面。

### （一）四家合作社网络①

世界银行研究了四家金融合作社（FC）网络来了解它们在农村金融中的角色：巴西南部的系统信贷合作社（SICREDI）、斯里兰卡的萨纳撒合作社（SANASA）、布基纳法索的布基纳网格储蓄合作社（RCPB）、肯尼亚农村储蓄和信贷合作社联盟（KERUSSU）。农民会员的信息暂不可得，不过萨纳撒合作社和布基纳网格储蓄合作社是它们各自国内最大的农村地区金融服务私人提供者。据估计，系统信贷合作社的 50 万名会员位于巴西农村地区②，在肯尼亚，农村金融合作社服务的客户超过 100 万人。这四家合作社网络都雇用专业化的职员，服务于多种收入水平的农村和城市客户，并在不同程度上为贫困人口提供金融服务。

在这些网络中，关于每家合作社，我们几乎不能获得什么详细的信息。一些据说创新性较强并且能够产生利润，而另一些则发展很慢，没有什么利润可言，在配置成员储蓄和分配在险资本方面的记录也很差。客户的分散化是在农村地区推广业务而不必牺牲利润的重要工具。网络内的金

---

① 两份 2007 年的世界银行文件提供了这里所强调的信息（Nair 和 Kloeppinger - Todd，2007，以及世界银行，2007），对这里所分析的四个网络也可以找到一些案例分析。

② 巴西的大量联邦银行和开发性银行提供了大部分的农业贷款，政府在制定信贷政策和提供信贷资源方面扮演了重要角色。2003 年的金融合作社只占农村贷款总规模的 6.2%，但是在一些地区金融合作社是唯一存在的金融机构。巴西系统信贷合作社是该国第二大合作社网络，而一家较小的网络 CRESOL 有 66000 名成员，目标是非常小的农户。贷款向个人发放，通常和银行一样要求提供担保。贷款资源来自于合作社和政府，但是使其成功的一个关键因素在于，虽然有政府参与，但是合作社在政治上具有独立地位（Brusky，2007）。

融合作社具有较高的整合度，比如巴西系统信贷合作社和布基纳网格储蓄合作社具有更好的操作系统从而能够提供更广泛的服务，在具备审慎的金融监督管理环境的情况下也运营得更好。公益人士的援助不应当削弱对成员储蓄的激励，不应当对营运成本进行支持，因为成本应当由利息和收费来满足和覆盖，并且如果它们属于国际合作组织成员，或者能够与其网络互动的话，公益支持的效果最好。

（二）强化的农村金融合作社

金融合作社经常接受技术援助，以便改善经营管理，提高农村市场渗透力，对农业家庭扩大金融服务。本节总结了一些案例。

墨西哥推出了一个雄心勃勃的项目，其中一个结构复杂的会员制机构据估计拥有超过 400 万成员（Gomez Soto 和 Gonzalez – Vega，2006），其中很多规模较小，表现较差。墨西哥农业和畜牧业秘书局（SAGARPA）正在实施农村小微金融机构地区技术协助专案项目（PATMIR），以便提供培训和技术援助。德国、加拿大和美国合作组织也在不同的地区实施了协助。它们选择的策略包括：（1）创设新的金融机构；（2）强化和合并现存的机构；（3）给现存的机构提供援助，帮助它们进入尚未开发的地区。我们能够找到一些总体数据，包括接受援助的信用联盟数量、创设的联系点多少、新成员数量、动员的储蓄和发放的贷款规模、对金融知识和信贷联盟管理方面的培训、新的技术和管理实践的引入等。然而，关于个别信用联盟或它们涉农业务的绩效表现的数据就几乎不可得了。

墨西哥该项目最详细的信息是关于信贷联盟世界理事会（WOCCU）种子合作社的，该模式强调储蓄动员，正是该因素将农村成员和信用联盟连接起来。现场负责人会到访遥远的乡村来解释其业务，感兴趣的人们会组成拥有 10 ~ 30 名成员的小组，并设定集会召开时间表。选举出来的主席、会计和发言人会核实贷款申请信息，收取还款和储蓄存款。现场负责人会在会议上发放小额贷款，而较大规模的贷款会被信用联盟再次检查一遍。这一模式降低了人们在家里储蓄的风险，有些成员住得远离位于较大社区的信用联盟，对他们来说该模式也减少了成本和在途时间。成员们拥有信用联盟的全部会员身份，和其他成员一样掌握同等份额，可以在任何时间动用其账户资金。每个信用联盟可以决定其贷款和存款的期限及条件。信用产品的主要目的是服务于小微企业，但是也可以用于家庭维修、紧急事务、健康护理成本和教育费用。

新的技术，比如个人数字设备 PDAs 和销售终端 POS 机，可被用于提高效率和降低成本。现场负责人在访问村庄时可以使用个人数字设备来招募成员，并通过手机将账户信息传回到信用联盟。销售终端设备位于当地的零售商店，允许客户使用自身的账户，现场负责人也可以通过该设备将从成员那里收集的现金存储起来。一个旅行路线成本分析工具使用人口普查和成本信息（比如薪水、旅程、维护成本），可用于寻找最节约成本的服务路线，对成员和信用联盟来说都很有用（信贷联盟世界理事会，2010）。

一份研究报告显示，农村小微金融机构地区技术协助专案项目（PATMIR）中 80% 的客户居住在人口少于 10000 人的城镇，55% 的客户是女性；15% 不识字，他们中间包括该国最贫穷的一些农村家庭（Paxton，2007）。在不同的扶助策略中有一些重要的权衡考虑。比如，帮助现有的信贷联盟可能带来会员的快速增加（渗透广度），但是现有的文化可能并不希望采用新的运营方法，以及让更多穷人进入（渗透深度）。创设新的机构可能解决这些问题，但是要求更长时间的补贴才能实现自我财务平衡。

### 四、捐款人和开发性金融机构在克服障碍方面的角色

小微金融机构在服务农村地区和农业客户方面正在取得稳步进展。目前，有大量的模型和技术都得到了检验，这无疑揭示了减少成本和控制风险的道路。小微金融业显著得益于捐款人和开发性金融机构的帮助与支持，它们在推动该产业进步并克服横亘在其面前的重要威胁方面都作出了大量有益的贡献。本节就揭示了这些活动。

（一）政治干预和利率上限

政治干预在接受补贴的农村信贷范式和近期的事件中都较为普遍，比如尼加拉瓜的"不付款"（No Pago）运动，都给小微金融业带来了威胁。利率的自由化在很多国家都是一项重要改革，伴随着旧范式的终结。由于它允许小微金融机构收取足够高的利率以覆盖向穷人发放小额贷款的成本和风险，因此给这个产业带来了强力的刺激。墨西哥的康帕多银行和印度SKS小微金融公司的首次公开发行（IPO）带来了高额利润，然而同时人们也就向贫困借款人收取多高的利率才合适的问题展开了一场激烈的辩论。印度安德拉省负债累累的借款人自杀事件促使政府官员和政治家们允许借款人停止偿还其贷款，即使小微贷款本来就处于重重危机当中也没有办法（Harper，2011）。孟加拉国宣布小微贷款的利率上限为27%，这是该产业逐渐后退的信号，虽然它曾被视为解决贫困问题的魔法棒。①

国际机构应当帮助教育民众并宣传市场主导的利率。它们需要广泛传播农业回报率高于预期的信念，这样廉价的利率对借款人的作用就比政策制定者预期的重要性要低。利率上限严重损害了金融机构向最贫困人口、居住在边远地区，以及在高风险环境下作业的农民提供金融服务的意愿（Campion等，2010）。

（二）补贴机构和公共物品

对机构设立和金融基础设施的补贴有助于小微金融取得成功，相较直接交付借款人的利率补贴而言带来的扭曲效应更少。降低贷款利率的关键在于提高小微金融的效率和竞争性。给小微金融机构提供补贴以用于设计产品、开发系统、训练员工和形成高质量人力资源会有助于实现那一目标。

提供补贴用于公共物品的开发来使整个金融部门受益，会比将补贴提供给单个机构带来的回报更大。这方面的主要做法包括改善所有权体系、进行抵押品登记、维护信用记录、为信贷违约者设置的特别法庭和其他的

---

① 《金融时报》（*Financial Times*），2010 - 11 - 10。

支持性机构。国际机构在倡导金融市场开发的长期方案方面发挥着有益的作用，包括分析确定被支持机构的问题和缺陷之所在，并提出建议方法来克服它们。

### （三）支持性网络

国内和国际小微金融网络是重要的公共物品，有益于信息交换和创新活动的传导。一些补贴活动，比如设计创新产品并对其加以检验，一旦可以通过网络将创新之处传播给会员，那么就将创造更高的回报。现存主要金融机构网络包括艾克塞斯控股公司（AccessHolding）、爱康公司（AC-CION）、芬卡公司（FINCA）、机会国际银行和正面信贷银行网络等，在传播和评估新的方法和技术给其附属机构的时候都采取一种逐级传递和公事公办的方式。而世界银行扶贫协商小组（CGAP）的帮助和米克斯小额信贷市场数据库（MIX）的参与都带来了重要收益，因为它们整合了信息，使之能够立即为整个行业所用。相比而言，农业信贷和农村金融的网络迄今为止的发展程度都不够大，它们将会从类似的投资和领导中获得收益。

### （四）风险控制

虽然上述案例显示小微金融机构能够成功地服务于农村地区和农业，但仍然存在相当大的风险。小微金融机构进行风险控制的基本方式是服务于分散化的客户群体，并在其资产组合中控制农业贷款的比重。它们还需要其他的风险控制手段。小微保险正在经历快速发展，私人和公共部门的恰当角色正在得到探索。以天气指数为基础的农作物和牲畜养殖保险具有一定的潜力，但仍然需要支持和进一步的检验，并研究替代性的方案，还需要大量投资以开发天气观测站网络，并分析所收集的数据。当私人部门创新受到"先行问题"的困扰，也就是私人投资者不乐意投资是因为其竞争者非常容易复制其产品的时候，补贴就是比较恰当的措施了（Hazell等，2010）。

### （五）措施和评估

人们开展了大量的实验来检验农村和农业金融的产品、模型和市场推广体系。正如上文所描述的那样，马拉维机会国际银行是一个案例，显示了一家机构如何能够通过深入评估和传播信息来检验创新活动，从而提高金融服务的可获得程度。捐款人和开发性金融机构可以通过鼓励和资助其他机构来传播这一方法，从而推进该进程。

虽然小微金融机构进行了大量的监督和报告工作，但令人奇怪的是几乎没有什么文献对其金融服务进行过合理评估。近期的研究使用随机控制试验认为之前的评价过度强调了小微金融对削减贫困的作用，这样就鼓励了深层次的探索（Rosenberg，2010）。这一方法论的争议将人们的注意力转移开来，而关于金融的基础问题和假设还没有得到充分研究。比如，小微信贷的真正价值是否是让借款人遵循储蓄计划，并避免过度消费？为什么非金融服务对信贷产生合意影响的作用非常关键？为什么贷款需求经常被过高估计？为什么农民在没有巨额补贴的情况下只能接受有限的保险？正规金融服务相比于传统的非正规机制在服务贫困人口方面具有多少优势？这些问题都需要得到仔细分析并且通常会产生较高成本。目前，有大量资金花费在扩大金融服务接受面方面，其中很大一部分资金其实应当转而花费在对其基本假设进行稳健研究方面。

## 参考文献

［1］Adams, D. W. , Graham, D. H. , von Pischke, J. D.（eds.）（1984）Undermining Rural Development with Cheap Credit. Westview Special Studies in Social, Political and Economic Development series. Boulder CO, and London：Westview Press.

［2］Alamgir, D. A. H.（2009）Microfinance in SAARC Region：Review of Microfinance Sector of Bangladesh. Unpublished paper, Dhaka, Bangladesh.

［3］Armendariz, B. , Morduch, J.（2005）The Economics of Microfinance, Cambridge：The MIT Press.

［4］Berger, E.（2009）Expanding Outreach in Malawi：OIBM's Efforts to Launch a Mobile Phone Banking Program. Washington DC：SEEP Network.

［5］Brune, L. , Giné, X. , Goldberg, J. , Yang, D.（2011）Commitments to Save：A

Field Experiment in Rural Malawi. Unpublished paper, Ford School of Public Policy and Department of Economics, University of Michigan.

［6］Brusky, B. (2007) Financial Cooperatives in Rural Finance: SICREDI, Brazil. Agricultural and Rural Development Internal Paper. Washington DC: World Bank.

［7］Buchenau, J., Meyer, R. L. (2007) Introducing Rural Finance into an Urban Microfinance Institution: The Example of Banco Procredit, El Salvador. Paper presented at the International Conference on Rural Finance Research: Moving Research Results into Policies and Practice. FAO, Rome, March 19 – 21, 2007.

［8］Campion, A., Ekka, R. K., Wenner, M. (2010) Interest Rates and Implications for Microfinance in Latin America and the Caribbean. Washington DC: Inter – American Development Bank.

［9］Chen, G., Rasmussen, S., Reille, X. (2010) Growth and Vulnerabilities in Microfinance. Focus Note 61, Washington DC: CGAP.

［10］Churchill, C. (1999) Client – Focused Lending: The Art of Individual Lending. Toronto: Calmeadow.

［11］Christen, R. P., Rosenberg, R., Jayadeva, V. (2004) Financial Institutions with a Double Bottom Line: Implications for the Future of Microfinance. Occasional Paper No. 8. Washington DC: CGAP.

［12］Conning, J., Udry, C. (2007) Rural Financial Markets in Developing Countries. In: Evenson, R., Pingali, P. (eds.) Handbook of Agricultural Economics, Vol. 3: Agricultural Development: Farmers, Farm Production and Farm Markets. Amsterdam: Elsevier B. V., pp. 2857 – 2908.

［13］Consultative Group to Assist the Poor (CGAP) (2010) Financial Access 2010: The State of Financial Inclusion through the Crisis. Washington DC.

［14］Coulter, J. (2009) Review of Warehouse Receipt Systems and Inventory Credit Initiatives in Eastern & Southern Africa. A working document for comment commissioned by UNCTAD, under the All ACP Agricultural Commodities Programme (AAACP), September 25, 2009.

［15］Dellien, H., Burnett, J., Gincherman, A., Lynch, E. (2005) Product Diversification in Microfinance: Introducing Individual Lending. New York: Women's World Banking.

〔16〕Food and Agriculture Organization of the United Nations（FAO）and Deutsche Ge-sellschaft für Technische Zusammenarbeit（GTZ）（1998）Agricultural Finance Revisited: Why? Agricultural Finance Revisited Monograph 1, Rome, June 1998.

〔17〕Gine, X., Goldberg, J., Yang, D.（2010）Identification Strategy: A Field Ex-periment on Dynamic Incentives in Rural Credit Markets. Unpublished paper. Washington DC: World Bank.

〔18〕Gómez Soto, F., González – Vega, C.（2006）Formas de Asociación Cooperativa Y su Participación en la Provisión de Servicios Financieros en las Áreas Rurales de México. Proyecto AFIRMA, USAID, México.

〔19〕Gonzalez, A.（2007）Efficiency Drivers of Microfinance Institutions（MFIs）: The Case of Operating Costs. Micro Banking Bulletin 15: 37 – 42.

〔20〕Gonzalez, A.（2010）Is Microfinance Growing Too Fast? MIX Data Brief No. 5, Washington DC: MIX Market.

〔21〕Gonzalez, A.（2010）Microfinance Synergies and Trade – offs: Social versus Fi-nancial Performance Outcomes in 2008. MIX Data Brief No. 7. Washington DC: MIX Mar-ket.

〔22〕Gonzalez – Vega, C.（1984）Credit – Rationing Behavior of Agricultural Lenders: The Iron Law of Interest – Rate Restrictions. In: Adams, D. W., Graham, D. H., von Pis-chke, J. D.（eds.）Undermining Rural Development with Cheap Credit. Westview Special Studies in Social, Political and Economic Development series. Boulder CO and London: West-view Press, pp. 78 – 95.

〔23〕Harper, M.（2011）Taking Stock: Agrarian distress inIndia – poor Indian farm-ers, suicides and government. Enterprise Development and Microfinance 22（1）: 11 – 16.

〔24〕Hazell, P., Anderson, J., Balzer, N., Hastrup Clemmensen, A., Hess, U., Rispoli, F.（2010）Potential for Scale and Sustainability in Weather Index Insurance for Ag-riculture and Rural Livelihoods. International Fund for Agricultural Development and World Food Programme, Rome.

〔25〕Hirschland, M., Chao – Béroff, R., Harper, M., Lee, N.（2008）Financial Services in Remote Rural Areas: Findings from Seven Member – Owned Institutions. Nova Sco-tia, Canada: Coady International Institute, Antagonism.

[26] Hoff, K. , Stiglitz, J. E. (1990) Introduction: Imperfect Information and Rural Credit Markets – Puzzles and Policy Perspectives. The World Bank Economic Review 4 (3): 235 – 250 (A Symposium Issue on Imperfect Information and Rural Credit Markets) .

[27] Höllinger, F. (2004) Financing Agricultural Term Investments, Agricultural Finance Revisited No. 7. Rome: FAO/GTZ.

[28] International Fund for Agricultural Development (IFAD) (2010) IFAD Decision Tools for Rural Finance. Rome: IFAD.

[29] Jia, X. , Heidhues, F. , Zeller, M. (2010) Credit Rationing of Rural Households inChina. Agricultural Finance Review 70 (1) .

[30] Kalanda, A. – A. , Campbell, B. (2008) Banking Rollout Approaches to Rural Markets: Opportunity International Bank of Malawi. Opportunity International, White Paper, No. 8.

[31] Ledgerwood, J. , White, V. (2006) Transforming Microfinance Institutions: Providing Full Financial Services to the Poor. Washington DC: World Bank.

[32] McGuinness, E. (2008) Malawi's Financial Landscape: Where Does Opportunity International Bank of Malawi Fit? Microfinance Opportunities, Washington DC.

[33] Meyer, R. L. (2002) The Demand for Flexible Microfinance Products: Lessons from Bangladesh. Journal of International Development 14 (3): 351 – 368.

[34] Meyer, R. L. (2011) Subsidies as an Instrument in Agricultural Development Finance: Review. Joint Discussion Paper of the Joint Donor CABFIN Initiative. Washington DC.

[35] Meyer, R. L. , Nagarajan, G. (2000) Rural Financial Markets inAsia: Policies, Paradigms, and Performance. Manila, Philippines: Oxford University Press and Asian Development Bank.

[36] Meyer, R. L. , Roberts, R. , Mugume, A. (2004) Agricultural Finance in Uganda: The Way Forward. FSD Series No. 13. Kampala, Uganda: Bank of Uganda/GTZ/Sida Financial System Development Programme and KfW.

[37] Morduch, J. (1999) The Role of Subsidies in Microfinance: Evidence from the Grameen Bank. Journal of Development Economics 60 (1): 229 – 248.

[38] Nagarajan, G. (2010) Money in a Pot: Has OIBM Altered Savings in RuralMalawi? Notes from the Field, IRIS Center, University of Maryland, July 2010.

［39］Nagarajan, G. , Adelman, S. （2010）Does Intense Marketing Increase Outreach? The Case of Opportunity International Bank in Rural Malawi. IRIS Center, University of Maryland.

［40］Nair, A. , Kloeppinger – Todd, R. （2007）Reaching Rural Areas with Financial Services: Lessons from Financial Cooperatives in Brazil, Burkina Faso, Kenya, and Sri Lanka. Agriculture and Rural Development Discussion Paper 35. Washington DC: World Bank.

［41］Navajas, S. , Gonzalez – Vega, C. （2003a）Financiera Calpia, El Salvador: Innovative Approaches to Rural Lending. In: Wenner, M. D. , Alvarado, J. , Galarza, F. （eds. ）Promising Practices in Rural Finance: Experiences from Latin America and the Caribbean. Washington DC: Inter – American Development Bank, pp. 177 – 211.

［42］Navajas, S. , Conning, J. , Gonzalez – Vega, C. （2003b）Lending Technologies, Competition and Consolidation in the Market for Microfinance in Bolivia. Journal of International Development 15: 747 – 770.

［43］Opportunity Blog （2010）Microfinance Loan Officers Go Green with Electronic Bikes. November 12, 2010. www. opportunity. org/. . . /microfinance – loan – officersgo – green – with – electronic – bikes/.

［44］Opuku, L. , Foy, D. （2008）Pathways out of Poverty: Innovative Banking Technologies to Reach the Rural Poor. Enterprise Development and Microfinance 19 （1）: 46 – 58.

［45］Paxton, J. （2007）Contrasting Methodologies Used to Expand the Outreach of Financial Services to the Rural Poor: Lessons from Mexico's PATMIR Experience. Paper presented at the International Conference on Rural Finance Research: Moving Research Results into Policies and Practice. FAO, Rome, March 19 – 21, 2007.

［46］Porteous, D. （2006）Competition and Microcredit Interest Rates. Focus Note 23. Washington, DC: CGAP.

［47］Qayyum, A. , Ahmad, M. （no date）Efficiency and Sustainability of Micro Finance Institutions in South Asia. Unpublished paper, Pakistan Institute of Development Economics （PIDE）.

［48］Rhyne, E. （2001）Commercialization and Crisis in Bolivian Microfinance. USAID Microenterprise Best Practices. Washington DC.

〔49〕Roberts, R. , Ocaya, R. (2009) Agricultural Finance Yearbook 2009. Kampala, Uganda: Bank of Uganda and Plan for the Modernization of Agriculture.

〔50〕Rosenberg, R. (2010) Does Microcredit Really Help Poor People? Focus Note 59. CGAP.

〔51〕Seibel, H. D. (2003) Centenary Rural Development Bank, Uganda: a flagship of rural bank reform in Africa. Small Enterprise Development 14 (3): 35 – 46.

〔52〕Vogel, R. C. (2005) Costs and Benefits of Liquidating Peru's Agricultural Bank. Washington DC: USAID.

〔53〕von Pischke, J. D. , Donald, G. , Adams, D. W. (eds. ) (1983) Rural Financial Markets in Developing Countries: Their Use & Abuse. Baltimore: Johns Hopkins University Press.

〔54〕WOCCU (2010) Program Brief: Mexico. June 2010.

〔55〕Woller, G. (2002) From Market Failure to Marketing Failure: Market Orientation as the Key to Deep Outreach in Microfinance. Journal of International Development 14 (3): 305 – 324.

〔56〕World Bank (1989) World Development Report 1989: Financial Systems and Development. New York: Oxford University Press.

〔57〕World Bank (2003) Rural Financial Services: Implementing the Bank's Strategy to Reach the Rural Poor. Report No. 26030. Washington DC: World Bank.

〔58〕World Bank (2007) Providing Financial Services in Rural Areas: A Fresh Look at Financial Cooperatives. Washington, DC: World Bank.

〔59〕Wright, G. A. N. (2000) Microfinance Services: Designing Quality Financial Services for the Poor. Dhaka: The University Press Limited.

〔60〕Wright, G. A. N. , Rippey, P. (2003) The Competitive Environment in Uganda: Implications for Microfinance Institutions and Their Clients. MicroSave.

〔61〕Yaron, J. (1992) Assessing Development Finance Institutions: A Public Interest Analysis. World Bank Discussion Paper No. 174, Washington, D. C: World Bank.

〔62〕Yaron, J. , Benjamin, Jr. , M. P. , Piprek, G. L. (1997) Rural Finance: Issues, Design, and Best Practices, Environmentally and Socially Sustainable Development Studies and Monographs Series 14. Washington DC: World Bank.

[63] Zacharias, J. (2008) An Investigation of Economies of Scale in Microfinance Institutions. Unpublished paper. The Leonard N. Stern School of Business, Glucksman Institute for Research in Securities Markets.

[64] Zeitinger, C. P. (2005) Incentive Schemes for Employees of ProCredit Banks. ProCredit Holding News.

[65] Zeller, M. (2006) A Comparative Review of Major Types of Rural Microfinance Institutions in Developing Countries. Agricultural Finance Review 66 (2): 195 – 213 (Special Issue).

# 第六章 拨开涉农信贷的迷雾，回归银行业本质：艾克塞斯银行农业贷款的案例研究

Michael Jainzik[①]　　Andrew Pospielovsky[②]

艾克塞斯银行（AccessBank）1/3 的小微贷款是发放给农民的。这部分资产组合的规模增长得非常迅速，绩效表现良好。为什么阿塞拜疆的艾克塞斯银行能够成功地开展农业信贷业务？这家银行和其他商业银行到底在哪些方面不同呢？为什么这家银行将农民看作战略性核心客户呢？本章案例分析旨在给出一些答案，并试图拨开农业信贷的迷雾。

## 一、转型经济国家的小企业开发银行

艾克塞斯银行创设于 2002 年，创始人是一些国际开发性金融机构和一家技术合伙人。[③] 它创设的目的是给小微企业和中低收入家庭提供广泛的金融服务，这些目标客户在 21 世纪初受到阿塞拜疆银行系统的普遍忽视。这些年来，该银行迅速成长为阿塞拜疆小微金融业务范畴内的领军者，无论是在存贷款客户数量、信贷规模，还是银行服务范围和质量等方面都是如此。同时，艾克塞斯银行也发展成为该国的顶尖银行之一：2011年1月1日，艾克塞斯银行按照总资产排名第七（4.59 亿美元），按照贷款资产组合规模排名第六（3.40 亿美元），按照盈利能力和资产组合质量

---

① 艾克塞斯银行前监事会主席、德国复兴信贷发展银行（KfW）温得赫克（Windhoek）办公室主任。
② 阿塞拜疆艾克塞斯银行前首席执行官、银行业顾问。
③ 现在的股东是艾克塞斯小微金融控股公司、黑海贸易发展银行、欧洲重建发展银行、国际金融公司、德国复兴信贷发展银行、兰德斯金融系统服务公司（LFS）。兰德斯金融系统服务公司是一家位于柏林的咨询公司，与艾克塞斯银行签订了合同，长期提供管理、技术和IT服务。

排名第一。[①] 该银行的 29 家分行（14 家在阿塞拜疆首都巴库以外）服务于 120000 个信贷客户以及 45000 个存款客户。

阿塞拜疆共和国被世界银行认为是"中等收入以上经济体"。[②] 该国经济主要由开采工业（石油和天然气）构成，这类工业是资本集中型产业，但仅提供了很少一部分就业岗位机会。更严重的是，石油和天然气带来的贸易和经常账户盈余通常得益于通货膨胀和阿塞拜疆马纳特相对于外币的汇率升值，而这些因素却削弱了阿塞拜疆其他经济部门的竞争能力，妨碍了它们的增长和发展（也即"荷兰病"）。而且，人们普遍认为，腐败蔓延是妨碍阿塞拜疆建立高效市场经济体制的重要制约因素。[③] 这些因素再加上其他一些原因，共同限制了经济的多元化发展，而后者恰恰是给更广泛人口阶层创造就业机会的重要源泉。[④]

随着石油收入被投入到提升和改造物理基础设施建设方面，这些基建工程，特别是路网、供电、水务等设施的质量明显逐年提高。在阿塞拜疆，几乎所有的村庄全年都能直通大路，这对农业生产而言是比较有益的地方性架构条件。阿塞拜疆自独立后，其农田都是私有化了的（参见专栏1）。清晰的土地私有产权也是农业贷款设施的重要前提。然而，农业经营

---

① 近期，艾克塞斯银行获得了广泛的国际认知度：它获得了阿塞拜疆所有银行当中最高的信用评级，参见惠誉评级（2011）。该银行被《欧洲货币》（*Euromoney*，2010 年和 2011 年）、《全球金融》（*Global Finance*，2011 年）和《银行家》杂志（*The Banker*，2011 年）授予了"阿塞拜疆最佳银行"称号。艾克塞斯银行的卓越表现特别表现在经济冷却时期的在险资产组合（Portfolio at Risk，PAR）指标较低。艾克塞斯银行 2009 年底在险资产组合指标仅相当于总贷款资产组合的 0.85%（2010 年底该指标为 1%）。Hubner（2010）公布了对 10 家较大的当地银行经审计财务报表的分析，结果显示其中 9 家银行的在险资产组合指标比官方公布的全系统数据 4.3%（阿塞拜疆中央银行公布）的值还要高，从 6.5% 到 20.0% 不等。

② 参见 http：//data. worldbank. org/about/country – classifications。

③ 阿塞拜疆在《国际透明度》（*Transparency International*）2010 年腐败观察指数涉及的 178 个国家中位列第 134。国际危机小组（International Crisis Group）认为，对腐败的容忍和从"寻租权利"中获益是阿塞拜疆统治精英们维护内部团结统一和服从性的重要支柱。参见国际危机小组（2010），第 8～10 页。

④ 要了解经济结构概况，可参见 Hubner/Jainzik（2009），第 12～14 页。

的环境并不完美。总体上薄弱或者无效的业务环境被视为主要障碍。[1] 农民主要通过小型的私营商户来进入地方市场，但是加工和仓储设施的发达程度较低；有组织的价值链生产所能发挥的作用十分有限。[2] 生产者组织和专业协会在很大程度上并不存在或者比较薄弱。[3]

## 专栏1

### 土地改革之后的小户农业结构

在20世纪90年代上半期，阿塞拜疆政府最初的主要目标是保护苏维埃国家和集体农耕体制，后来就对持续的产量下降和农村贫困问题作出了反应，进行了全面土地改革，并转向以市场为导向的生产体制。最重要的改变在于2043个前国有和集体所有制农场的私有化。试点开始于1995年，并最终席卷了全国。2005年大约有95%的可耕地被私有化了。[4] 到2010年底，阿塞拜疆政府认为，随着874000个家庭（350万人口）获得了土地作为私有财产，土地改革也完成了。[5] 这创造了一个全新的私营农民阶层，阿塞拜疆如今的农耕结构以小户农民为主。虽然对土地改革整体上的评价是取得了成功，但大多数人口获得的土地数量相对较少，导致农业生产分割且效率较低。如今农村从事耕种的家庭中有85%拥有的土地少于5公顷。[6]

---

① 世界银行（2005）指出了阿塞拜疆企业（包括农业）面临的四个基本问题：法律和监管体系较为薄弱、投资行为的行政障碍无处不在、基础设施供给不足，以及腐败现象。农业领域的一个更加基础的问题是掌握农业监管政策的制定和实施权力的政府部门，比如农业部发挥的作用极为不足。参见Dudwick等（2005）。

② 可以比较世界银行（2005），第27页。根据世界银行观点，这主要是由于对生产加工业的信贷限制，以及竞争性涉农工业发展的有效政策的缺失："到目前为止都没有做什么以改进农业和涉农产业的整体经营环境"，世界银行（2005），第32页。自2005年以来这一状况改善得不多。

③ 参见世界银行（2005），第33页。

④ 参见世界银行（2005）。

⑤ 参见News. az（2010）。

⑥ 参见世界银行（2005）。

## 二、农业金融的缺失

艾克塞斯银行会向农业部门提供融资，但是在该银行创设的最初 5 年间，艾克塞斯银行缺少特别设计的产品或者特殊的方法来以一种统一和充分的方式对待农业部门。结果，到 2007 年 1 月，给农业部门发放的贷款仅相当于企业贷款资产组合总额的 1.3%（4700 万美元中的 60 万美元），以及总贷款笔数的 5.1%（14143 笔中的 719 笔）。由于据估计农业相当于 GDP 的 30%，并给阿塞拜疆 45% 的家庭提供收入和就业机会，这一数字显然反映了该银行还没有充分开发这个市场的潜力。

实际上，在阿塞拜疆并没有金融机构涉足这一市场。在上个十年的后半部分，在阿塞拜疆实际上对农民和农村家庭而言并不存在有效的金融服务。虽然有过几次政策干预，但是小户农民能够获得信贷的可能性还是微乎其微。①

## 三、贷款给农民的典型制约

即使是在艾克塞斯银行内部，在管理层和贷款负责人当中，普遍的态度也都是不愿意贷款给农民。相对于其他非农企业信贷来说，农业贷款被认为"风险较高"。艾克塞斯银行的态度反映了不熟悉农业的银行家们的普遍观点。

- 农业风险：对生产进程有直接负面影响的外部物理因素，比如坏天气或者害虫，被视为使得农业贷款比其他类型信贷风险更高的重要原因。而且，由于这些风险容易同时影响很多借款人，导致了相关风险程度很高并且难以管理。保险或者其他的风险控制机制在阿塞拜疆开发得还不够充分。

- 更长的生产周期和不规律的现金流：特别是在初级农业生产中周

---

① 关于这个十年中的前五年阿塞拜疆农村金融市场的状况总结，可以参见 Lamberte/Fitchett（2006）。

期较长，银行会担心农村家庭缺乏现金收入，并导致可靠还款能力不足。尤其是在阿塞拜疆，以货易货的贸易和自给自足的生产形式普遍存在，这被认为会对借款人现金流的稳定性造成负面影响。

- 价格和市场风险：农业生产通常带有严重的季节性特征，地区、国家和国际供求状况的变化会带来农产品价格总水平的波动。对一些产品而言，半垄断市场结构（由于该地区存在寡头买家）导致情况更加严重。我们再一次发现，这些风险容易同时影响到很多借款人。

- 商业性小微金融利率的承受能力：农业投资的利润率被认为是低于其他部门的，对借款人的现金流和偿还能力有负面影响。结果，农业企业被认为需要补贴性融资。

- 抵押品缺失：人们认为农村客户缺少可以变现的抵押品，这导致相对于其他抵押物丰富的部门来说贷款的核销率更高。

对农业信贷的第二种批评声音来自于人们认为农业贷款的交易成本和营销成本更高：由于农民通常住在小村庄里面，与银行网点距离较远，因此增加了银行职员的交通时间和成本，特别是在进行贷款分析和监控的时候更是如此。而且，人们认为给小户农民贷款的额度比小微贷款的平均额度更低，这也相应提高了交易和营销成本。

### 四、涉农贷款专属产品的开发

认识到市场潜力之后，银行的管理层决定进入农业融资市场，而暂时搁置他们关于较高风险和营销成本的看法。2007 年银行管理层接受了德国政府的技术援助和德国复兴信贷发展银行的融资，尝试推出了一款商业性农业贷款产品。① 银行的监事会支持了管理层的决策，因为他们也认识

---

① 德国政府的支持额度大约 257000 欧元，用于试点分支机构的市场评估、产品开发和推介活动。

到了这对目前还没有接受过银行服务的农村市场的发展的影响。在兰德斯金融系统服务公司（LFS）顾问的帮助下，艾克塞斯银行开发了一款小额涉农贷款专属产品（该产品的初始贷款敞口最高为 10000 美元，后来提高到了 20000 美元），同时推出了专家培训项目，面向贷款负责人和其他银行职员开展。2007 年 8 月，该产品在两家试点分行推出，接着于 2007 年第四季度和 2008 年第一季度在艾克塞斯银行的整个分支机构网络全面铺开。涉农贷款专属产品面向从事任何农业活动的家庭，也包括收入随着农业生产周期波动的企业（参见下文）。①

这款涉农贷款专属产品的基础是现存的小微贷款方法，它自一开始就被整合到银行的系统当中去了。它与艾克塞斯银行标准的小微贷款产品的关键不同之处包括：

- 对贷款负责人进行特殊培训：贷款负责人接受了农业贷款分析方面的特殊培训。一些分支机构分享了其在网点营运范围内积累的知识，包括主要农业活动的典型产出状况、典型成本情况和当地的市场价格。
- 对贷款偿还能力使用了预测现金流分析方法：艾克塞斯银行的标准小微贷款技术会分析当前的收入和费用，以便甄别一家企业如今是否创造了足够的现金流，从而推测其是否能够偿还贷款。由于农业业务的收入通常是不规律的，客户常常在没有收入的时候却需要特别融资，因此如果使用标准分析方法的话就会判定为在分析的时点上该客户产出为零，或者没有充足的还款能力，从而就会导致银行拒绝发放贷款。在这些案例中，涉农活动在收入流

---

① 一些学者将牲畜养殖活动排除在农业定义之外，比如可参见 Harper（2007）第 83 ~ 84 页。其背后的原因在于牲畜养殖活动更加类似于"典型"的小微贷款适用范畴，通常属于农村家庭经济活动的一部分，特别是在东南亚地区更是如此，在那里上百万家庭都能够通过小组贷款方案获得信贷。然而，我们并不认为牲畜养殖从风险的视角看更容易对付（这也在艾克塞斯银行的数据中反映了出来，参见下文），这样的排除方法似乎有些人为刻意和形而上的因素。一方面，很多国家（包括阿塞拜疆）的农业会进行多样化生产，通常会将农作物种植和牲畜养殖结合起来（还包括其他非农收入）。另一方面，牲畜养殖也面临着农业的一些特定风险（比如干旱、洪水、病虫害或者价格波动），并显示出协同变动的特征（有时也和农作物种植业协同变动）。

方面会有季节性波动，艾克塞斯银行将其分析的基础建立在客户的现金流预测上面。

- 宽限期安排和不规律的偿还时间表：在艾克塞斯银行的标准小微贷款产品中，贷款是按月等额分期还款的。同样，这对一些农业活动来说是会存在问题的。比如，农民种植作物要求在春天和初夏获得融资来播种施肥，到了夏末和秋天则会收获并产生收入。该银行的涉农贷款专属产品的标准化偿还时间表安排被允许与单个耕作家庭的收入现金流保持一致，同时允许有多个本金偿还宽限期，时间上在贷款周期的开始和其他还款区间段都可以（但是在整个贷款区间内按月支付利息还是必须的）。

- 部分还款：根据贷款目的的不同，该笔贷款可以被分割成最多三个部分来还款。这一模式也是为了适应一些特殊的融资活动，比如农民在几个生产周期内进行粮食种植，就需要接续的融资。

- 允许更长的贷款期限：一些农业活动需要更长的生产周期，因而农业信贷通常需要比传统的小微信贷更长的还款期限。这样，银行对农业客户延长了最长还款期限。根据客户等级和所提供的抵押品不同，重复性的贷款可以在最长 36 个月内偿还。

- 非正式抵押品：为了避免对抵押品进行正式登记带来更高的成本，艾克塞斯银行在发放小微贷款（包括涉农贷款专属产品和标准的小微贷款）的时候接受家庭商品、存货和其他个人及企业资产，通过银行和客户之间签署书面合同的方式进行抵押。这种抵押方式没有在任何官方实体进行正式登记，主要具有精神上的价值。[①] 对农业贷款而言，艾克塞斯银行扩展了合格抵押品的名单，包括农用车辆、机械设备，比如拖拉机和联合收割机（这需要特殊登记程序），还包括羊、牛甚至未来的收获品。

---

① 虽然银行在客户违约的情况下会获取抵押品，但是银行通常很难将抵押品真的卖掉，而且变现的收入也很少能够覆盖待偿还的贷款。

- 长期抵押协议和平行贷款：在客户希望借到更多款项的时候，艾克塞斯银行会要求正式登记或者房地产抵押。[①] 为了分摊抵押品登记和获得证明的较高成本，艾克塞斯银行会与客户签订长期抵押协议（通常长达 5 ~ 10 年），每次贷款持续更短期限，可以在"伞形"整体抵押协议的框架下进行偿还。这意味着抵押品抵押后相关的成本仅仅发生一次。

- 农业贷款的定价：虽然人们通常认为农业业务需要接受补贴融资，同时一些人还争论说农业贷款应当比普通贷款更贵，因为风险和营销成本更高，但是艾克塞斯银行决意将涉农贷款专属产品的定价和标准小微贷款保持一致。这一决策的依据在于多数阿塞拜疆农村家庭都有分散化的收入流。管理层因此认为如果定价方面有什么不同的话，会导致贷款使用用途方面的扭曲，也会出现家庭的企业化经营行为，以便争取适用成本更加低廉的贷款产品。这会带来逆向选择，可能导致银行职员潜在的行为不良甚至是腐败。

- 目标群体：虽然涉农贷款专属产品的标的是初级农产品生产，用于所有的小微农业贷款，但是该产品也可以面向所有与农业相关同时拥有不规则收入流的企业。典型的案例包括肥料供应商、兽医，以及拥有农业设备、可以提供犁地或者收割服务的企业。一个更极端的例子是一个家庭的部分收入来自于开出租车，另一部分收入来自于农业活动。该家庭找银行融资，可能是为了维修或者购买一辆新车来继续开出租车的行当，但是开车的收入本身并不足以在短时间内偿还贷款。在涉农贷款专属产品下，艾克塞斯银行可以考虑未来农业收入，比如说果树的收成，并将还款结构和收入流保持一致。在这个特殊案例中，银行可以使用涉农贷款

---

① 房地产作为抵押品的情况通常仅仅是在该房地产位于城市或者城乡结合部区域时才会发生。这首先是因为很多家庭缺乏合适的文件证明其土地的所有权；其次，农村和涉农房地产市场很不发达，银行通常会发现很难为失去抵押赎回权的资产找到一个买家。进一步信息参见下文。

专属产品来提供融资，但是要将贷款归类为"服务业"贷款。① 虽然这个案例比较极端，但是阿塞拜疆的农村家庭却普遍同时既有农业收入来源，也有非农收入来源（参见下文）。

### 五、引入涉农贷款专属产品后的影响

涉农贷款专属产品的引入受到了客户的强烈欢迎。如表 1 显示的那样，在 3 年内，涉农贷款资产组合增长到了超过 30000 笔贷款，余额达5000 万美元，而从最开始到 2011 年 10 月底，该银行涉农贷款专属产品的办理笔数超过 95000 笔，偿还金额达到 2 亿美元（也就是说，1.5 亿美元已经被偿还掉了，65000 笔贷款已经完结）。在不足 3 年的时间里，艾克塞斯银行成为阿塞拜疆农业贷款的领军银行。按照偿还金额来算，平均贷款规模达 2300 美元，大约相当于不足 1/3 的小微贷款平均余额。涉农贷款专属产品及农业信贷的发展参见表 1。

涉农贷款专属产品的成功推出使得 2011 年 10 月底该银行向农业部门的贷款比例提高到所有工商业贷款资产组合（5000 万美元）的 15%——在 2007 年 7 月该产品推出之前该比例仅为 2.1%。从贷款数量来看，其占全部工商业贷款笔数的比例从 2007 年 7 月（1932 笔）的 8.4% 提高到了35%（28704 笔）。这样，该银行超过 1/3 的工商业客户实际上是农民。在艾克塞斯银行的很多地区分支机构，有一半的工商业贷款目前是发放给农业的；在很多情况下要不是管理层比较关注资产组合的集中度指标的话，这个数字甚至可能更高（参见下文）。

涉农贷款专属产品资产组合的质量仍然很棒。在 2011 年 10 月底，它的 30 天在险资产组合指标值为 1.05%，仅比艾克塞斯银行整体小微信贷

---

① 这是表 1 中显示艾克塞斯银行的农业贷款和涉农贷款专属产品相关数据不同的主要原因。第二个原因是涉农贷款专属产品仅适用于小微贷款，也就是贷款额最多 20000 美元等值。对贷款额超过 20000 美元的贷款，艾克塞斯银行将其作为小微企业贷款，对这部分贷款，该银行没有设计一款专属涉农贷款产品，因为标准的小微企业贷款产品已经允许考虑未来现金流的特点，并沿用不规律的偿还时间表。这样，农业贷款数据中也包括一些小微企业型农业贷款数据，这不会出现在涉农贷款专属产品数据中，后者是一款专门的小微贷款产品。

的该指标值 1.0% 的水平略高。自涉农贷款专属产品引入以来，总共 161
笔、金额达 493162 美元的涉农专属贷款被核销掉了，在最后一个核销日
（2011 年 7 月），该部分核销贷款占总全额偿还贷款价值的比例仅为
0.34%。① 这和全行 0.36% 的数据指标值基本一致。从发展的眼光看，良
好的资产组合表现确实显现出来了，艾克塞斯银行的客户能够偿还贷款，
并且不会被债务压垮。

**表1　　涉农贷款专属产品及农业信贷的发展（美元等值）**

| | 涉农贷款专属产品资产组合余额（月底值） | | | 农业部门贷款资产组合余额（月底值） | | | |
|---|---|---|---|---|---|---|---|
| | # | 规模（百万） | PAR >30 天 | # | 总贷款笔数的百分比 | 规模 | 总贷款规模的百分比 |
| 2007 年 1 月 | 0 | 0 | 0 | 719 | 5.1% | 0.6 | 1.3% |
| 2007 年 7 月 | 0 | 0 | 0 | 1932 | 8.4% | 1.6 | 2.1% |
| 2007 年 8 月 | 183 | 0.3 | 0 | 2142 | 8.8% | 1.9 | 2.4% |
| 2007 年 12 月 | 2123 | 3.3 | 0 | 3570 | 11.8% | 4.0 | 3.9% |
| 2008 年 12 月 | 8995 | 14.5 | 0.09% | 7934 | 16.6% | 12.4 | 6.5% |
| 2009 年 12 月 | 24500 | 38.3 | 0.28% | 22086 | 28.3% | 33.9 | 12.3% |
| 2010 年 12 月 | 33802 | 49.9 | 1.37% | 31710 | 34.4% | 46.3 | 14.8% |
| 2011 年 10 月 | 30034 | 51.6 | 1.05% | 28704 | 35.2% | 49.3 | 15.0% |

### 六、涉农贷款专属产品推动了地区银行的扩张，以及金融服务的推广

涉农贷款专属产品也是艾克塞斯银行成长和扩张的工具，特别是在阿
塞拜疆地区更是如此。涉农专属贷款在最初引入的头三年里，相当于小微
贷款资产组合增量的 35%（1.44 亿美元增量中的 5000 万美元），在 2010
年相当于小微贷款资产组合增量的 50%（2300 万美元中的 1200 万美元）。

---

① 应当注意的是，这些核销中的绝大多数（79 笔贷款，金额为 358737 美元）是与一笔欺
诈案例相联系的，其中一个客户罪犯建立了一个"贷款金字塔"。虽然从总数中剔除这些贷款作
为损失异常值非常容易，但是管理层也认识到了农业贷款中欺诈风险比较高（参见下文对农业贷
款风险的讨论），因此欺诈损失也应该在评价资产组合绩效表现时予以考虑。

更重要的是，随着涉农贷款专属产品使得地区分支机构的资产组合增长，它也降低了能够开立银行分支机构的城市人口门槛。这便利了银行网点向市镇的扩张，虽然也许之前银行还认为不应当在该类地点开设办公网点。这极大地提高了农村地区金融服务的可获得性。在涉农贷款专属产品引入之前，管理层认为一个市镇至少要有 50000 的人口才适合开立一家分支机构。在引入涉农贷款专属产品之后，该门槛值降低到了只要有大约 20000 个市镇居民就可以，因为银行目前可以将该市镇作为服务中心点，来辐射周围的村庄。

这极大地增加了艾克塞斯银行的市场覆盖面，而且不仅仅局限于融资方面。目前，阿塞拜疆农村人口中的更大比例能够更容易到访艾克塞斯银行网点，从而更容易接受银行提供的目标客户服务，包括开立活期账户、进行储蓄存款，以及享受货币转移服务等（在首都巴库或者国外工作的家庭成员汇款是农村经济的重要组成部分）。

### 七、涉农专属贷款在危机期间提供了稳定性

涉农专属贷款产品也支撑艾克塞斯银行渡过了 2008—2010 年的经济危机：农业融资需求没有受到经济下行的影响，危机也没有给农业资产组合质量造成影响。而在其他业务贷款领域，都存在一定的恶化，特别是规模超过 50000 美元的中小额贷款项目更是如此。[1] 这样，农业贷款业务给银行资产方面带来了分散化效应，对银行的整体财务表现造成了正面影响。

### 八、打破涉农贷款的迷雾

在上面列举的数字背后，我们还可以得出一些更加有趣的结论，一些关于农业信贷的迷雾可以被打破，特别是在一些银行原本就有的观念（并

---

[1] Berg/Kirschenmann（2010）使用 2002 年 11 月到 2009 年 8 月的管理信息系统数据，分析了艾克塞斯银行危机期间的表现。

且还是全球普遍存在的）方面更是如此。

　　更高的交易和营销成本：的确如此，借款人通常住在农村地区，远离银行网点，让银行职员不得不花更多的时间在路上。然而，艾克塞斯银行的经验是，相对于标准的工商业贷款而言，农业贷款的分析更加简单，这对交通问题形成了补偿。网点和贷款负责人获得了足够的当地经验和数据之后，就可以得出结论说，农民养殖一定数量的奶牛、羊，种植果树和一定公顷的某一作物会带来多少产出和收入。同样地，随着时间的推移，他们也会了解不同农业活动的标准成本是多少。因此，如果一家银行可以深入了解农业企业的成本和收入参数，并将其进行系统化运用的话，对农业贷款进行分析就通常变成如下简单问题：

- 核实贷款申请人拥有多少头牛只、多少只羊、多少棵果树，多少公顷作物等，以及它们是否处于健康稳定状态。
- 评估家庭是否有其他非农业收入，以及它们都来自哪里。①
- 评估家庭的其他花销和债务有多少（这通常可以通过考察有多少家庭成员依赖主要收入来源生活来简单地进行估计）。

　　对比而言，在非农业（城市）小微贷款项目中，贷款负责人常常需要花费大量的时间考察客户自己的销售、购买和存货状况来核实企业是否具备盈利能力，以及它能创造多少现金。最后，在农业贷款案例中，通常很多的家庭，有时甚至是村子里的绝大多数家庭从事类似的生产活动，经营的规模也都差不多，这样潜在客户的经济特征就会高度类似，也很集中。

　　艾克塞斯银行的经验是，在农业贷款案例中，贷款负责人经常能够提前"串起"村子里的几个客户，并在一天之中进行几笔农业贷款分析，而在其他小微贷款业务中通常一天只能进行一笔分析。这样，艾克塞斯银行

① 通常阿塞拜疆的农村家庭除了农业主业外也有非农收入。在很多国家，农村居民的收入分散化。比如，也可参见 Haggblade 等（2007）。阿塞拜疆农村家庭通常最少有一个家庭成员会有一份规律性的雇佣工作，比如充当教师或者城市里的保姆；其他家庭成员可能因此而获得贴补。艾克塞斯银行的信贷分析遵循了充分性原则（考察家庭收入和花销是否与贷款规模相一致），而没有采取激进的方式，全面细致地考察评估每一分钱的其他微小收入来源。因此，农业家庭到底有多少比例的非农收入并没有可靠数据。

发放农业贷款的地区分支机构的平均生产率水平就要远远高于首都巴库市中心的分支机构了。在 2010 年，地区分支机构每个贷款负责人每月发放的贷款平均笔数是 27 笔，较巴库中心城区的 21 笔高出 29%。这在一定程度上被农业贷款较小的平均规模所抵消，农业贷款平均规模为 2300 美元，非农贷款 3472 美元（在 2010 年上半年的平均规模）。然而，事实上，涉农专属贷款通常具有较长的期限和宽限期，使其平均余额常常高于原始发放额，这一点要胜于典型的城市贸易相关的小微贷款。涉农专属贷款相对于原始发放额而言也通常比标准小微贷款能够产生更多收入。

农业不能承担商业性小微金融利率，需要接受补贴性融资：虽然艾克塞斯银行的农业贷款和标准小微贷款收取的利率完全一样，但是涉农业务融资需求并没有成为银行资产组合增长的障碍（按照实际余额，最初年利率为 27% ~36%，2011 年下降到 27% ~33%）。对涉农贷款专属产品申请人的分析显示，很多农业活动会产生大量的回报。[①] 特别是贷款用于投资改善农场现有条件（通常水平较低）的时候更是如此，生产率将会满足更高标准。由于阿塞拜疆的农业仍然是非常原始的，耕种地分割严重，并且劳动相对低效，无论是在生产、储存和营销阶段都是如此，因此农民通过某些复杂高效设施的应用将有较高潜力获得显著回报。比如，阿塞拜疆多数涉农企业被迫在收获季节马上卖掉其收成，而那时价格通常都是最低的，因为他们缺少良好的储存设施，特别是冷藏设施。我们看到很多案例中，农民会倾倒庄稼或者将它们遗留在地里任其腐烂。但是，有周期规律地投资于"营运资本"，比如增加牲口数量或者购买饲料，能够取得令人惊讶的回报改善成效（参见专栏 2）。

---

① 人们经常说小微贷款不适合农业活动，因为农业投资回报低于城市贸易业，因此，相对于城市小企业，农民能够受益于小微信贷的程度更低，比如可参见 Harper（2007），第 91 页。艾克塞斯银行并不掌握其融资对象的投资回报的详细数据，因为信贷分析主要关注家庭偿还能力，而不是单个投资的特定回报。有一些经验研究显示，农业投资回报和农村家庭的非农投资回报可能比较可观。参见 Meyer（2011）第 20 ~23 页、Harper（2007）第 87 ~90 页所定义的各种来源。

专栏 2

## 投资回报

农民投资的回报。一个典型案例是养殖牛羊（这在阿塞拜疆很多地区是非常重要的农业活动）的农民，他们需要投资购买干草来在冬季几个月里面饲养牲畜。夏天购买的一大包干草花费 1.50～1.75 阿塞拜疆马纳特（AZN），而在冬天价格涨到了 2.5 阿塞拜疆马纳特，相当于在半年内上涨了 66% 还多。农民如果从艾克塞斯银行借一笔 6～10 个月的贷款，以便在夏天就购买冬天喂牲口的干草，那么即使算上利息，他们通常也可以节省 33%～50% 的饲料成本。这是艾克塞斯银行的一个典型案例。

在经验的基础上，艾克塞斯银行管理层相信阿塞拜疆小户农民可以按照市场条件来持续性地接受金融服务。[①] 艾克塞斯银行管理层的估计得到了较低的在险资产组合指标数据（参见上文）的支持，该指标清楚地显示出农业家庭可以承担商业性贷款利率。和大多数人的认识不同的是，艾克塞斯银行相信补贴性融资对生产力有害，会削弱市场基础，并阻碍商业性信贷活动的开展。[②] 在阿塞拜疆，存在一些政府支持的农业融资设施，其提供融资的利率显著低于市场利率，甚至要比艾克塞斯银行和其他商业性金融机构收取的利率低一半以上。这导致客户存在不切实际的幻想，也阻碍了商业性贷款机构提供该类业务，因为它们害怕被贴上负面标签，被人指责收取"过高的利率"。

---

[①] 这并不是说随着时间的推移，阿塞拜疆市场没有提高效率、降低利率的潜在空间了。事实上，艾克塞斯银行将其利率降低了 3 个百分点。

[②] 这当然并不是第一次发现了。很长时间以来，人们都在深入研究和讨论补贴利率的作用。最开始也是最常被人引用的大约是 Adams 等（1984）的几个贡献性结论了。关于对农业贷款中的补贴的近期研究和讨论，可以参见 Meyer（2011）。

抵押能力较低：人们常常认为农村客户缺乏可以交易的抵押品，这种误解被艾克塞斯银行的经验部分地"打破"了。对于小微信贷来说，艾克塞斯银行开发了一种方法，以便在没有正式登记的情况下进行抵押，这样也就是把宝押在寻找抵押品的"精神"价值上面。该银行在其农业贷款业务活动当中发现，从总体上说，农业客户和非农客户一样，都可以提供类似的抵押品，比如家用商品、农业机具、牲畜等。而且，正如下文所强调的那样，在有些案例中，农业客户的抵押品比标准的小微借款人的抵押品更加具有流动性，比如牲畜可以相对较快地卖掉，而且在全年当中都可以较为容易地出售。

然而，对较大规模的贷款而言，艾克塞斯银行就会要求更加固化，并且进行过正式登记的抵押品（通常是房地产）了，这时人们的那些看法就被证实甚至是强化了。首先，在阿塞拜疆，农村房地产通常具有较低的市场价值。其次，农村房地产通常会有较低的流动性，当银行获取了房地产的所有权并要将它卖掉时，就会发现村子里的其他居民都不乐意购买从邻居村民那里攫取的财产。最后，也是实际上更加重要的因素，阿塞拜疆农村地区的土地登记和所有权证书的发放严重滞后于城市地区，结果几乎没有几个农村居民拥有必要的所有权证明文件，使得他们能够将其住房或者耕地抵押出去。阿塞拜疆的贷款客户要获得这类文件是一项代价较高的尝试。类似地，该国农村地区为了房地产抵押而进行的所有权登记还仍旧是一项新鲜事物，如此做的非正式成本据说也非常高，相比银行收取的最高利率而言，这种状况才是使得农村地区较大规模贷款极为昂贵的原因。

农村信贷比非农贷款的风险性更高：根据上文所引述的在险资产组合指标数值，我们可以得出初步结论说，农业贷款并不比其他业务的风险性更高。然而，在衡量和运用这些数字的时候还需要考虑一些重要的事实。

首先，艾克塞斯银行和阿塞拜疆农民在过去的4年间非常幸运。涉农贷款专属产品投放市场后的几年间，阿塞拜疆农业都经历了很好的发展时光，无论是从有利的季节性条件还是农产品价格来说都是如此。2010年是阿塞拜疆农业发展这4年来比较不利的一年，较高的降雨量对某些地区的特定作物造成了伤害，但它仍然不是一个灾年，绝大多数作物都有收成（由于数量短缺，通常价格较高）。影响最恶劣的地区是阿塞拜疆中南部，遭受了库拉河（Kura）主河道 2010 年春天洪水的影响。但是，艾克塞斯银行十分幸运，其损失非常有限，因为该地区是银行在阿塞拜疆国内最后少数几个还没有开立分支机构的地方，因此，艾克塞斯银行在该地区几乎没有什么客户。①

其次，虽然看起来显而易见，但是农业业务和活动并非同质性的，每一种活动和家庭都有不同的风险状况和水平。艾克塞斯银行贷款发放团队迅速地认识到了这一点。在艾克塞斯银行，贷款负责人和信贷额度管理员的每月薪水里面大多数都由奖金构成，这些奖金是基于好几个因素（包括发放贷款的数量、资产组合余额、计划的完成率等）来发放的，但是最重要的是，奖金会根据欠款的多少给予较重的惩罚。

结果，银行的信贷团队是高度风险厌恶和保守的，在最近全球经济动荡和下行中这被证明并不是一件坏事。具体来说，艾克塞斯银行的信贷团队很快发现某些农业活动的风险较低，或者说至少某些农业活动似乎风险较低或者风险比较容易评估。信贷负责人于是更加乐意在这类领域开展信贷活动。在阿塞拜疆的例子中，这类领域包括养殖奶牛或者肉牛，以及中到大规模的羊群。这些活动可以带来相对稳定的、规律性的收入流，因为牛奶每天都能卖出，成熟的牲口整年都适宜出售（当然，即使在这类例子中，也会存在季节性的价格波动）。类似地，只要整体负债水平相对于牲畜种群整体价值的比例保持合理，在最坏的情景下，客户总是可以卖掉几头牲畜来保证每月的还款额。这样，农业活动的收入流和"存货"就比非农小微企业更加可靠和具有流动性，因此，某些农业贷款甚至比非农小微贷款的风险程度还要低得多。基于贷款官员们的这些分析和行为结果，在 2010 年 10 月底，向农业家庭发放的涉农专属贷款中 70% 是基于牲畜养殖

---

① 自那以后，艾克塞斯银行于 2010 年秋天在该地区的巴尔德（Barde）开立了分支机构，在 2011 年夏天又在伊米利什（Imishli）开立了分支机构。

业的，即使阿塞拜疆农业活动中牛羊养殖业是主要产业，这个数据都显得很高，要不是根据管理规定，某些分支机构的该类贷款受到了上限限制（参见表 2：2011 年 10 月底按部门/子部门划分的涉农专属贷款资产组合），这一比例还可能会更高。

表2　2011 年 10 月底按部门/子部门划分的涉农专属贷款资产组合

| 部门/子部门 | 未偿贷款数量 | | 未偿贷款规模 | |
|---|---|---|---|---|
| | 数量（笔） | 占农业资产组合的比例（%） | 规模（1000 美元） | 占农业资产组合的比例（%） |
| 贸易 | 1328 | 4.4 | 3298 | 6.4 |
| 服务业 | 63 | 0.2 | 137 | 0.3 |
| 制造业 | 10 | 0 | 20 | 0 |
| 交通 | 28 | 0.1 | 33 | 0.1 |
| 农业 | 28605 | 95.2 | 48122 | 93.2 |
| 肉类/奶类生产 | 20319 | 67.7 | 36051 | 69.9 |
| 作物种植 | 1673 | 5.6 | 2441 | 4.7 |
| 水果/蔬菜种植 | 5212 | 17.4 | 7138 | 13.8 |
| 农业服务 | 527 | 1.8 | 843 | 1.6 |
| 其他 | 874 | 2.9 | 1649 | 3.2 |
| 总计 | 30034 | | 51610 | |

而且，银行中风险厌恶型的贷款负责人希望贷款给那些有多种农业和非农收入来源的农业家庭，或者至少，他们需要从事分散化的农业活动（种植多种作物，或者既种植作物又养殖牲畜，从而每年产生几个收入周期）。在一种作物歉收时，贷款可以进行重构或者延长，以便匹配接下来续种作物的收获周期或者替代性的收入来源。这种状况的一个副作用是艾克塞斯银行的职员不乐意贷款给没有分散化业务，而只从事单一作物种植或者单一牲畜养殖的农业家庭，而这类家庭实际上却更有效率，在农业生产方式上的生产力更高。这种基于风险的选择结果的一个反映就是银行贷款给"作物种植"（主要由谷物和土豆种植组成，参见表 2）部门的水平较低。

再次，涉农贷款专属产品的在险价值较低，以及银行贷款职员的风险评估行为也反映了艾克塞斯银行在该领域面临的竞争性较小的事实。这样，银行的贷款职员可以在客户里面"挑挑拣拣"，来筛选出他们认为具有较低风险倾向的客户。在城市非农贷款业务中，艾克塞斯银行面临的竞争较强，就无法这样挑剔。

最后，艾克塞斯银行的农业信贷经验使其管理层得出结论说，农业贷款领域的风险和潜在欺诈损失较高。在阿塞拜疆，最普遍和危险的一个信贷欺诈形式是客户所构建的"贷款金字塔"，也就是招募其他人以自身名义来申请贷款。构建"贷款金字塔"的始作俑者向被招募的人承诺，他们会偿还所有的贷款，并给他们初始贷款额的一定比例作为"签署文件"的回报。（这种情况有时会有银行职员的共谋，有时则没有内部人参与。）在构建"贷款金字塔"的人停止偿还贷款之前，一切都显得似乎很正常，但当偿还停止时，一般也是始作俑者携款潜逃的日子。农业贷款比正常工商业贷款的这种风险更高，因为后者较难找到拥有工商企业并适合申请工商业小微贷款的人来构建一个"贷款金字塔"。然而，在乡下，大部分家庭从事农业活动，适合成为潜在的招募对象。而且，贷款负责人、管理层或者审计师都更难监控农业贷款来识别欺诈现象，直到"贷款金字塔"崩溃为止。一个典型的案例是这样的：银行访问一个参与"贷款金字塔"的客户并询问他，拿贷款的钱干什么用了，他们回答说去购买羊了，当被问到羊在什么地方的时候，他们会指一下遥远山头上的一群羊。而在城市工商业中，人们需要更多的想象力才能将消失的贷款资金的去向说得天衣无缝。更严重的潜在损失还可能发生，比如在这样的"贷款金字塔"崩溃之后可能会出现"拒绝还款潮"，因为农村地区居民比城市社区居民更加团结。事实上，艾克塞斯银行就经历了这样的案例，"拒绝还款潮"在村庄中蔓延，不仅是那些参与"贷款金字塔"的人，还包括村子里的其他借款人，他们采取了投机行动，拒绝为自己的借款负责，声称他们也将借款资金交给了"贷款金字塔"的始作俑者。类似地，艾克塞斯银行发现，相比城市借款人而言，他们更难以成功地起诉并收回农村违约者的抵押品赎回权。法官们更不乐意长途跋涉到一些偏远农村来执行一份法庭判决，而在城市违约者的例子中却不会如此，而且地方官员在有关人员对他们的邻居采取行动时也会更不配合。

然而，艾克塞斯银行迄今为止的经验显示，考虑到大多数情景，即使再加上欺诈的情况，农业客户比非农客户还是有着更好的偿还纪律。但是，管理层对银行可能发生问题的顾虑仍然存在，问题的根源通常和气候原因、疾病或者害虫有关，这些原因通常会影响到全部或者绝大多数在某一特定地区从事相关农业活动的农民客户（协同风险）。如果该问题还涉及欺诈，那么可能涉及更大范围的客户群体和贷款数量，这比标准小微贷款更为严重，也更难解决，并会导致更高的损失。

这样，甚至在艾克塞斯银行的职员和管理层当中仍然还认为农业贷款作为一个整体的风险程度较高，更加难以管理。由于农业贷款的损失基于上面提到的原因而显得更加集中，如上所述的认识被进一步强化。相比非农贷款损失跨银行和时间段存在而言，农业贷款损失更容易被人们记住，并在银行的"心灵"中留下更加深刻的印记。[1]

### 九、风险管理方法

艾克塞斯银行农业贷款中的风险管理和风险压降工作像其他融资业务一样，要由能够理解农业经济的合格职员对农业业务进行彻底的信贷分析。接着，发放贷款的负责人和信用额度管理员要为资产组合的表现持续负责，他们的工资与资金结构和资产组合质量高度相关。艾克塞斯银行的管理层将这称为"回归银行业的本质"：首先，理解银行承担的风险；其次，艾克塞斯银行并没有将"销售"功能同"风险管理"功能剥离开来，

---

① 虽然一笔高达 250000 美元的中等规模贷款遭受损失会让银行感到痛苦，但毕竟是银行业务的正常组成部分，而一场洪水导致每笔贷款额度 1000 美元的 250 个农业小微借款人违约，就会吸引更多的注意力，虽然最终的损失可能是一样的（银行发放贷款的成本也是），小微借款的案例中更多的银行职员都参与进来了，损失可能来源于媒体对自然灾害的报道，围绕着洪水还会有政治活动等。这样的因素会助长人们关于涉农贷款风险更高的认识，但是客观的财务数据分析可能并不支持这样的结论。这样，在涉农贷款发放过程中，银行一直都需要仔细区分关于风险的认识、实际违约率和违约后的损失各是什么样的。

并要求"销售人员"为他们所开拓的业务的质量负责。

然而，在资产组合层面的风险管理也是必需的，因为银行要避免由于自然灾害或者政治风险①而带来的未预期到的和无法承受的违约现象。艾克塞斯银行倾向于通过给农业部门设定总体业务上限（目前是20%）来降低这种风险；对特定地区的特定农业活动，银行还设置了额外集中度限制，以便确保风险在整个资产组合层面得到了良好的分散。这里也反映了对"低风险"农业贷款（上面提到的那些）的强调以及对单一作物栽培活动的限制。为了在这一稳健的上限之上增加农业贷款余额，银行需要依靠风险转移机制，比如农作物保险或者资产组合保证。截至目前，阿塞拜疆国内还没有这类安排。

艾克塞斯银行农业贷款内在风险防控策略的最后一个重要方面在于给农业客户提供当地货币贷款，虽然阿塞拜疆经济很大程度上已经美元化了，但是农民的收入通常还是仅仅以当地货币的形式存在。银行不让农民承担汇率风险，因此自身面临的信用风险也降低了。这对期限较长的农业贷款而言更加重要，因为汇率波动并没有在当地市场上的产品价格上面直接和迅速地反映出来（比如与进口更多的产品相比）。

然而，由于农业资产组合的表现会受到气候条件、病虫害和疾病的严重影响，一个农业贷款资产组合的真实表现和对相关风险的判断必须经过很多年，甚至好几十年的检验才能了解和作出。只有时间才能告诉我们，管理层能够在多大程度上成功地管理农业资产组合的风险。在艾克塞斯银行的案例中，我们对农业贷款是否包含更高风险的判断还并未作出。

## 十、结语

艾克塞斯银行在超过四年的时间里集中向农业部门发放贷款，这使得它认为农业部门和农业贷款具有多个层面的不同风险，对其风险进行防控

---

① 政治风险，比如贷款豁免或者其他类型的突然政府行动，似乎是农业贷款中最关键的风险，因为这种风险的频率或者规模都完全无法估计。参见本书中 Maurer（2013）的贡献。

的机会也有多种。管理层得出结论说农业贷款资产组合可以获得重要收益,并且相信风险能够被成功管理。像任何其他贷款业务一样,成功的关键在于将风险进行分散化,了解并评估每笔贷款的风险状况,培训和培养一批农业贷款职员和专家管理团队,并要求贷款负责人和管理者保留其对于所发放贷款的后续责任。

然而,即使是在四年以后,我们也不能得出结论说农业信贷的"风险"层次到底如何,以及它是比"标准"的小微贷款风险更"高"还是更"低"。正如上面所提到的那样,艾克塞斯银行开展农业信贷业务的时期非常"幸运",在过去的四年间,气候和市场条件都非常适宜。由于气候因素的影响,农业贷款的表现可能应该在好几年,甚至好几十年间才能作出评估,未来也应该作出进一步,特别是更长时期的研究。

艾克塞斯银行的经验也显示,如果开发机构和项目希望刺激农业贷款,就应该集中精力考虑该如何永久性地帮助金融机构控制农业贷款的风险,而不是对农业贷款进行补贴。任何补贴的贷款项目都会带来潜在违约可能,具有短期效应并且是不可持续的,只会削弱和妨碍银行对农民发放商业性贷款。

从阿塞拜疆银行的经验中,我们可以总结出能够永久帮助金融机构降低农业贷款风险的几条做法:

1. 开发农业保险来降低气候条件、疾病或者害虫等因素所导致的风险损失,这样可以帮助银行在资产组合层面上管理风险,但目前这种保险在阿塞拜疆还不可用。

2. 改进农村地区土地的地籍管理和所有权登记设施,向农村家庭发放所有权证明文件,这会赋予农村居民可抵押的资产,并鼓励农村房地产市场的发展。这反过来会提高农村土地的价值,以及接受融资的能力。不过,也许一些金融机构对农业信贷风险的看法仍然受到限制,因为农村地区对失去抵押赎回权的资产需求较低,导致这类农村房地产比较难以卖出。

3. 在不动产和动产抵押品的登记活动中提高效率,降低成本。

4. 提高农业活动的利润，主要方式可以包括示范和支持更加有效的耕种、存储、运输和销售技术（比如，更好的种子储备、施肥、储存设施、销售合作社的成立、收购点的建立，等等）。[①]

5. 对金融机构从事农业贷款的管理层和职员进行培训，帮助组织人员交流项目，让这些人员访问那些成功开展农业贷款项目的金融机构。

艾克塞斯银行的经验强有力地支持了这一看法，即对个人小微贷款技术进行改造将可以大幅度地释放向农业企业提供金融服务的潜力。[②] 农业能够给日益增长的世界人口提供口粮，而小户农业常常缺少投资，这种经验可以为解决此类问题添砖加瓦。[③]

## 参考文献

［1］ Adams, D. W., Graham, D. H., von Pischke, J. D. （eds.）（1984） Undermining Rural Development With Cheap Credit. Westview Press.

［2］ Berg, G., Kirschenmann, K. （2010） The Impact of theUS Financial Crisis on Credit Availability for Small Firms in Central Asia.

［3］ Christen, R. P., Pearce, D. （2005） Managing Risks and Designing Products for Agricultural Microfinance：Features of an Emerging Model. CGAP Occasional Paper No. 11.

［4］ Dichter, T., Harper, M. （eds.）（2007） What's Wrong with Microfinance. Practical Action Publishing.

［5］ Doran, A., McFadyen, N., Vogel, R. C. （2009） The Missing Middle in Agricultural Finance. Oxfam Research Report.

［6］ Dudwick, N., Fock, K., Sedik, D. （2005） A Stocktaking of Land Reform and Farm Restructuring in Bulgaria, Moldova, Azerbaijan and Kazakhstan. World Bank （Environmentally and Socially Sustainable Development Europe and Central Asia Region）.

---

① 艾克塞斯银行的管理层受到了鼓舞，因为2010年高质量储存设施，尤其是冷藏设施的短缺问题似乎得到了认可，他们看到一些企业家开始在全国建设冷藏储存设施。

② 参见 Christen/Pearce （2005） 关于农业小微融资的更广泛的讨论。

③ 参见 Doran 等，第8页。

[7] Fitch Ratings (2010) Access Bank, Rating Update, 9 April 2010.

[8] International Crisis Group (2010) Azerbaijan: Vulnerable Stability. Europe Report, No. 207.

[9] Haggblade, S., Hazell, P. Reardon, T. (eds.) (2007) Transforming the Rural Nonfarm Economy. IFPRI. John Hopkins University Press.

[10] Harper, M. (2007) Microfinance and Farmers: Do they fit? In: Dichter/Harper, pp. 83 – 94.

[11] Hübner, G. (2010) As If Nothing Happened? How Azerbaijan's Economy Manages to Sail Through Stormy Weather. Caucasus Analytical Digest, No. 18, pp. 4 – 14.

[12] Hübner, G., Jainzik, M. (2009) Splendid Isolation? Azerbaijan's Economy Between Crisis Resistance and Debased Performance. Caucasus Analytical Digest, No. 6, pp. 12 – 19.

[13] Lamberte, M. B., Fitchett, D. (2006) Rural Finance in Azerbaijan. In: Lamberte et al., pp. 105 – 123.

[14] Lamberte, M. B., Vogel, R. C., Moyes, R. T., Fernando, N. A. (2006) Beyond Microfinance – Building Inclusive Rural Financial Markets in Central Asia. Asian Development Bank.

[15] Maurer, K. (2013) Where is the risk? Is agricultural banking really more difficult than other sectors? In this volume.

[16] Meyer, R. L. (2011) Subsidies as an Instrument in Agricultural Finance: A Review, Joint Discussion Paper. World Bank, http: //siteresources. worldbank. org/INTARD/ Resources/Subsidies_as_Intrument_AgFin. pdf.

[17] News. az (2010) First Stage of Land Reform Finalized in Azerbaijan. 3 December 2010, http: //www. news. az/articles/society/ 27715.

[18] World Bank (2005) Realizing Azerbaijan's Comparative Advantages in Agriculture. Final Report, June 2005.

# 第三部分
## 农业金融风险管理

# 第七章　风险在何处？农业金融是否确实比其他领域面临的困难更大？[①]

Klaus Maurer[②]

## 一、简介

银行和其他金融机构都非常不愿意从事农村金融服务工作，对待农业金融的态度更是如此，这有若干原因。农村客户地处偏远地区，农村基础设施十分薄弱，分支行网点很少，这意味着提供金融服务需要很高的成本，因此利润率较低。商业银行不愿在农村金融领域进行探索的另一个重要原因则是农业信贷业务蕴含着"较高的风险"。

这种"高风险"是确实存在并且风险程度可观，还是仅仅出于银行自身的想象？农业金融风险真的比其他领域的金融业务风险水平更高吗？农业金融的风险状况太过严峻，所以很难管理？本章即将对这几个主要问题进行探讨。

本章的主题是农业金融的风险以及风险管理。首先，本章对农业金融领域不同类型的风险进行了定义、分类和分析。其中的关键是要剖析农业金融的特殊风险，并且与其他种类风险进行对比。基于这一对比结果，可以探索风险管理的不同措施。将风险划分为多个层次是探索风险管理的结构化解决方案的重要基础，在这一结构化解决方案的框架下，农民自己、

①　本文的撰写得到德国联邦经济合作和发展部（BMZ）经由德国复兴信贷发展银行（KfW）的赞助支持。作者感谢 Michael Jainzik、Piero Violante、德国复兴信贷发展银行的其他工作人员，以及本书其他章节作者的支持。

②　金融运行公司（Finance in Motion）监事会主席。

市场和政府的作用都要得到发挥。本章末尾则提出了相关思考和建议，包括对政府和公益人士作用的分析。

"农业"和"农业金融服务对象"含义的覆盖面非常广泛，包括小型的家庭农业、中小农业作坊以及大型农业企业和其他涉农领域。然而，从事小型作业的农民很难获得金融服务。在一定程度上，新兴的农业作坊也是如此。① 因此，本章关于风险和风险管理策略开发的分析主要就集中在这些目前被排斥在主流之外的目标群体上。另一方面，大多数国家的农民主体上还是以这些小规模生产的方式为主。②

## 二、农业金融的风险

### （一）风险的定义和分类

1. 农业风险与农业金融风险

人们通常说农业金融的高风险是导致金融机构很少提供农业信贷服务的主要原因。在展开更多深层次的分析之前，我们必须首先来区分一下农业风险和农业金融风险。前者主要指从农民角度（也就是实体农业部门角度）看，在农业生产和销售中所蕴含的挑战与风险；后者主要指从金融机构角度（也就是金融部门角度）看，向农民提供贷款所带来的风险。毋庸讳言，这两者是相互关联的，农业生产中所蕴含的实体农业部门风险在很大程度上决定了农业信贷业务中的金融部门风险。本章从金融部门角度出发，主要考虑农业金融的风险，因此农业生产的特定风险仅构成整个风险视角的一个组成部分。这里主要聚焦于农村金融机构的信贷风险，虽然这些机构也面临着其他风险，比如市场风险、流动性风险和操作风险，但考虑的重点不在后者。

---

① 有些人士甚至认为涉农中小企业和它们未曾获得满足的金融需求构成了"农业金融领域失落的中坚地带"（Doran 等，2009）。

② 比如在乌克兰，超过600万家的小型家庭农场容纳了全部农业人口就业量的99%，代表了整个农业产出的60%，而私人农业作坊就业量仅占整体的0.7%，大型私人涉农企业就业量仅占整体的0.3%（世界银行、经济合作与发展组织，2004）。

2. 农业风险：主要风险与特殊风险

农业相关风险具有不同特征，因此可以使用不同方式加以区分。这里无须列举每一种分类方法，因为不同的分类方法适用于不同的目的。① 比如，根据 Baquet 等（1997）的观点，可以将农业风险的五种主要来源定义为以下几种。

- 生产风险，代表了天气、疾病和害虫等因素导致的在作物生产、牲畜养殖等领域的不确定性。
- 市场风险，与商品价格和能够销售出去的商品数量有关。
- 金融风险，与到期债务的偿付能力大小、继续开展农业生产的资金是否足够，以及能否避免破产有关。
- 法律与环境风险，指需要应对其他企业或个人所提出的诉讼案的可能性，以及政府对环境相关法律法规进行修订的可能性。
- 人力资源风险，指家庭成员或者雇员不再能够进行农业生产或者无法继续管理生产活动的可能性。

很显然，上述分类方法并不仅仅针对农业领域的各种特殊风险，而是对全部企业都可以适用。大多数金融、法律和人力资源风险如此。在这些风险中，给农业带来最特殊影响的是生产风险（基于天气、害虫和疾病等因素）以及市场和价格风险。近年来，气候变化展现出了新的特征，并且带来了相应的风险。综观全球，气候对农业生产的影响十分可观，在全世界的部分地区甚至给生产模式和生产条件带来了根本改变。为下文的分析方便起见，这里要区分一下主要（或者普通）风险及特殊风险。

3. 农业金融风险

从根本上说，信贷风险取决于借款人偿还贷款的能力和意愿，前者和借款人的业务能力有关，后者和借款人的品质有关。这在农业信贷领域并没有什么不同之处。再次强调，区分主要风险和特殊风险很有必要。农业金融风险在很大程度上包含了与农业生产能力和农民个人品质相关的普通

---

① 参见 2009 年经济合作与发展组织（OECD）对近期农业风险不同分类的概览。

风险，与非农经济部门中小企业的金融风险相比并没有太多的不同。此外，农业经营还面临着特定的生产和市场风险，它们都会影响偿付能力。最后，由于农业对食品安全具有战略性重要意义，因此在很多国家存在着对农业金融领域进行政治干预的倾向，而政治干预常常不利于农业信贷的正常开展，因此往往给农业信贷机构带来显著的政治风险。因此，下文主要讨论三种风险：普通信贷风险、农业相关的特定风险，以及政治风险。

(二) 普通信贷风险

贷款会给小户生产的农民带来主要的信用风险，这和贷款给其他中小企业的情形并没有什么不同。从业务模式和特征的相似性方面就可以看出这一点。农业经济的一个特征是小户农民及其作坊通常没有履行登记手续，这一点显得非常的不正式。家庭活动和作坊活动常常不能分割开来。农民又常常具有教育水平较低和金融能力不足等特征。他们很少懂得会计记账方式，能够编写财务报表的更是少之又少。多数家庭作坊没有什么可供抵押给金融机构的资产从而用于贷款申请活动。

对于这些作坊而言，信贷机构面临着十分严重的信息和监督难题。这是由信息不对称问题导致的，其中交易的一方（贷款者）比另一方（借款人）能够掌握的信息更少，这导致了道德风险和逆向选择问题。在这一情况下，借款人的筛选带来了巨大的挑战。最后，匮乏的法律框架体系带来了大量的合同执行问题。更关键的是，世界上很多地区的农村基础设施（公路、电力、通信等）相对较差，增加了农村金融机构的风险和成本。

可以说，这些主要的信用风险导致了正规金融机构不愿提供农业金融服务，使社会中农民这一重要群体被大部分排除在金融领域之外。这一状况对于中小企业和小户农民来说几乎一模一样。

(三) 农业特殊风险

农业金融领域特殊风险的主要构成一方面是生产风险，另一方面是市场和价格风险。全球金融机构似乎都不愿意开展农业金融服务，主要就是由于它们普遍意识到这两类风险的严重程度相对较高。

### 1. 生产风险

农业领域的生产风险来自于生产成果具有高度多变性的特点。和其他企业不同，农民不能肯定地预测他们的生产活动能创造多少产出，因为外部影响因素比如天气、害虫、疾病和其他自然灾害广泛地作用于他们的生产活动当中。如果农民单一栽培某种作物，那么这些因素产生的影响更大，而且对高质量生产要素的正确使用或者收获的时间安排更为敏感。

农业生产风险也可能来源于农民采用高风险—高回报耕种策略以增加其收入的探索和行为（Christen 和 Pearce，2005）。高产量作物的种植过程通常更为复杂，要妥善安排大量步骤的具体实施时间，从备耕到播种、施肥和收获都是如此。任何一步的失误或者延迟都可能显著降低产出水平，或者根本就会颗粒无收，而且气候的改变似乎正在逐步提高生产风险（经济合作与发展组织，2009）。

### 2. 市场和价格风险

市场风险在农业领域比在其他经济部门更为明显。农业生产活动中投入品和产出品的价格波动都会造成市场风险。农产品的价格波动幅度通常很大，农民往往要面对很严重的价格不确定性。所收获作物的价格通常在生产决策以及播种的那一刻是无法预知的。农产品的价格会随着销售时期的供给和需求状况而波动。

而且，农民无法确切地知道其他人当中到底有多少和他一样在种植同一种作物，也无法预知某一特定年份的平均产量到底如何。通常，一年中某种作物的收成卖了个好价钱，会导致在下一年种植这一作物的人蜂拥而至。在需求保持不变的情况下，这一改变增加了产量，压低了价格，在接下来的一年里这种作物将变得不再受欢迎。[①] Christen 和 Pearce（2005）提出了乌干达的例子，该国 2001 年和 2002 年玉米的丰收导致玉米价格（以及农民收入）的下降，在很大程度上影响了贷款的偿还。

---

[①]　这一现象在 1928 年就由一位德国农学家提了出来，也就是所谓的"猪周期"，参见 Hanau（1928）。

分割的农业市场主要受到地区供求状况的影响，而全球统一的市场则更受国际生产状况的影响。在地区市场，价格风险有时会因为"自然套期保值"效应而得到控制，其时年度产量的提高（下降）会导致产出价格的下降（上升），然而在全球统一市场中，价格的下降通常与地区供给状况并不相关，因此价格冲击给生产者带来的影响可能更为剧烈（世界银行，2005）。然而，即使是在地区市场，某些扭曲的现象也仍然会妨碍小户农民受益于"自然套期保值"效应。在很多地区，就很多种作物而言，某些当地特殊买家都处于半垄断地位。这加剧了价格和市场风险对农民的影响。而且，很多农作物的需求缺乏弹性，人们常用这一理论来解释为什么有时候农产品产量的小额增加会导致价格的大幅下降。

在过去3年，全球农业市场价格的极端波动显示了国际市场状况是如何让市场和价格风险愈演愈烈的。2008年石油价格从每桶10美元飙升到了每桶150美元，显著改变了全球商品市场的格局。自那个时候开始，在世界（发达国家）的很多地方，粮食和油料作物种子更多地被用于生产乙醇和其他生物燃料。生物燃料产业的兴起在全球商品市场中成为重要的影响因素和价格驱动力。全球主要农作物市场，比如小麦、玉米和大豆市场等，都成为了"三大巨头产业的战场"，这三大巨头产业也就是食品工业、畜牧业饲料产业，以及最近兴起的生物燃料产业。这些产业的竞争在中短期内都会加剧，并显著影响全球的市场状况和价格水平（Rettburg，2010）。

最后，大多数国家会对农业市场和价格造成重要影响。在接下来的章节中，这些干扰都会作为政治风险的组成部分来加以讨论。

3. 生产风险和市场风险的水平及相关性

生产风险和市场风险的水平及程度不一。一些风险事件是在微观领域发生的，仅影响单个农户，比如冰雹或者火灾；而另外一些则发生在宏观领域，影响到整个地区，甚至多个国家，比如飓风或者近期在巴基斯坦广泛蔓延的洪涝灾害。在这两种极端情况之间，地区性灾害事件会影响到多个农户或者某些地区的人们，比如洪水或者山体滑坡。

另一个重要特点是特定的风险常常相互关联。在上文描述的那些情况中，风险的相关性可能处于一条连续的相关性曲线上的任何位置，可以在微观上完全独立随机或者在宏观上完全相关，甚至根本就是系统性风险。在这两极之间，风险的相关性也可能处于中等水平。识别相关性水平对于开发有效的风险管理策略而言十分重要（经济合作与发展组织，2009）。很明显，相互关联的风险相对于独立风险而言更加难以加总。

（四）政治风险

无论是对发达国家还是发展中国家的政府而言，农业都是一个战略性产业。保证食品安全在政治目标中具有很高地位，而且农产品对于很多发展中国家而言是主要的出口换汇物资。更进一步说，农业部门通常给农村地区乃至整个国家都提供了重要的就业岗位和收入来源，对国民生产总值的贡献度很大。这也解释了为什么农业部门，特别是农业金融业务通常具有高度的政策性。在这一领域当中，政府干预的程度非常高。

大多数国家存在政策性干预，甚至是来自于政府和政客们令人厌恶的干扰。政府干预既存在于实体农业领域（比如农业生产和销售），也存在于金融领域（比如农村金融业务）。这两种类型的干预共同构成了金融机构从事农业信贷业务所面临的主要政治风险。

在很多国家当中，政策干预的基本理由在于，政府要保证主要农产品的供给量足够大，并且人们还要支付得起，这样才能养活城市人口。因此，针对城市地区消费者的价格控制和资金补贴就成为对实体农业进行干预的最重要的考量之一，但这通常会给农村人口和农业生产者带来损害。在过去，很多政府直接参与某些农产品的销售活动，特别是收购农产品用于出口，建立国家直接运营的市场和仓库，辅以直接的价格控制。不过，这一现象近年来正在逐渐消失。

关税壁垒的构建和取消会显著改变地区价格，这一点可以用加纳的例子来加以说明（Christen 和 Pearce，2005）。在 20 世纪 90 年代，加纳政府部分取消了白玉米的进口税，其政策依据是政府预测未来将会发生粮食稀缺现象，而这又在后来被证明是不正确的。结果，加纳的玉米市场价格在两年的时间内一蹶不振。另一个更近些的政府干预粮价的例子是，俄罗斯总理维拉米尔·普京（Vladimir Putin）在上一个夏天的旱灾和各地的火灾之后决定禁止俄罗斯小麦出口，这一政策再加上其他一些非理性的市场情绪，导致了国际市场上小麦的价格在短短几周内从每蒲式耳 4 美元涨到了每蒲式耳 8 美元。

政府对金融部门和农业金融的干预同样历史悠久（这一点令人相当无奈）。虽然世易时移，由国有农业发展银行主导供给的农业金融模式，以及大量补贴式信贷项目的时代已经一去不复返了，但是农业金融和从事这一业务的金融机构仍然是政策干预者的重要目标。很多国家实行了信贷配给制度以及利率上限控制制度。不切实际的利率和利差控制妨碍了金融机构去从事交易成本很高的农村和农业信贷活动。更严重的状况来自于大量的农业借款偿还豁免和展期指令。这些普遍存在的措施使农村和农业贷款机构承受了大量风险。

这方面一个令人震惊的例子发生在泰国，在民粹主义精神的指导下，他信（Thaksin）政府 2001 年宣布了对小户农民的借款展期政策，这严重影响到了泰国农业和农业合作社银行（BAAC）。在这一政策覆盖下的借款项目中，超过 200 万农民欠款超过 17 亿美元，相当于泰国农业和农业合作社银行总资产的 1/3。结果，泰国农业和农业合作社银行的贷款核销率从 2001 年的 3% 提高到了 2002 年的 12%，其坏账准备则提高到了整个贷款组合的 21%（Christen 和 Pearce，2005）。

另外一个近期的案例发生在 2008 年 2 月的印度，政府宣布对小户农民的综合贷款实施豁免计划，这些贷款主要由农业信贷合作社发放。初步的数据显示，大约 369000 个农民受益于这项债务减免计划。这项政策立即出现的一个影响是贷款回收率突然下降，而且这还给整个信用文化带来了负面影响：近期的调查显示，相关人士中有 1/4 都在期望和等待下一次的贷款减免。

（五）实际风险的经验证据

遗憾的是，文字描述并没有提供任何经验证据来区分风险的种类，以及证明这些风险给农民和金融机构到底带来多大损失。特别是，并没有数据显示农业贷款比其他贷款的风险程度更高（Meyer，2001）。有时，我们会收集到特定地区的洪水或者干旱会导致不良贷款甚至违约的例子。①然而，其他散落的证据显示，小户农民违约的主要原因和其他中小企业类似，例如业主的死亡、遭遇火灾，或者存在明显的道德风险以及缺乏还款意愿。换言之，似乎从整体上看，普通风险的影响比农业特殊风险的影响更大。

### 三、农业金融的风险管理方式

不同类型的风险需要不同的风险管理方式。本节主要探讨农业金融中的普通风险、特殊风险和政治风险应该如何得到最好的管理。

#### （一）管理普通信用风险

1. 典型的风险管理方式及其局限性

农村和农业信贷机构开发了一系列方式和技术来管理农民不能或者不愿偿还贷款的风险。在识别个体信用风险方面，主要有两种方式：评估偿还能力，以及以资产抵押为前提来发放贷款。前一种方式重在分析潜在借款人的借贷能力，或者通过专家进行手工分析，或者使用统计模型进行分析；后一种方式强调能够作为合格抵押品的资产的数量和质量，以及在违约事件发生时这些抵押品能够以何种速度变现（Wenner，2010）。通常，在贷款过程中两种方法都会用到。

2. 以资产为基础的贷款：强调抵押物

很多金融机构，尤其是商业银行，非常强调以资产抵押为基础的贷款方式，它们通常会要求大量的抵押品作为违约时的第一道防线。总体而言，它们要求的抵押物是不动产，也就是土地。土地对农民而言尤其具有

---

① 可以举摩洛哥的例子作为说明，加尔卜（Gharb）地区连续两年遭遇洪灾，当地领先的小型金融机构 A1 亚曼拿（Amana）银行发现地区内的违约率提高。在马里的锡卡索地区，2009 年洪灾后马铃薯种植农对马里国家农业发展银行（BNDA）的违约率大幅提高。资料来源：与 Christine Westercamp 的私下交流。

非凡的意义，土地即使不是他们唯一的，也是最主要的生产性资产。因此，用土地作抵押对借款人行为有重要的心理影响，因为它的价值在于能够强烈激励借款人按期还款的动机发挥作用。

然而，大多数国家的现实情况制约了金融机构对抵押品的选择。首先，土地存在产权问题，使正式的抵押登记很难实现。在多数情况下，土地没有得到过正式注册，所有权常常并不明晰，财产权可能得不到保证。其次，即使产权明晰，契约合同的执行力也很差。在农村社会，将土地变现极为困难，因为没有人会乐意攫取邻居的土地。以科索沃的 Kreditimi 农村地区为例，科索沃的一家农村小型金融机构聚敛了一大批土地产权证，甚至是车辆等可移动资产，然而业务人员发现，在农村地区这些资产完全不可能变现。①再次，小户农民极其不乐意将土地抵押出去，因为他们害怕最后会失去土地。失地农民可能也就失去了生存的基础。最后，抵押权的正式登记成本对于发放小额贷款而言可能很不划算。结果，过分强调不动产抵押（土地抵押）导致很多金融机构将小户农民排除在金融服务领域之外。

大部分贷款机构都不乐意用移动资产作为抵押，这些资产包括农具、器械和车辆等，因为它们在很多国家往往缺乏可靠的交易场所和抵押登记制度。同样，就抵押的其他替代品而言，比如牲畜，正在种植中的作物（未来的收获），或者家庭用品等，虽然农民更容易用它们充当抵押品，然而金融机构却往往不愿意接受。

3. 偿债能力的专家评估

对偿债能力作出评估需要充分理解农业生产流程，以及其中决定生产成败的各种风险和因素。开展涉农信贷业务需要在贷款审核员队伍中囊括特殊的技术型专家，以便开展借款人财务状况分析，并根据行业的现金流特点量身打造贷款模式。农业领域所需的专家很多，因为农作物的品种和生产方式都是多种多样的。因此，开发和维护以专家为基础的评估体系是

---

① 本文作者作为 KrK 监事会成员的个人观点。

非常昂贵的，而且技术专家也同时需要懂得金融产品和技术，比如信息管理系统等。

信贷员中包含农业专家通常导致过度技术化的贷款方式。专家们喜欢将某一农业"生产项目"视作单独的活动，并常常将其与农户的整体经济活动割裂开来，为不同的作物开发不同的贷款产品，也就是"作物贷款"。然而，这些"项目金融"方式对于中小农户而言其实不太适用；将小微金融机构的成功经验全盘嫁接运用于涉农项目，这成为了一个关键的教训。

在这些关注个体信贷风险的管理方式之外，金融机构还开发了资产组合层面上的风险管理工具，比如分散化贷款模式、敞口限额管理，以及贷款损失准备金制度。

4. 资产组合管理：敞口限额管理和分散化贷款模式

成功的农村金融机构会进行活跃的资产组合管理，其方式主要包括：（1）在整个贷款资产组合当中，给农业信贷设置一定的限额；（2）将资产组合当中的构成部分进行分散化处理。比如，近期拉丁美洲的统计数据显示，对农业部门的贷款敞口平均相当于整个资产组合的40%（Wenner，2010）。小型金融机构倾向于将农业信贷规模控制在整个资产组合的1/3以内（Christen 和 Pearce，2005）。资产组合的分散化管理通常通过两种方式进行。第一，根据不同的地区、产品和农户类型将农业贷款进行分散化。然而，由于分散的个体之间存在着一定的相关性，以及分散的风险因素也可能汇集形成系统性风险，因此这一技术仅仅适于业务范围跨越不同农业气候区域的大型金融机构使用。第二，在农业行业之外进行分散化，涉农金融机构同时开展非农金融活动或者业务。

5. 建立风险准备金制度：提取贷款损失拨备

通过提取贷款损失拨备来建立风险准备金制度是金融机构内部的一种信用风险吸收方式，也是金融机构的最后一道防线。这一模式的成本很高，因为会对利润造成负面影响。其基础当然是目前关于信贷分类和拨备管理的一系列监管规定。然而，在很多发展中国家还没有建立起以风险为基础的监管概念，因此提取特殊拨备的做法也不常见。

上述的典型风险管理技术能够发挥一定的作用，但是它们仅仅部分解决了一些问题。在农村地区，妨碍对小户农民提供金融服务的情况还涉及各种其他的信用、监督、激励和执行等方面的难题。

### 6. 农业贷款机构的成功经验

虽然大多数国有农业发展银行（也就是农业金融的旧有模式）的经营都失败了，但是确有几个例子显示，有些农村和农业贷款机构真的生存并发展起来了。最著名的例子包括泰国农业和农业合作社银行以及印度尼西亚人民银行（BRI）[①]，这两家银行都开发了一些系统和机制，成功地管理了小户农民的信贷风险。

在 20 世纪 80 ~ 90 年代，两家银行的经营都从农业信贷模式转型到了农村信贷模式。这一转型包括两个维度：（1）从单纯的信贷机构转型到了提供全套服务的金融中介，根据农户的需要，引入了存款业务作为重要的金融服务内容；（2）从提供农业信贷向提供农村信贷过渡，同时开展一些非农金融活动和家庭金融服务。这两种特征对上面描述的风险管理活动而言非常重要。

抵押难题在于很多农民并不拥有揭示其土地所有权的法律文件。为了解决这一难题，泰国农业和农业合作社银行开发了一种联合借款小组的机制，使之成为风险管理的有效措施（风险汇集措施）以及该银行信贷业务的重要标志性模式。在这种模式下，农民客户要组成小规模的非正式小组，他们在各自的贷款之间相互作保，整个小组的成员有 15 人左右。然而，泰国农业和农业合作社银行并不会给整个小组发放贷款。所有的交易都是和个体成员进行的。该类小组能够帮助泰国农业和农业合作社银行进行借款人筛选，实施贷款评估，核实贷款申请的数据，并维护还款纪律。通过这种方式，泰国农业和农业合作社银行组织了超过 230000 个小组，业务覆盖了 350 多万个小户农民（Maurer，2000）。

---

① 关于印度尼西亚人民银行的信息，可参见 M. Robinson（2001）和 Maurer（2004）；关于泰国农业和农业合作社银行的信息，可参见 Yaron（1992）和 Maurer（2000）。

这两家银行的经验还有很多。事实上，全世界有很多农村和农业金融机构都造访过印度尼西亚人民银行、泰国农业和农业合作社银行，吸取了它们先进的经验并复制到自家中去。

### 7. 契约安排和农业价值链

互相联系的契约安排和农业价值链成为农业业务中日益受到关注的特质。农业价值链中的农民、顾客和中介机构相互交易，可以显著降低信息不对称，并缓解道德风险和逆向选择问题，因此降低了位于价值链之外的贷款机构的风险。

金融服务也可以内置于价值链当中。商人、生产者和其他涉农企业常常在价值链当中推动内部融资活动，向生产要素投入、农业生产和农产品销售活动提供信贷。然而，在地区市场中，价值链金融主要还是集中于高价值出口作物（或者商品）的生产经营活动当中，而在普通大宗农作物生产活动中却并非如此（Doran 等，2009；Swinnen，2011）。

### 8. 农村微型金融的经验

20 世纪 70~80 年代出现了微型金融模式，其革命性的创新观点在于揭示了穷人也可以接受银行服务（Nagarajan 和 Meyer，2005）。小型金融机构开发了一种特殊的微贷技术，对管理向非正规经营的小型家庭作坊提供贷款所带来的普通风险十分有效。如果辅以有效的组织、标准化的产品和高效的业务流程，会进一步使很多小型贷款的成本控制在合理水平之上。

事实已经证明，以现金流为基础的贷款对那些几乎没有什么资产的小型企业而言是合适的方式，而金融机构也已经可以通过个人品质甄别来给非常贫穷的家庭发放畜牧养殖的小额贷款了。事实上，很多小型金融机构同时使用两种方法。这种业务中的一个关键因素在于人们普遍认为家庭作坊中"生产性"和"消费性"支出常常被混淆。结果，小额贷款通常以一般性的名目发放，而不是基于某一特殊的"项目"来发放。项目融资对非正规的家庭作坊而言是个相当陌生的概念。出现这一现象是因为大多数家庭作坊包括小户农民都会开展多种经济活动，也有多种收入来源，多样化经营甚至可以成为其自身的风险管理策略，这一点在下面的章节中还会继续提到。

总体来说，小微金融经验显示，在发展中国家，控制农村和非正规部门的普通风险是可行的，这些风险往往来自于基础信息、监督、激励和执行等领域。然而，硬币的另一面就是这些小微金融领域内成功的风险管理工作会带来高昂的管理成本，从而也就需要相对较高的贷款利息率以便覆盖成本。我们并不清楚是否所有的农业经营者都有能力支付如此高昂的利息率。近些年，几乎没有什么人研究过农业生产回报率与贷款利率的高低比较问题。然而，对农业生产力的经验研究显示，在包括肥料等生产要素得到更多使用等因素在内的多种原因作用下，农业生产可能将创造更高回报（Meyer，2011）。

还要再说明一下的是，标准化的小微金融技术对先进的农业金融领域仅仅有部分借鉴意义。迄今为止，大部分小微金融项目只提供短期信贷，需要按星期或者按月度来分期还款，这更加适合干小买卖的商人和从事服务业的小企业主，但是不太适合农业生产和投资。因此，金融机构还需要进一步调整其模式，使之更加适合小户农民的需求。

9. 农村金融新型模式的出现

在旧有模式的基础上，结合农业信贷机构的成功经验，以及小微金融革命的影响，20世纪90年代新的农村金融模式逐渐出现，目前还处于良好的运作当中。这一新型模式表现为一种金融系统性方法，使用市场原理来提供金融服务，其目标是促进农村发展和减少贫困现象（Nagarajan和Meyer，2005）。在风险管理领域，一个新出现的模型将传统风险管理模式、传统农业金融及小微金融当中最相关及最有效的特征结合了起来。通过这一结合，农村金融机构能够在很大程度上有效地管理给农村小业主和农户提供贷款的风险。当然，挑战仍然存在，主要在于还没有充分解决农业中的特殊风险以及政治风险问题，而这些都需要通过一种综合的风险管理方式来解决。

**（二）管理农业特殊风险的方法**

金融机构特别不愿意承担农业特殊风险，也就是失控的生产和销售风险，这些一旦转化为信用风险，将更加难以管理。结果，银行更希望将这些风险转移给第三方。接下来的章节将从概念的角度考察潜在风险分担和风险转移机制。

1. 将风险分层

基础风险管理技术包括将风险划分为不同层次的方法，这一分层可以帮助将不同风险和不同的风险"买家"匹配起来，也可以更容易地适用于不同的风险管理机制（世界银行，2005）。要区分风险层次，就需要考察一系列的风险特征：（1）风险的水平（微观、中观、宏观）；（2）风险的相关程度（独立随机的、协同变动的、系统性的）；（3）风险事件发生的概率（频繁、中等、少见）；（4）风险所带来损失的程度（低、中、高）（参见附录1）。

第一层次风险指单个农民所面临的正常作业环境所可能蕴含的损失（微观层次）。这类风险的发生十分频繁，但是所造成的损失非常有限，风险的例子有小范围内发生的气候变化，例如冰雹等。农民自己就可以承担和管理这类风险，其农场、家庭或村落层面就有可供应对的工具和减灾措施。这类风险也叫作"正常风险"，或者可以自留的风险层次。

第二层次风险指中观层面的风险，程度比上一种风险更加严重，但发生得较不频繁。不过，从整体上看，其发生的频率和影响农民及村落的严重程度都为中等，可以举出的例子包括发生相对严重的气候变化，例如洪水等。在这个风险层次上，农民可以使用特殊的市场工具来对冲农业风险，比如购买保险或者为类似风险而定制的期权等，其前提条件是市场上有人能够提供这些风险对冲工具。这也称为市场（保险）解决的风险层次。

第三层次的风险涉及自然界的巨大灾难，虽然它们很少发生，但是通常会导致极大的损失，比如飓风或者大面积的旱灾，这类风险很难通过市场机制分担或者汇集，特别是在这些风险上升到系统性风险的时候更是如此。比如，印度尼西亚的海啸所造成的损失和危害就曾导致该国最大的保险公司之一遭遇破产。在巨灾风险发生时，政府需要发挥其作用，国际社会常常也会提供捐款等帮助。这一层次的风险也叫作市场失灵的风险层次。

2. 农民的风险自留：防灾、减灾和处置策略

农民通常通过"自我保护"或者"自我保险"的策略或者行为来管理第一层次的"正常"风险。通常可以将农民的策略划分为三种主要类型：（1）减少不利事件发生概率的防灾策略；（2）降低不利事件潜在负面影响的减灾策略；（3）在风险事件发生以后的处置策略（经济合作与发展组织，2009）。风险的防灾和减灾策略重在事前识别风险，风险处置策略则重在事后采取措施。Mahul 和 Stutley（2010）将这些策略中的技术策略与金融策略区分开来。比如，技术策略包括给庄稼使用杀虫剂或者给牲畜接种防病疫苗等；金融策略则包括预防性的储蓄、或有的借款，或者在可行的情况下购买农业保险等。

这些策略实施的渠道既有正规的，也有非正规的。绝大多数农民的风险管理措施都是非正规的，特别是那些小门小户的农民很难接触到正规的市场工具，比如保险或者套期保值工具等。

几个世纪以来，农民在他们自己的社会和文化环境条件下开发了数不胜数的传统风险管理策略。比如，农民会使用一些基本防护措施，比如建立家庭或者村落层面的仓储体系，来应对价格波动，或者管理价格风险。很多地区的农民通过合作耕种来实现风险共担策略。签订合同来提前出售还在地里生长着的庄稼也是农民为了降低价格风险所普遍采取的措施。

在几乎每一个农业社会中，都会有传统的预防性储蓄来充当风险防范措施，比如有些人在准备每日饭食的时候都会抓一把米储存在陶土罐里面。其他传统的储蓄对象还包括牛羊及其他家畜、建筑材料、柴火木头等。更重要的措施是农村金融机构提供的储蓄服务，但是在农业信贷旧有模式中并不包含这一项服务。[①]

农民的风险意识很强，很多农民都属于风险厌恶型的人群，不乐意使

---

① Vogel（1984）将储蓄描述为农村金融中被遗忘的那一半。

用新的技术、方法或者种植新的农作物，因为他们觉得这会带来市场风险。农民自我保护策略中很重要的组成部分是进行风险的分散化处理。这包括农场上劳动的分散化，比如耕种多种作物或实行粮食轮作，同时也包括收入来源的多样化，比如农民也会从事多种非农活动。扶助贫困人口顾问小组（2005）的统计数据显示，农户的非农收入在平均比例方面十分可观，其中非洲（达42%）和拉丁美洲（40%）最高，亚洲也有相当高的比例（32%）。小户农民通过多种创收活动能够更好地远离农业中的特殊风险，这一点要远胜于那些以耕种为生、高度专业化的农民，特别是那些从事单一作物栽培的农民。

不同国家的不同农民也有不一样的工具和策略可资使用，比如部分农民由于自身的经营规模、地点和信息的可获得性不同，比其他农民更不容易接触到市场化工具。农民在可选范围内会混合使用各种工具和策略，以便以合理的成本最好地适应他自己的风险敞口，并且符合他自己的风险厌恶水平（经济合作与发展组织，2009）。

3. 风险汇集和风险转移：市场化解决方案和工具

风险汇集和风险转移方式主要用于解决第二层次的风险，这类风险较第一层次风险的致损程度更高，发生概率较小，或者说其发生的规模和频繁程度都处于中等水平。在面对这一层次风险时，农民可以额外使用一些特殊市场工具，比如为农业风险量身打造的保险或者期权产品等。

4. 传统的农作物保险

农业保险存在了很多年了。根据世界银行近期的一份调查①（Mahul和Stutley，2010）结果，在2008年，有104个国家，或者说在全世界有超过一半的国家中存在某种形式的农业保险。2004—2007年，全球的农业保险费规模显著增加，从80亿美元增加到200亿美元。这一剧增的主要原因在于：（1）农产品的价格提高，被保险额的总量有所提高；（2）中

---

① 这一调查覆盖了65个国家的农业保险项目，这些国家包括已知存在某些形式农业保险的52%的高收入国家、69%的中等收入国家，以及50%的低收入国家。

国、巴西和东欧的农业保险快速发展；（3）主要国家的政府补贴量大量增加。不过，从更精确的角度说，农业保险还是主要存在于高收入国家再加上中国。①全球大约90%的农业保险费都来自于高收入国家。

农作物保险是最主要的产品之一，从保费规模角度看大约占91%，而牲畜保险从保额来看则份额更高。农作物保险有两种主要的传统类型：多种风险来源型农作物保险（MPCI）和单一风险来源型农作物保险。绝大多数的多种风险来源型农作物保险项目都严重依赖于政府的支持和补贴。这些项目多数在高收入国家实施，其对政府支持的苛刻要求不太适合推广到绝大多数发展中国家（世界银行，2005）。从历史上看，传统农作物保险项目的运营状况非常不好。自20世纪90年代以来，大多数发展中国家从政府主导型农业保险模式过渡到市场主导型农业保险模式，政府会通过商业保险部门来推广农业保险产品，通常这些工作都会基于公私合营。然而，迄今为止，无须补贴的私人商业保险主要局限于单一风险来源型农作物保险产品，比如冰雹险等（经济合作与发展组织，2009）。

人们通常认为，农作物保险市场上最主要的困难来自于信息不对称所带来的高额交易成本，因为它会导致道德风险和逆向选择。而且，向住在偏远地区农村的农民提供小额保单服务的推销和管理成本非常高。这种情况使得保险公司很难向小户农民提供传统的农业保险（世界银行，2005）。这类产品的保费非常高，使得农民对那种价格的保险不怎么感兴趣，对保险的需求也受到其他可选策略的相对成本的影响，这些策略包括分散化措施和金融管理（经济合作与发展组织，2009）。结果，小户农民基本被排除在传统的农业保险项目之外，或者这些保险项目对农民来说要么无效，要么成本太高，跟他自己采取风险应对措施相比完全没有优势。

5. 指数相关型保险

近年来，指数相关型保险项目逐渐出现，成为一项创新的成本节约型

---

① 2008年中国的农业保险保费收入大约为17.5亿美元，使其成为继美国之后世界第二大农业保险市场（Mahul和Stutley，2010）。

风险管理工具，满足了政策制定者、公益人士和开发性机构的期望，使得发展中国家的小户农民也能更好地管理其农业风险敞口。在这种保险模式下，损失赔偿主要基于一些公共指标，比如气候上的降雨量，或者一个地理区域的粮食总产量，而并不针对单个农民身上所发生的损失。

与传统农作物保险产品不一样的地方在于，信息不对称问题在指数相关型保险产品中造成的影响并不大。首先，单个农民基本上不能掌握比保险公司更多的关于指数标的价值的信息。其次，指数的价值无法受到单个农民的影响。最后，保险公司不需要核实每笔求偿损失额度，这显著降低了保险的管理成本，使得小户农民也能承受得起这种保险费率。

指数相关型保险还处在发展初期。很多发展中国家的指数相关型保险项目受到公益人士和国际再保险市场的支持。大多数和天气相关的农作物保险项目还处于探索阶段，截至目前也没有多少农民投保。因此，当前就判断其成败为时尚早。不过，印度要除外，因为 2008 年该国有 400000 个农民购买了与天气相关的农作物保险（Mahul 和 Stutley，2010）。目前，这项探索也面临着一系列的技术或者其他障碍，比如缺少高质量的天气数据、天气观测站的数量分布不足、没有什么风险建模和农业风险管理方面的专家型人才，以及监管和法律基础设施都有缺陷。这些问题妨碍了项目的推进过程。[①]项目的另一个障碍在于气候变迁。从长期看，这给保险项目带来了逐渐增加的风险，使得保险公司更难以提供类似的保险合同，即使能够提供，其价格也必将显得更加昂贵（Doran 等，2009）。

指数相关型保险的一个主要不足在于所谓的基点风险，也就是（基于指数变动）所得到的风险补偿给付金并不能完全覆盖农民所遭受实际损失的风险。这种基点风险可能十分可观，使得农民较难理解和接受（Skees，2008）。而且，（再）保险公司都不乐意承担声誉风险，特别是如果发展中国家的贫苦农民虽然购买了保险但却没能得到足够补偿，那么媒体的负面评论势必成为这些公司所不愿意面对的情况（Levin 和 Reinhard，

---

① 具体信息详见世界银行（2005）所述的天气保险的优点和缺点，第 18 页，表 4.1。

2007）。因此，指数相关型保险产品的核心挑战是解决基点风险带来的问题。

6. 巨灾风险和市场失灵：将风险转移给政府

自然灾害和极端天气事件等巨灾事件虽然发生频率可能不高，但却会造成很大规模且相关性很强的一系列损失。这类风险更难通过市场机制去汇集和转移，特别是在风险呈现系统性，影响了整个地区甚至国家的时候更是如此。这个时候就出现了市场失灵现象。而且，气候改变对世界范围内巨灾事件发生的频率有重要影响。联合国国际减灾署的数据显示，20世纪中自然灾害的发生频率剧增，特别是就水文气象事件来说更是如此（经济合作与发展组织，2009）。

很明显，不是所有农业风险都是可以进行保险的：①市面上并不存在以某些风险为标的的保险合同，因为如果要覆盖这类风险的所有成本的话，其保险费将会非常高，几乎没人能够承受得起（经济合作与发展组织，2009）。Miranda 和 Glauber（1997）强调了被保险人面临的风险应当是独立的，因为基于单个作物产出之间的相关性，农产品保险公司会面临资产组合风险，比提供更传统保险产品（比如汽车保险、火灾保险等）的私营保险公司面临的这类风险程度高出 10 倍。同时，再保险公司也不愿意为赔付责任太高的保单提供再保险服务。类似 2006 年东南亚的海啸、2008 年海地的地震以及更近些的 2010 年巴基斯坦全国范围内的洪灾那样的自然灾害发生时，整个市场机制都会崩溃，这时候就需要政府出面，辅以国际社会援助，共同提供紧急事件处置、灾难控制以及安全网措施。

7. 结构化风险管理的综合措施

图 1 用一个结构化的风险管理模型对上文进行了总结，区分了不同的风险层次，并根据风险规模匹配了相应的风险承担方式。

上面的模型同时探讨了风险的高低两级。在低端风险方面，可以引入风险汇集技术，也就是通过合作互助的方式承担小额损失带来的风险。这

---

① 经济合作与发展组织（2009）列举了一系列不适合提供农业风险的情形。

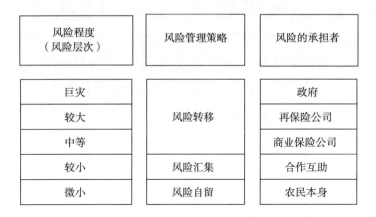

资料来源：基于 Mahul 和 Stutley（2010）的信息自行整理。

**图1　结构化风险管理**

一机制可以降低甚至消除类似指数相关型保险方案中的基点风险。在高端风险方面，再保险公司可以发挥重要作用，将商业保险的前沿大大推进到大规模风险甚至是系统性风险的承保方面，这样就增加了市场解决方案的作用范围，将政府的作用进一步局限在真正的巨灾风险方面。

8. 与金融机构的相关关系

通过保险的方式汇集和转移风险在理论上非常具有吸引力，但是并不一定就能给银行带来好处。很多国家都有传统的农作物保险，但是需要提供很大规模的补贴，并且为数众多的小户农民根本就享受不了这一保险。指数相关型保险则很像一颗新星正在冉冉升起，人们对它的期待很多。但是，指数相关型保险产品尚在实验推广阶段，其发展潜力和可持续性尚待检验。而且，气候变迁逐渐增加了风险，限制了保险产品发挥作用的方式。

信贷担保基金模式的出现试图弥补这一空白，这类基金在提供担保资金的同时通常还伴以技术扶持和培训服务。比如，美国国际开发总署（USAID）通过发展信贷局（DCA）在若干国家就推出了一些担保项目。人们对这些担保项目的影响及信贷担保基金的可持续性同时提出了赞扬和批评。市面上还出现了一些新兴的担保人，比如说慈善基金、国际金融机构（IFIs）等，它们和银行签订的担保合同比历史上各类政府担保基金开出的条件还要优厚（Doran 等，2009）。然而，总体而言，信贷担保的作用还不明朗，比如像 Meyer（2011）总结的那样："担保可能让金融机构更感舒适，它们可能会因此多一点兴趣去探索贷款给新型客户群体的可能性。然而，仅仅是担保本身并不会敦促对此完全不感兴趣的贷款人去提供贷款。"

因此，除非以市场为基础的风险转移机制真的得到了广泛应用，否则金融机构还是会一直依赖于它们传统的风险管理技术，比如资产组合的分散化管理和贷款敞口限额控制。同时，农民的风险自留是他们的第一道防线。农民的防灾、减灾和处置策略是极端重要的，银行需要掌握有关这些"自我保护"措施的更多信息，并将其纳入到它们的整体风险评估体系当中去。另一方面，信用小组合作也成为一个重要的补充措施，比如涉农贷款金融机构泰国农业和农业合作社银行的成功经验所显示的那样。

（三）政治风险仍然是一个挑战

政治对农业金融的干预和干涉所带来的政治风险，无论其是持续存在的还是突然出现的，都是农业贷款机构所面临的最难控制的风险。在绝大多数案例中，金融机构几乎什么也做不了，既不能阻止干预和干涉的发生，也难以降低其负面影响。

比如在 20 世纪 90 年代期间，泰国农业和农业合作社银行提出了"干预应予补偿"的要求策略，该银行通过集中游说或者与政府官员和国会成员开展政治对话的方式，来要求政府补偿，以降低或者消除政治干预对银行财务可持续性的不利影响。一方面，这些努力取得了部分成功，但另一方面，随着泰国农业和农业合作社银行的谈判能力逐渐下降，政府对其施加了更多的干预。1995 年，该银行被迫降低了 2400 美元以下的小额贷款利率，利率水平之低甚至会造成亏损，并且至少影响了银行资产组合的 1/3（Maurer，2000）。2001 年，政府则对该银行农业贷款实施了展期或者豁免政策（参见上文）。

农业信贷的资金来源对政府行为是有影响的，印度尼西亚人民银行的案例显示，如果农业贷款机构主要是由当地的储蓄存款而非政府转移支付条线来提供融资的，同时如果它们处于中央银行的审慎监管之下，那么它们可能受到的政府和政策干预就会更少。

由于近期商品价格正在不断上涨，对食品安全的担忧日益引人关注，因此政府对农业市场和农业金融的干预很可能仍然会大量存在，甚至比以前更多，从而成为农业贷款机构的风险来源。

### 四、农业金融的前景展望

#### （一）向农业小微金融的混合模式迈进

农业小微金融的混合模式（或者不如说是一系列模式）业已出现，它们综合运用了如下几种因素：传统农业金融的经验和教训，特别是壮大了的农业信贷机构的成功经验；小微金融经验；金融系统性综合方法；创新型保险工具等。Christen 和 Pearce（2005）列举了混合模式的十种关键特征（参见附录2），这和农村金融的新型思路十分契合。

一些特征与信贷风险和风险管理直接相关，比如还款与贷款用途不直接相关的原则（特征一）、以个人品质为基础的贷款技术结合其他技术性分析（特征二）。该模式还建议提供储蓄机制（特征三），使得预防性储蓄成为农民的重要风险应急机制。资产组合风险的高度分散化也是一个关键要素（特征四），贷款合同和条件都根据周期性的现金流变化进行了调整（特征五），使得不偿还贷款的风险显著下降。

这样的混合模式将金融服务的前沿推衍到偏远农村地区的小户农民，并有助于管理和降低大部分的普通信贷风险和一部分的特殊信贷风险。这些模式适合多数国家的绝大部分农民，但是不太适合大型农场和农业企业。而且，由于这些模式致力于引入一些创新型市场工具（比如和指数相关的微型保险，虽然它们还在开发进程当中）（特征九），或者通过契约型安排来降低价格风险（特征六），因此它们可以控制和管理农业金融中的一些特殊风险，只要类似风险是可以投保的就行。当然，管理巨灾风险（市场失灵层次的风险）仍然超出这些模式的范畴。

更进一步说，这些模式有助于降低农村贷款和农业贷款的成本。比如，近期发展起来的流动的和无网点化的银行服务模式可能给偏远的农村地区住户带来更加节约成本的解决方案（特征七）。

### （二）创新型保险工具需要得到更多研究和发展

虽然指数相关型保险创新项目在推广之初看上去很有前景，但我们还是需要更多地研究和考察这些创新产品的可持续性、财务表现和大规模实施的可能性。同时，技术进步，比如卫星影像的运用，使得保险公司能够更好地获得数据以准确计算保费和提供指数相关型保险单（Levin 和 Reinhard，2007）。虽然指数相关型保险产品在推出之初纯粹是为了保护小农经济免受负面气候事件的影响，但这种产品对产业链上的其他涉农主体也很有吸引力，这些主体包括农业生产要素提供商、农产品加工和贸易商等，其业务范围和农产品高度相关。（再）保险公司之间开展合作则可以开发出更便宜、更有财务可持续性和设计更加精巧的农产品产出类保险产品。

### （三）分散化仍然是风险管理的核心要素

分散化现在是，以后也仍然是从事农业信贷的小微金融机构和农村银行的基本风险控制策略之一。对金融机构而言，只有强大的风险转移技术日趋成熟，农业信贷才可能成为重要的信贷品种，如果要贷款给小营生的贫困农户则更是如此。金融机构必须抵制不切实际的期望和所面对的政治压力，避免从事不审慎和过量的农业信贷业务。在审慎的金融部门工作方法中，金融要追随实体经济。因此，农业在国民生产总值中所占的价值比重可以作为金融机构农业贷款敞口比重的衡量基准。根据世界银行的资料，2008 年农业的平均比重在拉丁美洲占到 7%，在大多数东亚地区和撒哈拉沙漠以南非洲地区占到约 12%，在南亚占比大约为 18%。因此，按照地区的不同，给农业贷款施加一个 10%～30% 的资产组合比例上限，似乎是可行且审慎的。

而且，金融机构资产组合的分散化应当以农民本身风险的分散化为补充。仅有很少一部分小户农民会成长起来，并成为专业化的商业型农户，大部分小户农民还仍然停留在家庭或者家族经营范畴之内。对这部分人而言，通过收入来源的分散化来控制风险仍然是一个关键的风险管理策略。成功的农业贷款机构会仔细地检查自留层次的风险，并对农民自身的风险管理能力进行分析，这种分析的内容包括农民防灾、减灾的能力和风险处置策略，并将分析结论作为贷款可靠性研究的组成部分。另一方面，预防性储蓄扮演了重要角色，因此金融机构提供的安全、方便及可用的储蓄服务就变得十分重要。

（四）法律体系和金融基础设施的进步

在大多数国家，法律和监管体系的进步十分必要，因为它们对农业和农业金融非常有益。这要求一个国家拥有清晰的所有权体系，特别是要有一套和土地所有权及登记制度有关的土地簿记系统。另一个关键因素在于一国应当有能够保障交易正常开展的一套强有力的法律体系。特别是，这一体系要包括动产的抵押登记制度，这使得农民可以将劳动工具和器械作为抵押品，并便于开展农具的租赁活动。抵押物范围的扩大一方面使得农民获得信贷的可能性更大，另一方面可以改进金融机构的风险管理工作。

（五）政府和公益组织的作用

政府首要的职能是遵循"无害化"原则，不要对农业金融施加不恰当的干预。当然，这说起来总比做起来容易。然而，政策性贷款豁免或者其他类似的、具有毁灭性的强力干预措施对于建立金融的信用环境真的十分有害。世界各国政府应当最终摈弃直接贷款、利率控制和大额补贴等旧有模式，并吸取先进经验，建立农村金融和小微金融的新型模式。

政府的正面作用在于建立一个像前面章节所述的良好环境和法律框架，开放风险市场基础设施，严格执行法律法规，并提供扶持性的农村基础设施。这最终会使得利率降低的同时还可以将低利率保持下去，因为风险和交易成本不断减少，而竞争力则不断变强。政府的首要职能是处置市场失灵和监管失灵的状况，从而鼓励私人部门参与——不仅仅是农业信贷，还有整个金融服务范畴，包括储蓄服务和保险业务。

由于保险工具和其他风险转移机制正在开发过程中并且还需要接受检

验，因此给予其一些公共支持和有限的补贴是必要的。然而，从中长期看，政府的职能应被局限于处置巨灾风险，它们应当致力于处置类似自然灾害那样的极端事件。这样，当市场失灵时，政府可以充当灾难处置和社会安全网建设的最后一道防线。

开发性金融机构（DFIs）能发挥重要的话语作用，它们可以和政府展开对话，以建立有益的农业金融政策框架，并且帮助引进先进经验以资借鉴。公益组织的支持在开发、探索和检验风险管理创新方法时非常有价值。在这方面，世界银行就是个例子，它通过若干个创新性项目引领了指数相关型保险的开发工作。同时，公益人士、开发性金融机构能够促进公私合作伙伴关系，特别是可以开发一些机制将风险转移到国际和全球市场上去。最后，处理类似于东南亚海啸或者 2010 年巴基斯坦全国性洪水那样的巨型灾难有时超越了一国政府的能力，这时也就需要国际社会公益组织提供减灾帮助。

### 五、结语和评论

贷款给小户农民的风险并没有那么高，更不是完全超出可控范围的，这并非像金融机构常常宣称的那样。很大一部分（如果不是绝大部分）的风险是普通信贷风险，与贷款给小微企业的项目并没有什么不同之处。这些风险可以通过应用上文所述的农业小微贷款混合模式的若干特征来进行很好的管理。

更难以处理的其实是农业的特殊风险。在很多国家，由政府提供农作物保险或者给予高额补贴，但是绝大多数小户农民是无法运用的。虽然"风险转移"的概念非常有吸引力，也无疑能够提供最优的解决方案，但以市场为基础的保险项目的实际应用目前还正处于探索阶段。

在这些以市场为基础的保险产品真正得到广泛运用之前，农业金融还是要依赖于次优的解决方案。这包括传统的风险管理技术，比如在贷款者方面实施的资产组合分散化，以及在借款者方面实施的防灾、减灾措施和风险处置策略。

最后，还需要强调的是，农业金融不仅仅（应当）包括信贷方面。农户也需要转移货币，进行账款支付，更重要的是需要接受储蓄服务。储蓄服务能力现在是，未来也是一家成功的农业金融机构的核心特征之一。

**附录1　　　　　　　　　　农业风险的分层**

| 风险层次 | 较小的风险 | 中等的风险 | 较大的风险 |
|---|---|---|---|
| 影响的群体 | 个体农户 | 农户群体或者村落 | 地区甚至整个国家 |
| 相关性程度 | 随机风险（相互独立） | 互相关联的风险 | 系统性风险或者巨灾风险 |
| 发生的概率 | 非常频繁 | 不太频繁 | 非常不频繁 |
| 损失的程度 | 小额损失 | 大额损失 | 非常高额的损失 |
| 发生率的例子 | 普通的生产变动：<br>● 小型的气候冲击事件，比如冰雹、霜冻<br>● 非传染性疾病<br>● 独立事件，比如火灾 | 较大的负面生产冲击：<br>● 严重的气候事件，比如洪水<br>● 病虫害横行 | 影响较大区域的系统性冲击，以及引发巨量生产损失的事件：<br>● 飓风、大范围洪水、干旱<br>● 传染性流行病 |
| 风险层次 | 风险自留 | 市场解决方案（保险） | 市场失灵 |
| 风险的承担者 | 农民 | 私营（再）保险公司 | 政府/公益组织 |
| 风险管理策略 | 减灾和处置 | 风险汇集（保险）和风险转移 | 风险转移 |

资料来源：在世界银行（2005）、Levin 和 Reinhard（2007）、经济合作与发展组织（2009）的信息基础上自行整理。

**附录2　　　　　　　　农业小微金融混合模式的主要特征**

**特征一**：还款与贷款用途无关。贷款者通过评估借款者家庭全部收入来源的方式来评估其偿还能力，而并不仅仅考虑贷款投向所创造的收入（比如农作物销售收入）。借款者理解无论其贷款用途的特定方向是否取得了成功，他们都必须还款。通过将农户看作复杂的金融单位，理解他们正开展的一系列的收入创造活动，并有很多金融策略可以处理其大量的债务，农业小微贷款项目能够显著地提高贷款偿还率。

**特征二**：在筛选借款人、设定贷款条件和要求偿还的过程中贷款者会使用与借款者个人品质相关的信贷技术及标准。为降低信贷风险，成功的农业小微贷款者会开发出一些贷款模型，这些模型考虑的范围包括借款人的个人品质（包括小组担保或者过去的还款记录）、农作物生产知识和农产品的市场情况等。

续表

**特征三**：提供储蓄机制。农村金融机构如果允许农户开立储蓄账户，可以帮助他们积累资金以渡过收获期之前的艰难时光，它们通常会发现这类账户的余额迅速超过了贷款额度。

**特征四**：资产组合风险高度分散化。成功进军农业信贷业务领域的小微金融机构倾向于贷款给大量不同的农户，其客户也常常种植不止一种作物或者养殖不止一种牲畜。通过这些措施，它们确信其贷款资产组合及其客户的资产组合都得到了良好保护，可以应对农业和自然风险，且不使其失控。

**特征五**：调整贷款期限及贷款条件以适应周期性现金流和一次性投资的农业模式。在农业社会里，现金流是呈高度周期性的。成功的农业小微贷款机构调整了贷款期限和贷款条件，以便更好地适应这些现金流周期，同时也不摒弃要按时还款的基本原则，无论个别生产活动是成功还是失败，也无论这些生产活动是不是贷款的特定用途方向。

**特征六**：通过合同安排降低价格风险，提高生产质量，帮助保障还款能力。当某一特定作物的最终数量或者质量是核心关注点（比如对农产品贸易商和加工商而言）时，一些结合了技术扶助措施和特定贷款投入的合同安排有助于同时提高农民和市场中介机构的福利。

**特征七**：金融服务的提供依赖于现存的制度和基础设施，有时也需要一定的技术含量。提供金融服务，也需要使用农村地区为非金融目的而开发的基础设施，这样能够同时降低贷款者和借款者的交易成本，即使是在边远的农村地区，都能够增加农村金融服务的可获得性和财务上的可持续性。目前，市场上有大量高科技产品可以降低农村地区金融服务的成本，比如使用"智能银行卡"的自动柜员机（ATMs）、销售终端设备（POS机），以及贷款员所使用的个人数字化技术产品等。

**特征八**：会员制组织适用于帮助边远地区和农村地区获得金融服务。贷款机构与农民合作社打交道比和分散的个别农民打交道所面临的交易成本要低得多，前提是这个合作社能够有效地管理贷款。会员制组织本身也可以成为有效的金融服务提供者。

**特征九**：以地区为基础的指数型保险能够抵御农业信贷的风险。虽然政府主导下的农业保险项目绩效很差，但是以地区为基础的指数型保险在保护贷款机构、隔绝农业贷款风险等方面很有前景。

**特征十**：农业小微金融若要成功，就必须隔绝于政治干预之外。除非农业小微金融能够不受政府干预之扰，否则它们从长期来看都很难生存下去。在面对政府干扰贷款偿还，或者其他扰乱农村金融体系功能的因素时，即使是安排精巧、执行良好的项目也不能幸存。

资料来源：Christen 和 Pearce、世界银行扶贫协商小组（2005）。

## 参考文献

［1］Baquet, A. , Hambleton, R. , Jose, D. (1997) Introduction to Risk Management. USDA Risk Management Agency.

［2］Christen, R. P. , Pearce, D. (2005) Managing risks and designing products for agricultural microfinance: Features of an emerging model. CGAP Occasional Paper No. 11.

［3］Doran, A. , McFayden, N. , Vogel, R. C. (2009) The Missing Middle in Agricultural Finance. Relieving the capital constraints on smallholder groups and other agricultural SMEs. OXFAM Research Report.

［4］Hanau, A. (1928) Die Prognose der Schweinepreise. Vierteljahreshefte zur Konjunkturforschung. Berlin. http://www. diw. de/documents/dokumentenarchiv/17/43353/viertel_1928. pdf.

［5］Höllinger, F. , Rutten, L. , Kiriakov, K. (2009) The use of Warehouse receipt finance in agriculture in transition countries. FAO Investment Centre.

［6］Kloeppinger – Todd, R. , Sharma, M. (eds. ) (2010): Innovations in Rural and Agricultural Finance. International Food Policy Research Institute (IFPRI) and The World Bank.

［7］Levin, T. , Reinhard, D. (2007) Microinsurance aspects in agriculture. Discussion Paper. Munich Re Foundation.

［8］Mahul, O. , Stutley, C. J. (2010) Government Support to Agricultural Insurance Challenges and Options for Developing Countries. Washington DC: World Bank.

［9］Meyer, R. L. (2011) A Review of Subsidies and Investments to Support Agricultural Credit Markets in Developing Countries. http://siteresources. worldbank. org/INTARD/Resources/Subsidies_as_Intrument_AgFin. pdf.

［10］Maurer, K. (2000) Agricultural Development Bank Reform: The Case of the Bank for Agriculture and Agricultural Cooperatives (BAAC) in Thailand. IFAD.

［11］Maurer, K. (2004) Bank Rakyat Indonesia. Twenty Years of Large – Scale Microfinance. In: Scaling up Poverty Reduction: Case Studies in Microfinance. CGAP & The World Bank.

［12］Miranda, M. J. , Glauber, J. W. (1997) Systemic Risk, Reinsurance, and Failure of Crop Insurance Markets. American Journal of Agricultural Economics 79: 206 – 215.

[13] Nagarajan, G. , Meyer, R. L. (2005) Rural Finance: Recent Advances and E-merging Lessons, Debates and Opportunities. Reformatted version of Working Paper No. (AEDE – WP – 0041 – 05) . Department of Agricultural, Environmental and Development E-conomics. Columbus, Ohio: The Ohio State University.

[14] OECD (2009) Risk Management in Agriculture – A Holistic Conceptual Frame-work. Working Party on Agricultural Policies and Markets.

[15] Rettburg, U. (2010) Wenn das Wetter die Preise bestimmt. Handelsblatt 24/25.

[16] Robinson, M. S. (2001) The Microfinance Revolution. Sustainable Finance for the Poor. Washington DC and New York: The World Bank and Open Society Institute.

[17] Skees, J. R. (2008) Innovations in Index Insurance for the Poor in Lower Income Countries. Agricultural and Resource Economics Review 37 (1): 1 – 15.

[18] Swinnen, J. F. M. , Maertens, M. (2013): Finance Through Food and Commodi-ty Value Chains in a Globalized Economy. In this volume.

[19] Vogel, R. C. (1984) Savings Mobilization – the forgotten half of rural finance. E-conomic Development Institute of the World Bank.

[20] Wenner, M. D. (2010): Credit Risk Management in Financing Agriculture. In: Kloeppinger – Todd/Sharma (2010).

[21] Wiedmaier – Pfister, M. , Klein, B. (2010) Microinsurance Innovations in Rural Finance. In: Kloeppinger – Todd/Sharma (2010) .

[22] World Bank & OECD (2004) Achieving Ukraine's Agricultural Potential. Stimula-ting agricultural growth and improving rural life. Joint publication. Washington DC.

[23] World Bank (2005) Managing Agricultural Production Risk. Innovations in Devel-oping Countries. Washington DC.

[24] Yaron, J. (1992) Successful Rural Financial Institutions. World Bank Discussion Paper No. 150. Washington DC: The World Bank.

# 第八章 发展中国家用于
# 开发农业信贷的结构化
# 金融方案具有潜力

Peter Hartig[1]    Michael Jainzik[2]    Klaus Pfeiffer[3]

## 一、简介

发展中国家 3/4 的贫困人口生活在农村地区；21 亿人口每天的生活费不超过 2 美元，8.8 亿人口每天的生活费不足 1 美元。这类人口中的大多数以从事农业为生。[4]农业发展和农村进步的最主要瓶颈之一是缺少金融服务，而之所以造成这种状况，正是由于人们认为农村信贷业务相比其他金融业务的风险和成本都很高。发展中国家的银行和其他金融机构都仍然很不乐意给农业生产者提供融资，特别是对小户农民而言更是如此。

结果，拿非洲的一些国家举例来说，其国内私人部门融资中只有不到 1% 的部分流向了农业，而农业却容纳了这些国家 70% 以上的劳动力人口。[5]

本章的目标是探索结构化金融（SF）方案，看它是否有潜力降低农业信贷业务相关的特殊风险，从而扫除在发展中国家开展农村信贷的障碍。

我们首先来从广义层面定义一下结构化金融、农业信贷和农业产业链

---

① 本文顾问。
② 德国复兴信贷发展银行（KfW）温得赫克（Windhoek）办公室主任。
③ 德国复兴信贷发展银行（KfW）亚的斯亚贝巴（Addis Abeba）办公室主任。
④ 世界银行（2008）。
⑤ http：//www. agra – alliance. org/section/work/finance。

金融。接着，我们讨论典型的农业风险和风险管理策略，其中包括结构化金融的潜在作用。然后，我们分析一下能够促进农业信贷投放的不同结构化金融产品。本章结尾部分探讨了在发展中国家农业部门推行结构化金融方案的局限性和重要前提。

### 二、结构化金融的含义

结构化金融不是一个准确的名词，也没有放之四海而皆准的定义。这个名词依据使用地方的不同，可能覆盖很大范围的金融市场活动和工具。从典型意义上说，人们认为结构化金融是一种具备弹性的金融工程工具，"当发起人或者资产所有人产生需求时，无论这些需求是资金流动性、风险转移或者其他要求，只要它们不能由现成的产品或者工具加以满足，就可以使用结构化金融产品。也就是出于满足某些需求的目的，现成的产品或者工具被改造组合为量身定做的产品或程序"[①]。

人们一般会探索使用金融工程技术来设计产品，比如在给小微金融机构提供再融资的情形下，通常其核心是证券化处理模式和结构化基金设计。这两者都会根据其各自假设的风险情况的不同，运用风险汇集、风险分散和将资产区分成不同资产包的技术。[②]

在农业金融领域，结构化金融的含义通常比较广泛："农业和涉农企业的结构化金融指向企业提供资金以购买生产要素、农产品和其他生产工具及设备，这个过程会使用一些特殊证券，它们并不是银行或投资者所通常了解的那些证券形式。这一融资模式更依赖于交易的结构和表现，而不太依赖于借款人的个人品质（也就是可信程度）。"[③]这样，在农业金融领域，更强调使用证券（也就是抵押）来降低信用风险，而不太关注其他方

---

[①] Fabozzi 等（2006），第 1 页。也可参见 Fender 和 Mitchell（2005，第 69～71 页）和 Fabozzi（2005）。

[②] 关于使用资产证券化作为小微金融机构再融资工具的动机和优势，可以参考 Glaubitt 等（2008，第 354 页），或者 Basu（2005）提到的案例。Fender 和 Mitchell（2005）分析了资产证券化过程中的风险。下文也有提及。

[③] Winn 等（2009），第 2 页。

式，比如风险转移和流动性提高等。

就我们对结构化金融的理解而言，使用任何形式的结构化金融都有一个主要的目标：在一个分散化的资产池（如贷款）中，一项投资的金融风险，或者和这项投资有关的各种不同风险的集合可以（按照发生概率）被区分成不同类型的风险。这通常是通过特殊的技术和法律工具来进行设计的，以便使不同的投资者（或者说风险的承担者）能够按照其承受力和偏好精准地投资于某一类型的风险。

按照这一定义，可以通过提问三个问题来分析结构化金融的不同形式（见表1和表2）。我们将在后文使用这些问题来为农业金融筛选定制合适的结构化金融方法。

表1　　　　　　　　　　　　　结构化金融的要素

| 结构化过程 | 结果 |
| --- | --- |
| 区分不同的投资风险 | 区隔出来的不同类型风险 |
| | 定义好的风险层次和种类 |
| 配置风险 | 由最合适的主体来投资某一特定风险或风险层级 |
| | • 理解和评估风险的能力 |
| | • 影响特定风险发生概率的能力 |
| | • 风险承担能力 |

表2　　　　　　　　　　　　　结构化金融的分析网格

分析结构化金融方法的核心问题

1. 信息不对称：哪种参与主体或者投资者最适合理解和评估某一特定类型的风险？

2. 激励：哪种参与主体或者投资者最适合影响某一特定风险发生的概率或者这一事件的严重程度？①

3. 风险承担能力：哪种参与主体或者投资者具备相应的金融或者组织手段来有效承担某一特定风险？

---

① 恰当的激励问题不能被忽视。根据 Ananth 和 Sahasranaman（2011）的观点，"设计精巧的金融结构化产品将某一项目中包含的不同风险隔离开来，并将其配置给最适合处理这些风险的主体。近期所有的信贷危机的教训显示，保证所有交易主体得到恰当激励的稳健金融结构十分重要。如果交易中的所有风险都被转嫁给了最终的投资者，那么资产的初始拥有者和金融中介在购买资产组合并进行证券化活动之初就会几乎没有什么动力去开展应有的尽职调查"。

由于农业信贷要面对农业部门的特定风险，因此人们通常认为这一风险比向其他部门贷款风险更大，而结构化金融方法能够进行风险区分和转移，在理论上非常适合农业信贷，并有光明的前景。

### 三、农业金融和农村金融间的风险差异

农业金融是指向农业部门提供的金融服务，其目的是有利于农业和农业相关活动的开展，这些活动包括要素供给、产品加工、批发贸易和销售等。虽然农业金融包括面向农业相关活动的所有类型的金融服务（包括存款服务、货币转移支付等），但传统上讨论农业金融还是聚焦于农业信贷，特别是为基础农业生产提供信贷的业务。[1]

由于典型的结构化金融重在控制信贷风险，本文也集中讨论农业信贷。[2]但是我们在提到农业信贷时，这个名词的大帽子下也包括上文提到的涉农价值链活动。在涉农价值链上，农业活动和非农活动都有两点相互关联的共同特征，可以反映在结构化金融产品和风险管理方法当中。

- 农业和涉农价值链上的各类经济活动[3]都具有季节性。
- 它们都需要面对同样的特殊农业风险。[4]

相对而言，我们在谈到农村金融时，指的并不是一个业务部门的概念，而是一个地理概念。它是指在农村地区开展的金融服务，在一定程度上比农业金融的范围更广，因为服务对象包括在农村地区中不完全和农业相关的一系列生产和服务活动，比如向餐饮、零售商店或者制造业，也包括向农村家庭提供的金融服务。这些客户不一定直接或间接与季节或者特殊的农业风险相关。另一方面，农村金融不包括位于城市的涉农产业，虽

---

[1] 关于农业金融的历史发展（"旧有模式"）可以参见 Meyer（2013）。

[2] 给农民提供农业贷款通常是交付现金的，但是某些类结构化贷款（涉及非金融机构，参见下文）是提供种子、肥料和其他农业生产要素的。

[3] 参见下条。

[4] 举个例子说，当恶劣的天气条件使西红柿生产的数量和质量下降时，不光是西红柿种植农的销售收入会下降，而且当地罐装西红柿的工厂也会面临销售条件和收入的恶化，因为其原材料比平常更加稀缺，也更加昂贵。

然这些产业也面临农业风险。这样，从风险角度出发，农村金融的概念是比较模糊的。然而，向农村地区农业客户和非农客户同时提供服务，可以使金融机构分散其信贷风险，并扩大业务规模。①

**（一）投资者为农业提供融资的渠道**

从投资者角度看，有三种方式可以为农业活动提供融资。②第一种是对农业生产者提供直接融资，比如通过农业投资基金的方式直接面向农场投资。③第二种也是最常见的方式，是通过农村金融机构提供间接融资。第三种是通过贸易商或者农产品加工商等非金融机构进行投资，包括农产品加工商或者批发商提供融资的方式也常常被称为"产业链融资"。④

**（二）农业产业链融资**

产业链和产业链融资包括一系列的意思和内涵，并且它似乎还是个含义正在不断演进的词汇。农业产业链可以定义为一系列相互关联的价值增值活动，从农业生产开始，直到加工，再到变成成品并最终到达消费者手里。

农业产业链金融涉及产业链内部（内源性融资）和外部机构（外源性融资）等不同主体的资金流动，外部金融机构最后常常也变成了产业链的组成部分。⑤在很多发展中国家和转型国家，农业产业链及其融资机制的重要性日益增加，这是全球化的结果，在这一进程中地区市场正逐渐与全

---

① 案例可参见 Meyer（2010）或者 Christen 和 Pearce（2005）。

② 请注意我们集中讨论正规的金融服务。家庭或者民间借贷在发展中国家的农村经济中十分普遍，但不在我们讨论的范围之内。同样，我们也不讨论内源性融资（企业或者企业主通过自己攒钱的方式进行融资）。

③ 这在典型意义上是需要较大的融资规模才可以，也就是说，小户农民无法接受外部投资者的直接投资。这类方式的一个例子是非洲农业基金（AAF），该基金的最小投资额是 500 万美元。参见 http：//www.phatisa.com/The_Fund_Manager/AAF/。

④ 关于本书所录和下面章节提到的产业链融资可以参见 Swinnen 和 Maertens（2013）。

⑤ 与 Miller 和 Jones（2010）第 9 页所提到的不同，虽然作者在对产业链发展和产业链金融的分析讨论中很少明确表示出来，但作者通常所指的是有组织的产业链，也就是说，这样的产业链通常具备一个特殊且事先确定好的治理结构，常常通过一系列长期合同实现典型的结构化安排，目标是给市场交易过程提供便利。在产业链上这样一种商品交易结构通常介于纯粹的散点状市场和纵向整合而形成的大企业之间。

球涉农产业链结合起来。

对小户农民而言，产业链金融使他们能够获得融资。要不然，因为缺乏传统抵押品和保证贷款安全所带来的高昂交易成本，他们本来是不可能获得融资的。[①] 这种融资可以通过产业链上的成员实现。这些成员，比如要素原料供应商和产成品贸易商，相比金融机构而言更少地面对信息不对称，交易成本也更低（内源融资）。或者，融资也可以通过外部金融机构（比如银行）实现，它们用产业链上最强主体的能力和声誉替代了传统的抵押品和筛选机制，在有组织的产业链中现金流更容易预测也更有保障。因此，农业产业链金融有助于降低农业金融的成本和风险，因此也有助于小户农民更好地获得信贷资源。[②]

农业产业链金融机制有不同的类型，旧式而传统的像贸易商和供应商信贷，更复杂些的像保理服务或者仓储凭单融资等。一些学者认为农业产业链融资和结构化金融有紧密联系。[③] 事实上，根据我们上面的定义，农业价值链融资的一些机制也适用于结构化金融："（农业产业链融资的）主要目的是在不同主体之间分担风险，将定义好的风险转移给那些能够最好地掌控它们的主体，尽可能地通过直接联系和支付来降低成本。"[④] 此外，仓储凭单（在仓储凭单金融项目中相当于抵押替代品）可以被汇集起来并进行未来现金流的证券化。[⑤]

在下面的章节中我们将会从结构化金融的角度描述并评估这些工具。

四、农业风险和风险管理策略

金融机构通常不乐意为农业活动提供融资，特别是在面向那些中小户农

---

① 然而，关于小户农民在多大程度上受益于农业产业链融资的经验证据显示，结果比较复杂。参见本书所录 Swinnen 和 Maertens（2012）。

② 然而，成功的农业产业链金融需要一些最低环境要求，比如，清晰的质量标准、有效的合同执行以避免跳单销售等违约行为，以及银行部门有良好的法律监管环境以便能够获准为传统的抵押品寻找替代品。这些前提条件并不总是能够得到满足。

③ 比如，Winn 等（2009）、Miller 和 Jones（2010）。

④ Miller 和 Jones（2010），第 15 页。

⑤ 参见 Ananth 和 Sahasranaman（2011），第 114 页。

民时更是如此，因为金融机构认为这样做的成本[1]和风险[2]都比较高。为了讨论农业金融的风险问题是否能够通过结构化金融的方式加以解决，我们首先要探讨农业金融所包含的风险，以及金融机构处置这些风险的常用办法。

（一）农业风险的分类

Maurer（2013）[3] 将农业贷款风险依农业风险的不同分为三类：普通信贷风险、特殊农业信贷风险和政治风险（见表3）。

表3　　　　　　　　　　　特殊农业风险的分类

| 风险层次 | 较小的风险 | 中等的风险 | 较大的风险 |
|---|---|---|---|
| 影响的群体 | 个体农户 | 农户群体或者村落 | 地区甚至整个国家 |
| 相关性程度 | 随机风险（相互独立） | 互相关联的风险 | 系统性风险或者巨灾风险 |
| 发生的概率 | 非常频繁 | 不太频繁 | 非常不频繁 |
| 损失的程度 | 小额损失 | 大额损失 | 非常高额的损失 |
| 发生率的例子 | 普通的生产变动：<br>● 小型的气候冲击事件，比如冰雹、霜冻<br>● 非传染性疾病<br>● 独立事件，比如火灾 | 较大的负面生产冲击：<br>● 严重的气候事件，比如洪水<br>● 病虫害横行 | 影响较大区域的系统性冲击，以及引发巨量生产损失的事件：<br>● 飓风、大范围洪水、干旱<br>● 传染性流行病 |
| 风险层次 | 风险自留 | 市场解决方案（保险） | 市场失灵 |
| 风险的承担者 | 农民 | 私营（再）保险公司 | 政府/公益组织 |
| 风险管理策略 | 减灾和处置 | 风险汇集（保险）和风险转移 | 风险转移 |

资料来源：Maurer（2013）。

农业信贷的主要风险（或者说"普通信贷风险"）和小微企业的风险

---

[1]　一些案例研究显示，面向农村客户提供分散化的信贷并不必然比给城市客户提供信贷的成本更高。参见本书所录 Jainzik 和 Pospielovsky（2013）。

[2]　事实上，Meyer（2011）并没有找到任何经验证据显示向农业部门提供贷款比向其他部门提供贷款的风险更高。从作者的经验看，银行将农业和农业金融评估为风险较高常常是存在误导的。遗憾的是，很多银行和其他金融机构并没有清晰地理解农业经济和农产品市场，它们也缺少分析相关风险的合适方法，因此实际上，银行对其信贷风险进行专业化评估的基础并不存在。所以，银行对农业高风险的判断常常是一种无知和偏见。

[3]　参见本书所录 Maurer（2013），也可参见经济合作与发展组织（2009）。

非常类似，主要是由于潜在借款者具有较高程度的非正规性，以及缺少传统的贷款抵押品。这导致了严重的信息不对称（特别是关于借款者还款能力与还款意愿方面），这样，贷款人需要负担较高的筛选和监督成本，相应地却只能匹配相对较小的贷款规模（全世界范围内小户农耕模式都占主导地位）。

特殊农业信贷风险包括生产风险和价格风险。农业生产风险来源于农业生产产出的高度波动性，而这又是天气（温度、洪水、干旱等）、虫害和疾病等外源性因素造成的。相比其他经济活动领域而言，在农业领域中人们提到的市场价格风险更多，主要是因为农产品价格具有不确定性，无论是地区还是国际市场上都有大幅波动。两种风险类别的层次和规模不同，但是常常相互关联（见表3）。这样，协同变动的风险更加难以管理，因为对这些风险进行分散化处理并不能像对非协同变量那样将风险降低。因此，在贷款资产组合同一时间内保持既定不变的前提下，发生这些风险可能会给大量贷款带来损失。因此，资产组合需要采取特殊的农业风险管理策略。

另外，发展中国家的农业部门更容易遭受政治风险，具体表现为某种形式的政治干预，这在农业部门比其他经济部门更为普遍，因为农业对食品安全、就业和贫困救助等方面的重要性更强。政治干预的形式可能是突然施加利率上限管制、实施或者宣布贷款豁免政策，这些现象非常普遍，并且构成农业信贷机构的重大风险之一。[1] 由于这类风险的发生频率和重要性不能被评估和预测，因此它们也很难得到转移或者有效管理。[2] 在很多国家，这种风险太高以至于金融机构根本就不会贷款给农民。

---

[1] 一直存在的利率上限（相对于突然施加利率上限管制而言）对农业信贷来说并非风险，利率上限"仅仅"妨碍了小户贷款，因为这样银行开展信贷业务的成本就无法得到覆盖了。利率上限存在的结果是银行将贷款活动局限于大中型农场。有很多学术研究中都提到了利率上限导致信贷筛选的必然性。农业经济学家 Gonzalez – Vega (1984) 将其定义为"利率限制的铁律"。虽然利率干预的意图和出发点可能是好的，受到了社会欢迎，或者从政治角度看是理性的，但是事实上它们总是会妨碍农业和农村部门获得可持续的融资。关于农业信贷领域政府干预的影响综述，参见 Conning 和 Udry (2007)，第 2864 页。

[2] 参见本书所录 Maurer (2013)。

（二）风险管理策略和结构化金融的作用

农业贷款中管理普通信贷风险可以吸取小微金融的经验，小微金融技术在面对一系列挑战，比如处理信贷分析中的信息不对称、实施客户监控和维持良好的还款纪律等方面都有所建树。然而，小微金融贷款的两个简单特点可能会限制金融机构提供农业信贷服务。第一，客户（比如小业主）评估和监测的管理成本相对较高，结果是相应需要较高的利率来维持银行业务的持续开展。第二，小微金融发放的贷款通常是较短期的标准化贷款，经常需要每周或者每月分期还款。这两个特征对贸易业和服务业来说非常适用，但是对特定的农业生产者而言就很难接受。[①]

特殊农业风险较难管理，并构成了（除政治风险之外）金融机构提供农业贷款的主要障碍。如表3所示，特殊风险可以根据风险层次、相关程度、发生概率和造成损失的大小来进行区分。

农场层面的独立风险最好还是由农民自行承担，他们可以采取措施来防灾、减灾和处置"普通"风险，比如可以进行作物轮种、喷洒杀虫剂等。同时，小户农民可以通过收入分散化来降低风险（也就是获取非农收入）。[②]

和独立风险相对的是，有一些协同变化的风险可能同时影响更多的农民（也包括农产品加工生产商和产业链上其他依赖于农民劳动的人员）。这些协同风险可能会给金融机构的农业贷款组合带来压力，因为大量的信贷客户同时发生了损失。协同风险的案例包括发生干旱或者牲畜传染病，比如手足口病等。这样，管理良好的银行仅仅承担有限的风险。[③]表3 讨论

---

①　参见 Maurer（2013）。人们常常认为小微信贷模式不适合农业贷款，因为农业投资的回报比城市贸易投资的回报更低，比如可参见 Harper（2007），第91页。然而，经验研究显示不同类型农业活动的投资回报率确实不同。这并不奇怪，因为人们通常认为一些经济部门比其他部门更能赚钱，这使得一些企业家比其他人更容易获得信贷融资。农业投资和农村家庭非农投资的回报也可能真正很高。可以参见 Meyer（2011）第20～23页，以及 Harper（2007）第87～90页提到的不同来源。关于从事小微金融的银行应如何进行创新来设计不太僵化的还款条件，可以参见本书所录 Jainzik 和 Pospielovsky（2013）。

②　虽然"自留层"风险管理是农民自身的责任，但降低风险的措施可以得到外部的支持，比如采取提供技术建议和供给灌溉淡水资源等措施。这样的支持可以削减贷款人的信贷风险。

③　Christen 和 Pearce（2005），第14页指出典型的成功农业贷款机构所保有的农业部门贷款敞口比重为10%～25%。

了风险汇集（保险）和风险转移等风险管理策略，可以帮助金融机构建立和管理农业贷款风险组合。

巨灾风险，比如自然灾难和极端的天气事件，发生得并不频繁，但是会造成严重且相互关联的损失，很难通过市场工具进行汇集和转移。这样就造成了典型的市场失灵情形，并且需要政府和公益组织的扶助行动。

针对农业的结构化金融解决方案提供了面向合适风险承担者的风险转移机制，这样就需要研究这一方式是否有足够潜力能让协同变动的涉农特殊风险实现必要的转移。农作物或者指数相关型保险谈起来很时髦，但是大多数方案还处在试验阶段，大量应用并且持续存在的潜力还不清楚。相比而言，用结构化金融方法区分和转移风险似乎也有一定的潜力。

在下面的章节中，我们将会提出并评估潜在有效的结构化金融产品，并提供一些案例。这些案例也显示，在很多情况下，不同的结构化金融产品和工具能够结合起来运用，以应对风险和成本问题。

## 五、结构化金融工具在农业信贷领域的运用

表 4 列举了不同结构化金融产品实际应用安排的一些案例。

表 4                                       结构化金融产品应用案例

| 结构化产品 | 应用举例 | 参与主体（公益人士、金融机构、国际金融机构、私人部门） | 备注 |
|---|---|---|---|
| 农业（部分）资产组合担保 | 持续性农业担保基金（SAGF）、国际金融公司（IFC）——墨西哥康帕多银行（Compartamos）、美国国际开发总署（USAID）——渣打银行/坦桑尼亚 PRIDE 公司、墨西哥普罗格雷索（Progreso）合作社、SAID/CAFERWA/卢旺达（咖啡）、van Oers（塞内加尔）、非洲绿色革命联盟（AGRA）/国际农业发展基金（IFAD）/渣打银行 | 拉博银行、国际金融公司、美国国际开发总署/发展信贷局（DCA）、渣打银行 | |

续表

| 结构化产品 | 应用举例 | 参与主体（公益人士、金融机构、国际金融机构、私人部门） | 备注 |
|---|---|---|---|
| 农业（部分）资产组合担保 | 非洲农业项目 | 德国投资与开发有限公司（DEG）、渣打银行 | |
| 结构化基金 | 农村推进基金Ⅰ和农村推进基金Ⅱ | 比利时投资支付发展公司（BIO）、荷兰发展金融公司（FMO）、欧洲投资银行（EIB）、国际金融公司（IFC）、德国复兴信贷发展银行（KfW）、因康菲（Inconfin）公司和私人投资者 | |
| 证券化 | 秘鲁 Drokasa | 国际金融公司（IFC） | 商业化涉农产业资产组合 |
| | 哥伦比亚畜牧业 | 国家农业和畜牧业交易所、信托基金作为特殊目的机构（SPV） | 在发展中国家和转型国家还没有发现农业信贷资产组合证券化的案例 |
| 应收账款做抵押的融资 | 巴西农业信贷票据（Cedula Produto Rural） | 私人部门 | |
| 仓储凭单融资 | 巴西农业信贷票据（Cedula Produto Rural） | 政府、私人部门 | 更多地出现在发达国家，一般为可储存的出口商品 |
| | 埃塞俄比亚仓储凭单项目咨询服务公司 | 国际金融公司 | |

续表

| 结构化产品 | 应用举例 | 参与主体（公益人士、金融机构、国际金融机构、私人部门） | 备注 |
|---|---|---|---|
| 合约种植和农业产出计划 | 橡胶和棕榈油产业中的一些项目<br>很多私人部门发起的项目，比如克罗地亚 Konzum 集团 | 德国投资与开发有限公司（DEG）、私人部门（橡胶公司、棕榈油公司） | |
| 远期合约、期货和期权 | 非洲农业项目 | 德国投资与开发有限公司（DEG） | 渣打银行 |
| | 印度 MSX 商品交易所商品项目 | 私人部门 | 世界范围的大型公司 |

案例显示，一些公益人士、开发性金融机构（DFIs）以及国际金融机构（IFIs）偏好资产组合担保和结构化基金。我们想要强调的是，大部分结构化金融产品在商业性价值链融资安排中得到使用，但同时也不能忽视其在合作发展方面的适用性。我们估计纯商业性的私人部门活动并不会得到开发性公益组织的支持。

虽然很多情况下人们将不同的结构化金融产品结合起来使用，以便最大限度地发挥其降低风险的潜力，但是我们这里首先要对这些产品逐个进行讨论。

（一）农业资产组合担保

农业资产组合担保通常由开发性金融机构及国际金融机构提供，它们作为垂直部分担保人，目标是将农业贷款风险由贷款发起人转移给其他主体。我们没有发现一些项目有次级损失担保，虽然这似乎更加合适（参见下文）。

资产组合担保的概念假设担保会通过降低贷款机构自认为的农业贷款风险水平来促使金融机构发放农业贷款。担保会降低贷款机构在面临违约时的潜在损失。而且，资产组合贷款担保的优势可能还在于：

- 能够给农民提供更优惠的贷款条件。
- 降低了抵押品要求。
- 农业贷款具有更长的偿还期，使得借款人能够获得农业投资的资金。

　　而且，资产组合担保让银行对办理农业贷款业务更加适应，因为它们获得了经验，并认识到农业贷款未必像想象中的风险那样高。因此，这样的方案通常被设计为临时安排，而不是永久性的做法。

　　农业金融中的资产组合担保得到了美国国际开发总署（USAID）的青睐，开发性金融机构以及包括国际金融公司（IFC）和非洲发展银行（AfD）等在内的国际金融机构也有所使用。

　　在理论上，资产组合担保降低了农业贷款机构的风险，因此也就间接增加了农业信贷投放量。虽然对农业特殊的生产、市场和价格风险没有直接影响，但它影响到农民获得信贷的可能性。

---

**专栏 1**

### 美国国际开发总署的农业资产组合担保

　　美国国际开发总署使用发展信贷局（DCA）的信贷担保来推进对发展中国家农业部门的贷款。发展信贷局提供四种主要的担保产品：贷款资产组合担保、贷款担保、债券担保，以及简易担保。虽然这些产品的设计机制都不一样，但是都要求私人部门（通常是贷款发起人）自留一部分风险。贷款机构面临的风险中最多有50%能得到担保。

　　发展信贷局的担保通常是用地方本币来标价的，这样可以避免外汇风险，也可以使当地资本动员起来投资农业部门。

　　从1999年到2012年中，美国国际开发总署/发展信贷局动员了4.46亿美元的贷款（最大累积支出规模）。这都是通过金融机构给农业部门的贷款来实现的。它们提供了82笔担保，其中79笔都是贷款资产组合担保。对这些农业活动的担保相当于发展信贷局提供的全部315笔担保中的26%。①

---

　　① 根据 https：//explore. data. gov/的信息自行计算，数据源自"美国国际开发总署发展信贷局担保数据：美国国际开发总署发展信贷局担保数据的使用和要求：使用和要求"。关于美国国际开发总署担保项目的评价，可参见 Meyer（2011），第42页。

### (二) 农业资产组合担保是否是合适的工具

让我们用文章开头就提出的三维评估分析法（见表2）来讨论贷款资产组合担保方案对信息不对称①、激励效果②和风险承担能力③的影响。

虽然公益人士、开发性金融机构和国际金融机构肯定有能力承担担保的风险，但是部分担保方案有一个重要缺点，就是并未将农业特殊风险和普通信贷风险区分开来。一个（部分）资产组合担保就像短枪散弹而不像精准步枪：它没有筛选并命中农业信贷的特殊风险。相反地，它覆盖了普通信贷风险——对于这种风险，金融机构自己通过使用最好的小微贷款技术（也就是充分的保险和监督技术）也能处理。资产组合担保这样的结构设计甚至可能带来错误的激励：它降低了发起机构的财务风险，通常只是普通信贷风险，这就会减弱贷款机构通过彻底的信贷客户分析来克服信息不对称的努力动机。这样，标准的部分担保在刺激农业信贷投放方面并不是最优选择。

担保方案通常有助于克服金融机构进入新的市场时所遭遇的门槛和壁垒。人们通常假设金融机构会逐渐理解新的目标市场的风险并不像之前设想的那样大。这样，就不再需要担保安排了。但是，这种希望在很大程度上是缺乏基础的。④

虽然我们还没有掌握担保方案对农业信贷影响的经验评估结果，但是担保对农业信贷的好处和担保对中小企业贷款的好处似乎同样可疑。20世纪90年代的几份研究报告分析了这些广泛适用的方案，结论并不太认可担保对信贷的刺激作用，也没有预期信贷担保项目会产生重要影响，在这类方案是否拓宽了正规银行向中小企业的贷款渠道方面还没有达成共识，也没有明显的证据显示接受担保的贷款在没有担保支持时就不会

---

① 哪些主体或者投资者最适合理解和评估特定种类的风险。
② 哪些主体或者投资者最适合影响某一特定风险的发生概率或者事件的严重程度。
③ 哪些主体或者投资者有金融或者组织手段来有效地承担某一特殊风险。
④ 参见 Meyer（2011），第33页。

发放。①

农业经济学家理查德·L.梅耶综述了担保基金相关的大量文献："担保方案是否有重要影响还不确定……担保可能给本已经乐意向新客户群体提供贷款的金融机构增加了一点安全感。然而，单是担保本身并不一定能够让根本就不感兴趣的贷款机构提供更多的额外贷款。"② 我们还要补充说明的是，传统的部分担保计划甚至可能都不会帮到已有兴趣的贷款机构：一些银行认为它们的贷款业务不需要普通信用风险覆盖手段（除非它们达到了资产组合限额，而想要超限放贷）。如果核销坏账（预期损失）的预期成本比担保价格还低，它们就不乐意支付担保费用。

---

**专栏2**

### 非洲绿色革命联盟（AGRA）的创新金融运动

非洲绿色革命联盟近期掀起了对农业贷款担保及其影响进行探索的热情，虽然过去的几十年间担保项目带来的影响比较复杂。该联盟向几家金融机构受益人提供了几笔担保，并将其作为创新金融运动的组成部分 [该联盟网站及 Meyer（2011），第34页]。由于担保方案的设计细节都没有披露，因此得出其结论的依据是否充足以及效果是否良好还不清楚。

基于这些经验，该联盟计划建立一个多维度的投资基金，用于农业发展项目的支持活动 [非洲绿色革命联盟（2010）]，名称定为非洲农业投资影响基金。根据该联盟的计划，这只基金的功能之一是，如果目标银行贷款给分散化经营的农业部门，那么基金可以提供第一顺

---

① 参见 Meyer（2011），第33~37页。Meyer 列举了几份研究，并从中得出了自己的结论。
② Meyer（2011），第37页。

位的目标银行贷款给分散化经营的农业部门，那么基金可以提供第一顺位的损失吸收机制［参见非洲绿色革命联盟（2010），第 28 页］。这样，第一顺位的吸损担保在处理农业贷款的实际风险暴露时是一个彻头彻尾的缺陷性设计：它们主要覆盖普通信贷风险，这类风险本可以由金融机构自身进行很好的处理。第一顺位的吸损机制很少能够区分出特殊的农业信贷风险，而这类风险恰恰是金融机构所无法施加影响的，并且是银行从事涉农信贷的最主要障碍。而且，将第一顺位的损失移交给第三方，非常不利于贷款发起人对借款农民进行严格的信贷分析，也不利于开展恰当的贷后监督和损失的处置回收。

### （三）创新型农业特殊担保机制的特征

然而，作者确信，资产组合担保如果得到良好设计以便匹配涉农特殊风险的话，也是能够发挥重要作用的。我们需要动动脑筋思考的是，由于无法施加影响，银行到底需要什么样的方式来降低它们对协同变动之特殊风险的暴露敞口，特别是那些已经拥有一定规模农业贷款敞口的金融机构将会从中受益，因为这样的风险转移机制使得它们能够扩大贷款规模；不然的话，基于风险管理的考虑，它们的贷款本来是会受到限制的。

接下来，我们探讨一下优化后的担保模式特征。

特殊农业风险担保方案需要降低银行所遭受的特殊农业风险。因此，它们的方案设计应当不同于普通的部分担保计划。传统的纵向担保计划覆盖了所有的信贷违约风险，并没有区分普通的信贷风险、特殊的信贷风险以及政治信贷风险。与这样的机制相区别的是，横向定位和划分农业风险的设计可以精准地筛选出特殊的涉农风险。

对农业贷款资产组合进行横向区隔可以区分出农业贷款中三种主要类型的信贷违约风险（见图 1）。资产证券化中经常用到原始贷款的汇集和区隔技术。比如，3% 或者 5% 的贷款池违约（可以被认定为基于普通风险的"正常"违约率）由贷款发起银行自留并核销。这样，整个资产池就剥离掉了可以被竞争性的金融机构自行避免或者降低的主要信贷风险。在这一门槛之上的违约可能是由于农业特殊的协同风险导致的。这样，（部分）担保项目就可以发挥作用，让金融机构更少地受到这一风险类别的影响，并将其转移给能够并且愿意承担此类风险的人群。第三个层次可以覆盖超过另一个门槛的违约率，比如50%。这样的损失可能是由于巨灾事件造成的。只有国家才足以承担这类巨灾风险。[1] 然而，为使横向担保计划发挥应有的作用，这一风险层次一般也由贷款发起银行自留：面临这样敞口的银行有希望获得政府支持，这主要是出于政治因素考虑，政府是唯一有能力的风险承担者，它们可能会给承担风险的银行提供帮助。

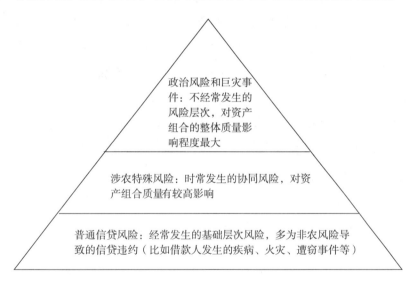

**图1　根据不同风险类型进行区隔划分的资产组合层次**

为使第二层次风险（涉农特殊风险层次）承担方案对精于计算的商业化投资者具有吸引力，隔绝政治风险可能是个前提。在任何情况下，第二层次风险的特征都需要得到仔细分析，包括不同风险的实际暴露程度以及风险发生的概率和损失的严重程度。只有经过了这样的分析，人们才可以知道这样的方案应该怎样设计才能适合投资者，并且通过定价来实现商业

---

① 参见 Maurer（2012）。

上的可持续经营。

由于类似结构安排在帮助管理农业特殊风险上具有潜力，我们有必要研究其可行性。对农产品或其他农业保险公司而言，像上述方式那样将资产组合划分层次可能比处置涉农特殊风险的其他方法更加节约成本。

### （四）农业金融领域（没有）资产证券化

资产证券化是将同质的非流动性金融资产汇集并转化为可销售证券的行为。[①]在资产证券化交易中，证券化资产从发起机构（通常是发放贷款的金融机构）转移给"破产隔离的"特殊目的机构（SPV），后者充当了资产购买者的角色。[②]这一安排将资产的信贷风险与发起机构的公司破产风险隔绝开来。后者通常是提供再次融资的投资者的重要关注点，这些再次融资主体主要指向建立或者维护贷款资产组合的金融机构提供再次贷款的国内外银行。证券化的更深层次影响在于将资产从金融机构的资产负债表上剥离出去。这一做法给这些金融机构提供了新的现金流，允许它们开展新的贷款业务并使其客户受益。这有助于金融机构维持恒定水平的贷款（比如向农业部门提供的贷款）资产组合，而无须用足其敞口限额也可以维持金融机构信贷业务的资本充足标准。

以转移给特殊目的机构的资产池和这个池子所蕴含的现金流为基础，特殊目的机构可以向投资者发行不同风险等级的证券，募集的资金可以用于向发起机构买下资产池。

典型来说，第一顺位吸损层（也叫"次级层"）承担了最高风险，后面依次是夹心层和高级层。第一顺位吸损层和夹心层为高级层构建了损失缓冲垫，使得后者对更厌恶风险的私人投资者来说较有吸引力。支付遵循分层次级结构（"瀑布原则"或者"瀑布支付结构"）。因此，资产划分为不同求偿顺位的结构，反映和满足了不同投资者的不同风险偏好。

---

① 参见 Basu（2005）、Hüttenrauch 和 Schneider（2008）或者 Fender 和 Mitchell（2009）。

② 持有破产隔离机构的资产能够让投资者对这些资产拥有优先求偿权。特殊目的机构可以是公司、信托或者其他类型的独立法律实体。特殊目的机构向投资者发行证券，其基础是被证券化的资产所产生的现金流，有时也可能是被证券化的资产本身（完全卖断的情形）。

　　在农业金融领域，资产证券化可以成为降低私人投资者风险的工具。金融机构给农业借款人发放一笔又一笔的贷款，并将它们汇集成池。接着，将农业贷款资产组合的信贷风险与地方金融机构的公司破产风险隔离开来，重新构造并按照现金流情况划分出不同的证券层级，用次级层来给资产组合风险提供缓冲。在理论上，这样的资产证券化可以使流向农业的私人资金更多，让农业信贷机构获得再次融资，因为它们将大部分农业特殊风险和普通信贷风险从自身剥离出去，并转移给了不同类型的投资者（公益人士、开发性金融机构、私人投资者等）。和传统的农业资产组合担保类似，这对农民面临的特殊农业风险没有造成任何影响。

　　目前来看，资产证券化并没有在发展中国家和转型国家的农业金融领域得到广泛应用。[①]作者还没有接触到农业贷款资产组合方面的任何证券化案例。我们认为，其原因主要包括：首先，人们几乎找不到足够的统计数据来分析当地活跃于农业金融领域的金融机构所发放农业贷款的违约率。其次，由于农业贷款的特殊风险，特别是那些协同变动的风险及所谓的政治风险，投资者几乎不乐意将这些资产从贷款机构剥离开来，从而不明智地将自己直接暴露于底层借款人的风险当中去。

　　相反，投资者更希望在金融机构的整个资产组合之内受益于分散化效应，这有助于降低涉农贷款的特殊风险。金融机构的所有者权益被认为是合理的风险缓冲垫，或者换句话说，当金融机构拥有较大规模的农业贷款敞口时，更明智的选择是承担公司风险而不是资产组合风险。[②]这样，我们能够发现，想要涉足农业领域的投资者更乐意投资于农村金融机构本身（的债权或者股权），而不是投资于农业资产组合。

（五）投资于农村金融的结构化基金

　　结构化基金是向金融机构提供再次融资的典型通道。结构化基金将私

---

　　① 参见 Winn 等（2009），第 29 页，以及 Calvin 和 Jones（2010）第 91 页。Calvin 和 Jones（2010）第 91 页记录了 21 世纪早期通过哥伦比亚当地农业证券交易所进行的一次畜牧业资产证券化尝试。

　　② 这种做法的依据是人们认为分散化仍然是降低农业信贷领域风险的核心方法之一。参见 Maurer（2012）。

人基金经理对基金弹性化的管理策略与结构化金融的要素结合起来。它们
通常的目标是使与之合作的信贷机构更容易进入地方和国际的资本市场。①

---

**专栏 3**

### 非洲农业和贸易投资基金

非洲农业和贸易投资基金（AATIF）是公私合营的基金，致力于增
加非洲农业生产潜力，提高贫困人口福利。这一基金自 2011 年开始投
入运营。

该基金的投资工具包括高级债券、夹心层工具和股权。债券工具的
久期最高 10 年，仅仅在极特殊的案例中能够达到 12 年（比如基础设施
投资）；股权投资（在直接投资时可用）要适用于不同投资阶段的需
要。这个基金是一个集合投资产物，并与当地银行或者中介机构共同分
担风险。

在负债端，该基金的结构设计囊括了三种层次的投资（A 级份额、
B 级份额和 C 级份额），每一种份额都有独特的风险回报特征，其分红
按照"瀑布原则"进行分配。它面向公共投资者（公益机构、政府和
国际金融机构）以及专业的私人（机构）投资者。

非洲农业和贸易投资基金还提供初始金额高达 600 万欧元的技术辅
助设施，其资金来源于捐款。这一设施向成员机构提供投资方面的支持
（比如改良农业技术、进行农业风险管理，或者提供认证程序支持等）。
该设施也有助于遵循基金的社会和环境维护指导原则以及发展政策，并
便于实施影响力评估。

---

① 对类似小微金融机构再融资载体这样的结构化基金，学者们进行了大量的研究，比如可
参见 Glaubitt 等（2008）、Köhn 和 Jainzik（2005）或者 Goodman（2008）。众所周知的结构化基金
包括东南欧基金（EFSE）和农业推进基金 II。Miller 等（2010）分析了农业投资基金并进行了案
例研究，但没有特别强调结构化经济背后的逻辑。

　　在投入运营之初的一年半里，非洲农业和贸易投资基金完成了两项涉农领域投资：一项是给赞比亚农场运营商 Chobe 农业公司投资了 1000 万美元，该公司致力于在可灌溉区域种植小麦和大豆，以改进当地和地区间的食品安全状况。另一项投资是向一家加纳大米生产商全球农业发展公司（GADCO）提供了 500 万美元的贷款。另外，非洲农业和贸易投资基金还完成了两项金融机构投资：一是 PTA 银行获得了 3000 万美元的贷款额度。PTA 银行是一家跨国金融机构，由 18 个东非成员国、中华人民共和国和非洲发展银行共同所有。这一投资用于扩大 PTA 银行的农业贷款。二是肯尼亚大通银行（Chase Bank）获得了该基金一笔 1000 万美元 5 年期高等级贷款额度，该银行是一家私人所有的肯尼亚金融集团。该笔贷款被用于支持大通银行开展其涉农金融部门业务。

　　2012 年，该基金的投资者是德国政府、德国复兴信贷发展银行和德意志银行。后者也是该基金的投资管理者。①

　　结构化基金的主要特征是将资产（多数是向金融机构的贷款）汇集起来并划分为多种不同的层次。结构化基金的资产端可能是高度同质性的（比如全部都是债务投资）。结构化主要体现在负债端：这类基金通常利用资产端带来的现金流打造一种分层次级支付结构（"瀑布原则"或者"瀑布支付结构"）。其资本被结构化为不同的优先等级，以适应不同投资者的差异化风险偏好，特别是其中的远期风险—回报偏好。与证券化类似，次级或者权益级份额主要由资产发起人也就是该案例中的基金管理者（他可以通过完全的筛选和其他措施来影响风险）、公益人士或者开发性金融机构（它们具备一定的风险承受能力和意愿）所持有。②

　　结构化基金提供了很广泛的金融产品和工具，使得其结构能够被需求所驱动，并迅速调整以适应改变了的市场条件。通过应用结构化金融元

---

① 参见 www. aatif. lu。

② 与表 2 对比。

素，它们甚至可以为风险相对较高的国家或者实体吸引到私人资本。这样就使有限的捐助资金，以及开发性金融机构和国际金融机构的补充投资获得了杠杆效应。结构化基金是一个法人实体，接受专业的私人基金经理的管理。它们受到董事会或者类似机构（根据投资者所选择的特定公司所在地法律管辖权的不同要求而设置）的监督。像证券化一样，结构化基金能够给私人投资者提供有吸引力的条件，其手法是通过在地区、国别和金融机构间的分散化投资以及充分的证券分层来降低风险。

这样，由于资产端的分散化处理是结构化基金的核心风险管理要素，这些基金的投资目标定位在农村金融，但并不集中于农业金融。换句话说，它们避免投资那些特别容易遭受特殊农业风险的金融机构；相反，它们更喜欢投资于农村金融机构，后者本身就有多样化的资产组合，它们不仅贷款给基础农业和加工业，也贷款给与农业及其特殊风险并不直接相关的其他农村地区产业。

## 专栏 4

### 农村推进基金 I（RIF I）

农村推进基金 I（RIF I）成立于 2007 年，是一家全球性的封闭基金，其营业执照遵循卢森堡法律，属于特殊投资基金。该基金计划存续期为 10 年，投资额达 3800 万美元。农村推进基金 I 给商业可持续的小微金融机构提供股权、债权及担保投资，其目标是改进小户农民和农村中小企业接受贷款和其他金融服务的现状。这改进了农村小微金融机构的融资结构，提高了它在农村地区的渗透力、影响力和可持续性。

基金的资本进行了结构化处理，具有不同层次的优先性，以迎合投资者不同的风险偏好。权益总额达 900 万美元，主要由开发性金融机构以及私人投资者等额认购的股份组成。1000 万美元的夹心层投资主要由开发性金融机构所持有，1900 万美元的高级债则由 7 家私人机构投资者持有。

　　该基金由 Incofin 公司管理，主要投资者包括比利时投资支付发展公司（BIO）、荷兰发展金融公司（FMO）、欧洲投资银行（EIB）、国际金融公司（IFC）、肯尼亚商业银行（KCB）私人股权部、Incofin 公司和其他投资者，后者包括其他各类私人机构投资者。

　　截至 2010 年 12 月，基金将大约 3100 万美元投资给了全球 18 个国家的 24 家农村小微金融机构（大部分是债权的形式），客户基础达到 150 万户。大约 50% 的小微金融机构将其 25% 或者更多的贷款投放给农业借款者，而参加项目的 25% 的小微金融机构将其 50% 以上的贷款投放给了农业部门。①

　　因为农村推进基金 I 在经济和发展方面取得了成功，Incofin 公司在 2010 年又发起成立了农村推进基金 II。该基金规模为 1.2 亿欧元，和上一只基金采取了类似的业务模式，同时引入了私人和公共投资者。②

### 六、价值链金融的融资结构

　　如上文强调的那样，各类农业价值链金融方案的共同特征（除了解决金融服务提供成本问题之外）是它们致力于将某些既定风险转移给价值链中最适合管理它们的人。接下来，我们要探索价值链金融的核心方法，并从风险转移的视角来讨论它们的设计方案。

### （一）应收账款抵押融资

　　应收账款融资③通常被视为农业产业链融资的一种方法，它在贷款条件中将农产品的销售活动转化为现金流，给农民提供了灵活的流动资金。贷款的发放要考虑农产品买方的资金实力，而并不考虑农民或者应收账款

---

　　① 参见 www. incofin. be/static/en/what_we_do/for_investors/rural_impulse. aspx。

　　② 参见 www. incofin. be/static/en/what_we_do/for_investors/rural - impulse - 2. aspx。

　　③ 以应收账款为抵押的融资包括的工具有贸易应收账款融资、供应商融资、保理业务和福费廷业务等。参见 Winn 等（2009）第 7 页，以及 Miller 和 Jones（2010）第 56 页。

卖方的资金实力。金融机构要关注和处理的风险（比如道德风险）从农民身上转移到买方身上。[①]

虽然这种融资通常都是量身打造的，但在理论上一般都有如下结构：贷款银行将资金交付给农民作为营运资金（有时也包括投资资金）。作为抵押，银行获得了对特定农产品的买主未来应付账款的求偿权。这一求偿权得到了买主的认可，他会按照与生产者签订的交货合同规定的时间安排来进行支付。与农民借款额相一致的所有付款都会打进银行账户（应收账户和债务服务账户）。超过借款额的已付款会退给农民生产者。

在农业中应用的应收账款抵押融资方案中，银行使用生产者和买主之间的合同义务来作为对农民借款人可信度评估的替代品。将风险在农产品的不同买主之间进行分散是最重要的考虑因素。买主会筛选借款人的可靠程度，他的依据可能是早先进行的交易，因此买主和农民间的信息不对称程度比银行和农民间的信息不对称程度要更低。虽然筛选过农民，也给他们提供过支持（比如通过农产品延期交付合同），买主也有机会和动机去降低他们承担的银行偿付风险，特殊的农业风险通常还需要由农民自行承担，因为农产品首先得由农民自己出售出去才行。

到目前为止，农业领域内应收账款抵押的结构化融资方式主要应用于国际贸易融资领域，主要是（向发达国家的）出口应收账款，因为买主信用状况良好，而且参与国内融资的程度较低。[②]一个众所周知的例子是加纳可可公司（COCOBOD）自 1992 年以来就签署了合同，获得国际银团应收账款抵押出口前融资。该公司通过这些短期融资在收获季节从地方种植者手中购买可可，并随后在国际市场上将其卖掉。[③]

---

① 参见 Winn 等（2009），第 18 页。

② 不同形式的应收账款抵押融资案例可参见 Miller 和 Jones（2010）第 67 页，以及 Winn 等（2009）第 17 页。Winn 记录了巴西一个成功的项目，它使用了国内农业应收账款开出了农村产品票据，并辅以仓储凭单融资。

③ 在 2011/2012 年种植季，加纳可可公司通过这一安排融资 20 亿美元，获得超过 20 家国际银行和加纳银行的追捧，德国复兴信贷伊佩克斯银行（KfW Ipex）就是投资者之一。参见 www.ghana.gov.gh：“加纳可可公司签署了 20 亿美元服务于在 2011/2012 年种植季的可可购买活动”。

专栏 5

### 应收账款抵押融资

星巴克咖啡公司和咖啡种植者协会建立了合作关系。该公司非常认同前置融资的重要性，服务对象主要是农民生产和当地加工备运出口活动。为获得金融机构的短期贷款，咖啡种植者协会可以使用星巴克的购买合同作为可靠的抵押品。当咖啡装船后，星巴克会直接向金融机构支付利息和本金。[①]

#### （二）仓储凭单融资

在仓储凭单融资方案中，金融机构向卖方提供信贷，抵押品是在独立运作的仓库里面储存着的货物。仓库管理者对货物开具仓储凭单，其具体文本形式取决于一国的法律和监管体系。这些凭单的功能相当于人工创造的抵押物，以其为基础可以获得金融机构融资。与其依靠生产者（或者出口者）承诺货物确实存在，并且保证其销售收入可用于偿还贷款，不如让货物置于独立仓库管理者的控制之下。然而，提供信贷的金融机构仍然要核实货物是否之前没被抵押过。仓储凭单是可以转让的，这有助于使流通性不好的农产品转化成现金，因为它们可以使农民利用之前并不存在的银行抵押物。

使用仓储凭单作为抵押物的额外好处在于商品不再受到借款人的控制，因此如果借款人违约，贷款人很容易追索这些商品。银行或者贸易公司通常乐意将商品作为抵押物来发放贷款，前提是这些商品是存储在可靠仓库的，并且仓库管理公司能够向银行或者贸易公司开出仓储凭单。对金融机构而言，信贷风险不再与农民有关，而是取决于仓储的农产品是否能够成功出售。相应地，融资机构也承担了一些特殊农业风险，因为抵押品

---

① 参见 Miller 和 Jones（2010），第 65 页。

的价值依赖于现行的市场价格。

在理论上，仓储凭单是具备很强效力的保障，也可以和其他结构化金融工具结合起来运用。它适用于耐存储的货物，并且要求农产品必须能够按照种类（比如棉花或者谷类）、等级和质量进行标准化分类。然而，其使用被限制在收获季节之后的融资，并不能解决小户农民营运资金缺乏的问题。

虽然在概念上比较简单，但是在实践中使用仓储凭单融资需要有安全的仓储环境存在，并且货物的等级和标准要获得广泛认可和接受。市场上需要有功能良好和透明安全的仓储管理系统，并且在很大程度上融资方案只适用于易存储、不腐烂的商品，其价格也要相对可以预测（或者存在远期市场）。另外，这样的安排取决于额外的法律和监管前提，比如，监管方面应认定仓储凭单是可以作为贷款抵押品的法律文件，并且商品市场要发育良好，以保证凭单的交易和流动性。由于存在这些要求和前提，农业金融领域的仓储凭单融资工具仅仅在较为发达的发展中国家和转型国家才可以使用。[1]

另外，目前缺乏详细的经验评估能够得出结论说，仓储凭单工具能够改善融资门槛条件，特别是对小型农户而言更是如此。仓储凭单融资在出口农产品中得到更多应用的事实显示，经济壁垒可能限制了当地农作物和其他商品市场使用这一工具。[2]

就合适的风险转移而言，这种结构不能转移所有的农业特殊风险：生产风险仍然由农民自留。价格风险可以部分转移给金融机构，因为抵押农产品的价值会受到价格风险的影响。仓储凭单融资迄今为止取得的成果比较有限，这可能与银行不愿接受价值波动较大的抵押品有关。

（三）远期合同、期货和期权

远期合同是买卖双方之间的一种非标准化合同，约定在未来某一特定

---

[1] Calvin 和 Jones（2010），以及 Miller 等（2009）引用了印度、菲律宾和巴西的案例。
[2] Meyer（2011b），第 44 页。

时间以当前确定的价格交易某一农产品。①远期合同可以进行量身打造以适应基础农产品的特殊要求，它们常常与价值链金融（参见上文）结合起来运用。由于它们可以私下转让而不在交易所交易，因此它们可以不必依赖于已经建立好的商品交易所。从农民的角度看，远期合同的优势在于能够防止农产品价格下降。这给预期收益建立起一个底线（前提是农产品能够成功收获），并便于获得融资。

期货是高度标准化的合同，其特定的合同条款规定参与者有义务在未来某一时间以特定的价格购买或者出售特定数量的农产品。它们是在期货交易所市场进行交易的。

期权作为风险管理工具并不锁定价格，但是可以保护人们，使之免受不利的价格波动影响，还可能从有利的价格波动中获利。它们的交易转让在交易所市场和银行（或者贸易商）提供的柜台市场上都可以进行。它们是套期保值的工具，但并不产生农产品的真实交易。小户农民融资一般很少使用期货和期权工具。通常，小户农民生产的产量太低而且产品质量波动太大。然而，将生产者在有组织的价值链中集合在一起，比如通过农民合作社的方式组织起来，在理论上就可以获得入门券，让小户农民能够用上期权工具。但是，这样的安排需要由供给方（也就是交易所、贸易商）发起，并推广到市场上，因为发展中国家的小户农民更不乐意因为需要使用期权而将自己与他人组合到一起。

总体上说，远期合同、期货和期权能够让农民为价格的波动进行套期保值，但是这些工具对农业生产风险没有什么影响。

（四）契约耕种

契约耕种不是一种典型意义上的结构化金融方案，但是契约耕种通常包含不同的结构化金融元素，以便区分农业风险和非农风险。契约耕种通常被定义为一群农业生产者和一家中央加工厂、批发商或者国际零售商之

---

① 参见 Miller 和 Jones（2010）第 85 页，以及 Winn（2009）第 61 页。Miller 和 Jones（2010）第 86～87 页记录了巴西一个成功的项目，它通过"农村融资票据"（cedula produto rural）的形式使用了远期合同。

间签订的农业种植外包合同。这一安排也称为出成计划，通常购买者会提前提供生产要素、资金和技术支持，农民则有义务在收获时以一定的价格供应一定数量的农产品（产品回购条款）。[①] 为使农民生产出规定数量与质量的农产品，必需的营运或者投资资金可以由涉农企业、批发商、国际零售商或者金融机构提供。在很多案例中，契约耕种需要有一家牵头企业来给农民提供生产要素、必备资金、技术支持、销售渠道等，并确保质量达标和货物交割及时。[②]

契约耕种通过技术支持以及可靠、充足的生产要素供应来降低农民的农业生产风险。这个过程更多地是采取了风险防范的方法，而非风险转移的方法。类似计划经常结合远期合同使用，这也降低了营销和价格风险，无论对生产者还是购买者来说都是如此。对农业贷款机构而言，当有保证的销售合同被作为抵押品的时候，它可能将信贷风险从农民身上转移到了产品的买主那里。

契约耕种对涉农企业而言主要的问题在于跳单销售：当产品价格提高的时候，农民可能转而卖货给其他买主。从农民的角度看，当价格下降以至于收获时合同价格将显著高于时价时，涉农企业也可能打破购买承诺。这样，金融机构考虑的风险（以道德风险的形式存在）会受到契约结构的影响。总体上，在契约耕种融资结构中，需要处理的风险由农民转移给了买主。这样，金融机构的资金风险最初体现在小户农民贷款客户分散化的资产组合上，契约耕种方案实施之后就转移到了一家或者少数几家大型企业客户中间去了。从风险的角度看，相对（潜在）较高的个人违约风险的高度分散化组合变成了（潜在）较低违约概率的高度集中风险。这样，很难说这种风险转换的实际结果是正面的还是负面的。

## 七、小结

表5 总结分析了不同的结构化金融产品，显示了哪些农业贷款风险可

---

① 参见联合国贸易和发展会议（UNCTAD，2002）第 10 页和 Winn 等（2009）第 7 页。
② 星巴克的案例也适用于牵头企业方法。

以通过相应的结构化金融产品得到控制。表5也解释了为什么在实践中，特别是在农业价值链金融安排中，不同的结构化金融产品经常结合起来运用，以便增强其风险控制效果。

**表5**                 **农业信贷风险的转移和控制（简表）**

| 风险 | 特殊农业信贷风险（农民） | | 普通信贷风险（贷款人和投资者） | 政治风险（农民、贷款人/投资者） |
|---|---|---|---|---|
| | 生产风险 | 价格风险 | | |
| 农业资产组合担保 | 部分由担保者承担 | 部分由担保者承担 | 部分由担保者承担 | |
| 资产证券化 | | | 通过风险缓冲和分散化来降低风险 | 通过部门和国别分散化来降低风险 |
| 结构化基金 | | | 通过风险缓冲和分散化来降低风险 | 通过部门和国别分散化来降低风险 |
| 应收账款抵押融资 | | | 风险从农民转移到买主 | |
| 仓储凭单融资 | | 仓储凭单的抵押价值存在价格风险 | 风险从农民转移到仓储货物的销售领域 | |
| 远期合同、期货和期权 | | 为价格波动做套期保值 | | |
| 契约耕种 | 风险通过技术援助和农业生产要素的供应得到控制 | 如果和远期合同结合使用，可以控制价格风险 | 对风险的认定和处置受到合同结构的影响 | |

## 八、结语

打造可持续的农业信贷体系没有简单的解决模式，结构化金融是有一定潜力的工具，但也有其局限性。目前，我们发现有较多的结构化金融工具主要集中应用在农业价值链金融方面。特别地，当这些方法涉及农产品加工，尤其是涉及拥有现成出口市场和可靠出口合同的高价值经济作物的时候，它们显示出了实际应用价值。

然而，可以这样认为，如果得到恰当的运用并考虑其在风险转移能力方面的特定作用及缺陷的话，其他结构化金融方法在理论上也适于改进农业信贷。这样，可以使得小户农民更多地接触到条件更好的信贷服务，降低销售和市场风险以及生产性风险。

在应用结构化金融方案时，基于规模方面的限制，小户农民是否真的能够受益还是个挑战。结构化安排的建立（如证券化）成本高昂，复杂耗时并需要进行内部特别评估、质量控制、安全性评估、法律分析，还要开展很多的文案工作。

我们认为，有些因素会促使农业领域更多地应用结构化金融工具。

- 在高价值经济作物种植方面具有竞争优势的农业部门，以经济效益为导向，会在有组织的价值链内部使用风险转移技术。
- 一些国家（包括发展中国家在内）或地区的规范高效的商品交易所和期货市场会便于人们更多地使用这类工具，并改进这类工具在结构化金融方案中的运用效果，特别是在价值链相关的领域更是如此。
- 发展中国家部分专业化的私人银行正在更多地开展农业金融服务，这将增加结构化金融工具的需求，因为这样可以使这些金融机构更好地管理其资产组合风险，并将一些风险转移给乐于承担的第三方。

然而，更多地应用结构化金融产品仍然存在着重要前提或者瓶颈。根据我们的理解，这主要包括如下几点：

- 足够的农村初级基础设施，比如交通、通信，以及仓库等仓储设施（以便实施仓储凭单融资）。
- 农产品的种类、规格和质量具有标准和认证。
- 保证合同能够执行的法律监管体系。
- 银行监管者认可仓储凭单是合格法律文件。

同时，仍然存在一些政策问题。根据上面几点（大多数具有公共品的性质）改进整体框架条件对政府而言是一项艰巨任务。但是，仍然有一些特殊政策适于克服初始运用结构化金融方法时的瓶颈，这样可以为更广泛地运用这些工具创造条件，未来也不必劳烦政府频繁出面。一国政府、公益人士或者其他公共投资者可以发挥一定的作用，主要途径包括：

- 提供技术援助以提高银行业务水平，并覆盖农业结构化金融交易的前期成本。
- （可能是暂时地）承担农业结构化金融交易中风险最大的部分。[①]

在农业金融领域更多地运用结构化金融工具的过程中，国内和国际的开发性金融机构可以扮演重要角色。这样的开发性金融机构具有对发展中国家和转型国家金融部门的详细认知，也了解其法律和监管环境，同时还在商业世界里面拥有名誉。他们拥有各种现成的银行产品，也理解银行风险。从这一情况出发，它们可以在农业结构化金融交易领域发挥重要作用，并成为政府支持的补充。

- 它们作为领先的投资者，在结构化风险承担方面扮演重要角色，可以更多地参与农业结构化金融交易。
- 由于它们具有促进发展的业务性质，因此相比商业投资者而言可以承担更高风险，比如持有夹心层证券，而将更高级层次的证券留给对风险更加敏感的投资者。

而且，开发性金融机构可以成为"诚实的破冰者"，与监管者一起克服法律监管方面的障碍，使得发展中国家和转型国家将农业结构化金融产品作为一个新的市场或者资产类别来看待。


### 参考文献

［1］AGRA（2010）Innovative Finance Program and the Impact Investing Fund for African Agriculture（IIFFAA）. Presentation, file produced 18 September 2010, www. ica. coop/

---

① 参见 Hartig（2011）。

africa/2010 – ruralfinance/agra – innovativefinance. pdf.

[2] Basu, S. (2005) Securitization and the Challenges Faced in Micro Finance. Center for Microfinance Research Working Paper Series, Institute for Financial Management and Research. www. ifmr. ac. in/pdf/workingpapers/2/Securitization. pdf.

[3] Bindu, A. , Sahasranaman, A. (2011) Structured Finance Approaches to Livelihood Projects inIndia. In: Köhn, D. (ed. ) Mobilising Capital for Emerging Markets. Heidelberg Dordrecht London New York: Springer, pp. 111 – 118.

[4] Christen, R. P. , Pearce, D. (2005) Managing Risks and Designing Products for Agricultural Microfinance: Features of an Emerging Model. GCAP Occasional Papers No. 11.

[5] CGAP/IFAD (2006) Emerging lessons in agricultural microfinance – Selected case studies.

[6] Chao – Beroff, R. (2013) Global Dynamics in Agricultural and Rural Economy, and its Effects on Rural Finance. In this volume.

[7] Conning, J. , Udry, C. (2007): Chapter 56. In: Evenson, R. E. , Pingali, P. (eds. ,) The Handbook of Agricultural Economics, Vol. 3: Agricultural Development: Farmers, Farm Production and Farm Markets. Amsterdam: North Holland (Elsevier), pp. 2857 – 2909.

[8] Doran, A. , et al. (2009) The Missing Middle in Agricultural Finance. Oxfam Research Report.

[9] Fabozzi, F. (2005) The Structured Finance Market: An Investor's Perspective. Financial Analysts Journal 61 (3) .

[10] Fabozzi, F. , et al. (2006) Introduction to Structured Finance Market. New Jersey.

[11] Fender, I. , Mitchell, J. (2005) Structured finance: complexity, risk and the use of ratings. BIS Quarterly Review. June 2005.

[12] Freedman, P. (2004) Designing Loan Guarantees to Spur Growth in Developing Countries. USAID.

[13] Glaubitt, K. , et al. (2008) Reducing barriers to Microfinance Investments: The Role of Structured Finance. In: Matthäus – Meyer, I. , von Pischke, J. D. (eds. ): New Partnerships for Innovation in Microfinance. Berlin Heidelberg: Springer, pp. 349 – 379.

［14］Gonzalez‑Vega, C. （1984） Cheap Agricultural Credit: Redistribution in Reverse. In: Adams, D. , Graham, D. , von Pischke, J. D. （eds. ） Undermining Rural Development with Cheap Credit. Boulder CO: Westview Press.

［15］Goodman, P. （2008） Raising MFI Equity Through Microfinance Investment Funds. Chapter 2. In: Matthäus‑Meyer, I. , von Pischke, J. D. （eds. ）: New Partnerships for Innovation in Microfinance. Berlin Heidelberg: Springer.

［16］Harper, M. （2007） Microfinance and farmers: Do they fit? In: Dichter, T. , Harper, M. （eds. ） What's Wrong with Microfinance. Bourton on Dunsmore: Practical Action Publishing, pp. 83 – 94.

［17］Hartig, P. （2011） The Role of Public and Private Investors for Structured Finance in Emerging Markets. In: Köhn, D. （ed. ） Mobilising Capital for Emerging Markets. Heidelberg Dordrecht London New York: Springer, pp. 29 – 40.

［18］Hüttenrauch, H. , Schneider, C. （2008） Securitization: A Funding Alternative for Microfinance Institutions. In: Matthäus – Meyer, I. , von Pischke, J. D. （eds. ）: New Partnerships for Innovation in Microfinance. Berlin Heidelberg: Springer.

［19］Jobst, A. A. （2006） Sovereign Securitization in Emerging Markets. Journal of Structured Finance 12 （3）. Available at SSRN: http: //ssrn. com/abstract = 929568.

［20］Köhn, D. , Jainzik, M. （2005） Microfinance Investment Funds – An Innovative Form of PPP to Foster the Commercialisation of Microfinance. In: Matthäus – Meyer, I. , von Pischke, J. D. （eds. ）: EU Accession – Financial Sector Opportunities and Challenges for Southeast Europe.

［21］Maurer, K. （2013） Where is the risk? Is agricultural banking really more difficult than other sectors? In this volume.

［22］Meagan, A. （2006） Microcredit and Agriculture: How to make it work.

［23］Meyer, R. L. （2013） Innovative Microfinance: Potential to serve rural markets sustainably. In this volume.

［24］Meyer, R. L. （2011）: Subsidies as an Instrument in Agricultural Finance: A Review, Joint Discussion Paper, World Bank, http: //siteresources. worldbank. org/INTARD/Resources/Subsidies_as_Intrument_AgFin. pdf.

［25］Miller, C. , et al. （2010）: Agricultural Investment Funds for Developing Countries. Rome: FAO.

[26] Miller, C., Jones, L. (2010): Agricultural Value Chain Finance. Bourton on Dunsmore: Practical Action Publishing.

[27] OECD (2009) Managing Risk in Agriculture: A Holistic Approach. Highlights.

[28] Quiros, R. (ed.) (2006) Agricultural Value Chain Finance. Summary of the FAO/ RUTA conference "Agricultural Value Chain Finance". Costa Rica.

[29] UNCTAD (2002) Farmers and Farmers' Associations in Developing Countries and their Use of Modern Financial Instruments. UNCTAD Secretariat.

[30] USAID (2008a) Finance in Value Chain Analysis – A Synthesis Paper. MicroReport No. 132.

[31] USAID (2008b) Credit Guarantees. Promoting Private Investment in Development. Year in Review.

[32] Winn, M., et al. (2009) The Use of Structured Finance instruments in Eastern Europe and Central Asia. FAO Agricultural Management, Marketing and Finance. Working Document 26. Rome.

[33] World Bank (2005) Managing agricultural production risk. Washington DC.

[34] World Bank (2008) World Development Report. Washington DC.

## 网页:

[1] Africa Agriculture and Trade Investment Fund (AATIF): http: //www. aatif. lu/.

[2] African Agriculture Fund: http: //www. phatisa. com/The_Fund_Manager/ AAF/.

[3] Alliance for a Green Revolution in Africa (AGRA): ttp: //www. agra – alliance. org/.

[4] Incofin: http: //www. incofin. be/static/en/what _ we _ do/for _ investors/ index. aspx.

[5] IFAD: http: //www. ifad. org.

[6] IFC: www. ifc. org/structuredfinance.

[7] Rabobank: http: //www. rabobank. com/guaranteefund.

[8] USAID/DCA: http: //www. usaid. gov.

# 第九章 发展中经济体推广农业保险的新方法

Joachim Herbold[①]

对农业发展而言，找到合适的风险管理工具至关重要。农业保险体系在这一过程中扮演了重要角色：它们针对自然灾害设计了结构化的风险覆盖方案，按照相关规定给农业部门提供赔偿。这样，它们可以充当农业贷款的抵押品，为投资构建起一张安全网。农业保险体系在最近几十年得到了成功推广，不过主要是在工业化国家才获得了快速发展。所有这些农业保险体系都基于公私部门的合作，因为只有这样才被证明是成功和可持续的，而单纯的私营或者国家组织的农业保险体系最终都失败了。本文阐述了为什么基于公私合营的农业保险体系在发展中国家和新兴市场也可以得到推广，同时分析了农业保险体系成功运营的关键要素。

世界农业面临的难题是要为逐渐增加的全球人口提供充足的高质量食品、原材料和能源。根据联合国粮食及农业组织（FAO）的资料，全球农业产品（食品、饲料、可循环的基础产品）在 2015 年以前根据需求每年应当增长 1·6%，2030 年以前需要每年增长 1.4%。[②]要满足这一增长速度，需要在农业领域进行更多的投资。[③]虽然较高的农产品价格可以适当弥补这些投资，但是金融机构也需要在满足融资要求和设计风险转移方案方面作出大量努力才行。

---

① 慕尼黑再保险公司资深农业保险商。
② 参见 BMELV（2008）。
③ 联合国粮食和农业组织在《如何在 2050 年满足世界粮食需要》中指出，发展中国家总体的年均净投资应当达到 830 亿美元，以便到 2050 年达到粮食生产增加 70% 的目标。

农业面临着一系列风险：政治风险、市场风险、污染风险①和自然风险②。没有其他产业像农业那样面临着这样多的自然风险。这是因为农业生产暴露在自然环境当中，高度依赖于灌溉的充足性和及时性，并且对病虫害十分敏感。通过特殊的管理措施③可以降低风险的影响程度，但却无法完全消除风险。

由于极端的天气事件造成的损失因此成为普遍现象，特别是在粮食和牧草的生产中更是如此。这些损失中的大部分（据估计，要达到70%~80%）或者是因为缺少降水，或者是因为过度潮湿（比如降雨或者洪水）。其他的问题则主要来自于霜冻、冰雹和风暴。由于恶劣的气候环境导致的粮食减产的精确数据只在个别国家才有统计，这些国家的农产品保险体系通常已经存在几十年了，比如美国或者加拿大（参见图1）。

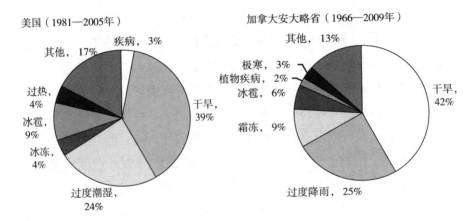

资料来源：Rain 和 Hail（2011）、Agricorp（2011）。

**图1 美国和加拿大安大略省 MPCI 项目中每种危害造成的损失**

① 基于生物基因因素（比如粮食中的真菌）、化学残留物质因素或者辐射等因素造成的污染。
② 自然风险包括气候的（比如干旱、过度降雨、洪水、冰雹、霜冻、极寒、风暴等）和生物的（比如疾病和害虫）风险。
③ 比如，精确选择耕种地点和种植种类、进行粮食轮作、实施土壤维护、施肥、进行病虫害管理、采取公共卫生措施等。

图 1 中的"其他"因素包括但不限于湿冷的气候、霜冻、风灾、洪水、冷冬、害虫、龙卷风、热风、灌溉失误、黄曲霉素毒素感染、野生动物伤害、腐蚀和火灾。

根据气候科学家的研究，气候变化在很多地区提高了天气模式的多变性，增加了极端气候事件发生的频率和严重性。这意味着世界上出现更多的炎热、干旱、洪水等现象，以及火灾、害虫和病菌感染等问题。相比其他地区而言，负面影响在低纬度国家更为严重。[①] 这使得这些国家特别依赖农业收入维持生计的农民可能遭受更多的额外损失。

发展中国家的小户农民特别容易受到影响。这主要是基于如下几种因素：

- 耕种更多地在易受影响的地区进行，比如条件不好的山地、不太适于耕种的土地等。
- 缺少资金条件来投资于风险控制措施，比如灌溉、排水、霜冻预防等。
- 很少能够获得贷款。
- 难以获得可以改进生产技术的要素投入，而这些技术能够降低风险影响。

相比气候风险而言，畜牧业更容易受到传染病的影响。在很大一片区域内传染病爆发的风险很高，这常常引起很大的经济损失。这种传染病的一个著名的例子是 2001 年发生在英国[②]和 2010—2011 年发生在韩国[③]的口

---

① 关于这一话题及气候变化对农业生产的影响，可以参见政府间气候变化专门委员会（IPCC，2007），也可参见 IAASTD（2009）、联合国粮食及农业组织（2009）。
② 世界范围内最严重的一次口蹄疫爆发。被屠宰的牲畜达 600 万（490 万只羊、70 万头牛、40 万头猪），农业和粮食产业链的损失达 36 亿欧元，政府对牲畜屠宰、丢弃和清洁的补偿及成本达 29 亿欧元（DEFRA，2004）。
③ 韩国最严重的一次口蹄疫爆发。2011 年 3 月 24 日，330 万头猪和 15 万头以上的牛被屠宰（Asiaone Health，2011）。

蹄疫（FMD），以及 2003 年以来发生在亚洲的禽流感。[①] 虽然这样高致损率的事件在相对较长的时间内才会发生一次，但是潜在的损失却是巨大的。

在很多发展中国家[②]，无论农场规模有多大，农民都普遍将粮食损失和传染病感染等风险留给了自己承担。他们的风险管理措施主要是使收入来源多样化，手段是种植多种类型的作物，以及养殖牲畜。他们几乎没有风险转移工具，这反过来限制了银行提供农业生产性贷款资金的可能性和适用范围。这种状况在过去十年间并没有因为小微金融和小微保险项目[③]的发展而发生改变。这样，小微金融和小微保险都没有深入到农业生产领域。并不让人感到奇怪的是，很多人并没有意识到农村小微金融/保险的目标是农村家庭，而不是特别关注作物种植或者牲畜养殖活动。因此，可持续的风险管理系统和工具（其中之一是农业保险）是未来农业发展策略以及气候改变应对策略的关键组成部分。

## 一、事前和事后的风险管理方法

当一个国家的农业发生较大的损失后，经常会向农民发放灾难补偿金。这些资金或者是通过一国政府，或者是通过类似于世界粮食计划署（WFP）那样的国际组织发放。这些事后补偿的缺点在于：

- 资金发放不精确，相对实际损失而言或者是进行了过度补偿或者是补偿不足。
- 发放资金的过程很长，由于补偿缓慢，农民可能错过接下来的生产季节，更差的可能性是直接损失了他们的资产。
- 类似于农村银行的贷款机构不接受其作为抵押品。

---

① 这些疾病的爆发是由 H5N1 亚型造成的。截至 2007 年 6 月，世界上有 62 个国家报告了鸟类身上携带 H5N1 病毒。在这些 H5N1 病毒爆发期，2.5 亿多只鸟死掉或者被杀死，受影响国家直接的经济损失超过 88 亿欧元（世界卫生组织、联合国粮食及农业组织均未标明时间）。

② 发展中经济体包括新兴市场和发展中国家。

③ 小微金融或小微保险指的是向低收入人群/企业提供的金融或保险，典型的社会或者商业保险项目一般不向其提供服务。

事后补偿通常基于某些政治考虑。它们多数不是由损失标准所驱动的，而往往依赖于外部环境因素，比如大选的时间或者出于政治和国际影响考虑。

由于具有这些缺点，很多政府、农民协会、金融机构和国际组织如今都在重新审视其风险管理方法，寻求农业领域的事前而不是事后的风险管理措施。这些事前方法包括：

- 农业保险体系

这一安排的优势在于农民在发生损失时有法定的求偿权，赔偿调解都会在保险单里面定义得非常清楚。而且，支付的程序很快，在资金困难时能够快速改善流动性。这一体系的结构和操作特征会在接下来的章节中详细讨论到。

- 基金方案

  ➤ 国营基金

  如今，国营基金更多地出现在牲畜养殖部门，以便在政府屠宰令发布时能够补偿这些牲畜的价值。前些时候，有些国家比如法国、希腊和以色列也建立了这种基金，以便在极端的气候条件下可以补偿农作物损失。参加这类基金是强制性的。它们通常最少有一部分是通过农业税费建立起来的，这些税费包括农业销售收入收费或者牲畜按头缴纳的税收等。剩余的部分由国家提供资金，或者是按年度投入资金，或者是当不利事件发生时向所在地提供资金。[1]

  在畜牧业部门，传染病发生时用这些资金来补偿牲畜的价值是非常重要且有用的工具。政府对传染病的控制通常是通过向受感染的周边农场下达牲畜屠宰令来实现的。[2]

---

① 参见 Gabber（2007），该文详细比较了欧盟中的传染病国家补偿体系。

② 比如，欧盟政府可能会下令屠宰疫病爆发点（检疫区）半径 3 公里以内的牲畜，并定义一个比如半径 10～20 公里的监视区，区内的牲畜和牲畜制品（比如牛奶）都不可移动出区。监视区的规模取决于传染病的特征。

　　然而，在作物种植领域，国家基金被证明并不适合，因为很难评估实际发生的作物损失到底有多少，这可能导致补偿过度或者补偿不足。另一个主要问题是在较大损失事件发生时会有延迟支付或者资金耗尽的现象。结果，基金方法通常被农作物保险方法所替代。

　　➤ 私营基金

　　这些基金建立的目的是应对特定作物种植部门或者牲畜养殖部门的某些特定灾害。私营基金一般是自愿参加的。典型的例子是荷兰的马铃薯和家禽产业扶助基金。①

● 保险和基金联合解决方案

　　在畜牧业部门，基金方法在管理传染病损失方面扮演了重要角色，基金的覆盖效果可以因自然灾害保险的加盟而得到改善。在更加发达的国家，国家级的传染病控制系统和立法非常完备，可以更好地整合这些解决方案。在病虫害爆发期，位于政府规定的检疫区之内的农场在"延长期"内所发生的损失可以得到补偿。②

在农作物保险领域，最开始阶段可以考虑将保险和基金方法结合起来，特别是，保险风险有高度的不确定性并且缺乏数据，从而造成实质性的障碍。数据或者损失经验比较充足的自然风险被归类为可保风险，并得到保险体系的覆盖。所有其他的风险由国家基金覆盖。保险覆盖和基金覆盖之间有强大的联系：只有参加农产品保险计划的保单持有者才可以就未保风险获得基金赔偿。参与保险计划的人可以支付额外的保费来参加基金，这样基金就可以获得资金来源。③ 在保险体系发展的进程中，更多的

---

　　① 马铃薯基金仅仅覆盖马铃薯环腐病、褐斑病、纺锤形块茎类病毒感染（PSTVd）。也可参见 Potatopol（2011）。家禽基金仅仅覆盖家禽养殖中的沙门氏病毒感染、鸡败血支原体病（MG）等疾病。也可参见 Avipol（2011）。

　　② 通常定义为建立检疫区之后的若干天（参见表1）。

　　③ 比如，葡萄牙就采取了这一方式。

风险可以由保险计划覆盖，基金可以逐渐解散。

　　事前风险管理方案通常是由政府或者政府机构主导推动建立的，它们希望避免灾难事件发生时追加额外的财政预算，并将结构化的风险管理方案视作农业发展战略的重要组成部分。然而，农业部门也可能是推动力量或者至少是强有力的支持者，这取决于它有组织的程度。由于农业部门缺乏贷款所需要的安全保证，因此没有风险转移机制也就难以获得农业融资。这也就是金融机构，特别是农业和农村银行常常致力于倡导建立农业保险系统的原因。

　　在保险行业，推动力往往来自于专业化的农业保险公司和拥有战略性涉农业务的再保险公司，但是只有在特定的结构化要求能够得到满足时才会产生这种推动力。虽然多条线的保险公司有潜在的商业利益，但有时候却可能漠视或者不愿意从事农业保险，因为它们在非农条线的传统业务模式和农业保险所需要的业务模式有着显著区别。① 而且，不是很多保险公司都有涉农战略性考虑而在农村地区设立网点。

## 二、建立农业保险的首要考虑：系统性视角在前，产品性视角在后

　　在讨论发展中国家的农业保险时，首先在产品层面寻找解决方案会造成误导。仅就市面上存在的相应保险产品而言，无论它是指数型保险产品还是以损失赔偿为基础的保险产品，农业领域缺乏合适的风险管理工具的问题都不能得到切实解决。这也就是过去几年间指数保险方案并没有解决发展中国家风险管理工具缺乏问题的原因。这一点并不必然和产品类型有关，而主要是因为没有建立起所有保险产品都需要的合适体系。换言之，在决定哪种保险产品更加合适之前，首先应该遵循系统性的方法。这样的系统性方法会建立起合适的法律、制度和组织框架，以便保险产品和其他风险管理工具都能够有效发挥其作用。

　　成功和可持续的农业保险体系由三种主要因素构成。

---

　　①　参见"系统性农业保险：农业保险体系的框架和结构化特点"部分。

- 框架和结构特征。
- 操作性特征。
- 创新。

只有当这三种因素都具备，并尽可能得到有效实施时，这个体系才会被利益相关者广泛接受，在财务上稳定并且可以持续。

### 三、系统性农业保险：农业保险体系的框架和结构化特点

可持续的农业保险体系的框架和结构化特点被 Munich Re 整体总结为"系统性农业保险"这一名称。[①] 其关键特征和核心成功要素在于：

- 能够适应农业生产部门异质性结构（比如大型、中型、小型农场以及不同类型农产品的生产）的能力，以及能够给它们都设计出适合各自特点的保险方案的能力。可持续的产品方案和能够使用最合适产品的技术是保险发挥作用的前提，能够合作提供延伸性服务会更好。

- 农业保险体系由公私合营模式组织并提供融资，参与方包括国家、农民和保险公司。[②] 这些利益相关者的角色分别是：

  ➤ 国家：构建法律和监管框架，将农业保险囊括在国家的保险政策当中，制定农业保险法律，共同分摊保险费用和管理成本，承担巨灾损失，监管农业保险体系运行。为保证保险体系的长期稳定发展，不同主体有必要在这些因素方面取得共识。提供保费补贴以及为巨灾损失提供国家再保险服务有助于使农民承担得起保险费，这样可以保证市场的渗透率较高，以及项目的稳定运行。

---

① 要获得更多信息，可参见 www.munichre.com/systemagro。

② 传统上，农业保险或者是由保险公司私下提供而没有政府参与，或者是由政府单独组织。1990 年之前，在社会主义国家（包括苏联、中国、蒙古和民主德国）国营保险非常普遍，通常是强制保险（Wildermuth，1998）。对比而言，私营保险主要存在于市场经济国家。然而，1980 年之前，即使是美国也有国营农业保险体系，后来才转化为公私合营体系。由于形势需要复杂的多险种保险，单纯的私人保险或者国营保险都不太合适，因此公私合营模式成为这个领域发展的前沿。私营保险仅在那种单险种保险（比如冰雹险）盛行的国家存在。

在发展中国家，有时国家的财力还不够强大，有些任务需要由国际组织来承担。在国家层面，农业部和财政部通常会干预农业生产。

➤ 农民：通过支付保险费来为风险转移机制提供部分资金，以免赔额的形式自留部分风险，或者在指数保险产品上承担基点风险。通过谨慎选择耕种地点并采用可持续的生产措施和技术来使生产风险最小化。

➤ 保险/再保险业：风险的承担者负责保险单的推销和管理、资产组合管理和新产品开发，并进行损失校正。特别是在发展中经济体当中，直接保险公司往往缺少风险资本，再保险方面的安排对维持保险公司运营所必需的利差水平来说就很重要。在解决所需的风险资本之外，再保险公司通常在全球运营，可以提供技术和国际经验来帮助建立和管理农业保险体系。

- 在合作保险池的业务形式下，所有的保单提供者和风险承担者可以构成一个联合市场（保险池）。这样的保险池会通盘考虑一国或者几国（比较小的国家）的农作物风险，使得风险的分散程度更好。在这一联合保险市场方案下，整个市场的保险条款都是一致的，保险条件在技术上可行，如果合适的历史数据可用，还可以进行精算。这些统一的条款获得国家准许，因此所有的保单提供者都必须使用。这是保证联合保险体系可持续性的重要因素。

- 保险业共同运营一家中央技术实体，它聚揽了一批技术人才，维护巨量数据库，并进行损失校正工作。[1]

- 系统还整合了金融机构以及农业投入、产出和外延服务提供商（包括合作社），以便可以用合理的成本来推销保险产品。[2]

[1] 参见"农业保险体系的操作特征：损失管理和损失校正/管控"部分。
[2] 参见"农业保险体系的操作特征：营销"部分。

#### 四、农业保险体系的操作特征

如果如上文所述的农业保险体系框架已经建立起来了，那么我们还需要讨论一下一系列操作性特征。上面提到，这些任务最好由一家中央技术实体来承担。它也是将全国的专家和经验结合起来的最好方式。然而，特别是在发展中国家，这样高质量的人才非常缺乏，使之成为最关键也最有局限性的因素，特别是在刚刚起步的阶段更是如此。为了减轻这些限制的影响，建议可以签订一个国际合作协议，与那些已经建立起农业保险体系的国家合作，或者与经管总代理机构（MGAs）来共同运营这些体系。

##### （一）保险产品与天气触发型保单被高估了的潜力

农业保险体系要求有一系列合适的保险产品来覆盖国内常见的不同农业生产（比如粮食、牧草、牲畜生产等）部门和作物种类。保险产品能够适应国内农业部门的发展阶段以及结构性差异（比如大型、中型、小型农场及其不同的收入水平）是非常重要的。表1描述了具有不同内涵的多种产品。如果保单覆盖了几种风险，它们应当被打成一个包来共同承保，这意味着保险公司不能挑选出特定类型的风险来单独承保。这里描述的每种产品都有其优势和劣势。因此，挑选保险产品时应当考虑一国常见的风险和产品特征，以及农民和银行部门的需求。

尽管如此，在过去几年间，发展中经济体对农作物保险的讨论主要集中在气象触发理赔的指数型保险上（天气触发型保单）。这些保险产品的地位被拔高到解决问题的灵丹妙药上。很多倡导小微保险的国际组织和非政府机构都在秉持这一观点。事实上，单独任何一个保险产品都不能成为解决整个问题的办法[1]，同时这个保险产品本身也有大量的缺点被忽略掉了。

---

[1] 参见"建立农业保险的首要考虑：系统性视角在前，产品性视角在后"部分。

表1

农业保险产品概览

作物保险

| 产品类型 | 保险保障范围 | 保险覆盖的灾害 | 损失校正 | 优势 | 劣势 | 应用 |
|---|---|---|---|---|---|---|
| 直接损失保险<br>• 固定保额保险<br>• 变动保额保险 | 保险覆盖的金额为预期产量乘以产品价格。同时，规定了明确的免赔额（保险金额的一定百分比），以便消除难以精确估计的小额损失 | 单一灾害，规定了灾害的名称（比如冰雹、火灾、霜冻） | 在损失事件发生前，损失被预估为一定产量的一定百分比；对每种作物都需要有评估方法 | 在一定的范围内，被保障的金额是明确的；损失校正工作是在损失百分比的基础上进行的 | 需要进行现场损失认定 | 最主要的产品是冰雹保险。对不面临干旱风险的作物（比如一些特种作物）和有质量保障的作物来说，是优选的保险方案 |
| 产量保证保险<br>• 地区产量保证保险<br>• 个人产量保证保险 | 保险覆盖的金额为一个地区或个人历史上的产量乘以产品价格的一定百分比（比如70%） | 所有的气候风险打包承保；在更发达的市场上，还包括不可整治的害虫和疾病 | 要确认损失事件发生后产地收成还有多少产量 | 产量损失和赔付之间有高度的相关性；所有的气候风险都包括在内 | 如果没有可靠的个体产量记录，则产量保证程度难以精确确认定；个体定损需要产量估计产量记录 | 在多种风险来源型农作物保险（MPCI）项目中，标准保险产品面向谷物、油料作物和块茎类作物 |
| 指数型保险 | 赔付额基于一个预先设定的触发值，该触发值与被保标的的实际损失并不直接相关 | | 无须现场的个体损失认定 | 无须评估损失，因此操作成本较低 | 包含基点风险；开发成本较高（除非产量触发指标指向某些产量指标指向地区） | 如果直接损失保险和产量保证保险不可用，那么对地区产量的保险来说是首选的保险产品 |

续表

| 产品类型 | 保险保障范围 | 保险覆盖的灾害 | 损失校正 | 优势 | 劣势 | 应用 |
|---|---|---|---|---|---|---|
| • 气象触发型指数保险 | | 仅包括1~2个预定的灾害 | | | | 印度（地区降雨量）、加拿大（玉米受热程度），一些发展中国家的试点项目（参见HAZELL等，2010以及HELL-MUTH等，2009） |
| • 地区产量触发型指数保险 ——基于官方地区产量数据 ——对现场实际产量进行随机抽样 | | 所有的气候风险打包承保 | | | | 印度、美国 |
| • 植被指数（远程感知）型保险 | | 仅为间接的 | | | | 对耕种作物尚不适用 |
| • 考量作物生产模型中多种因素的保险 | | 仅限于所选的灾害 | | | | 试验阶段 |

227 — 第九章 发展中经济体推广农业保险的新方法

牧场保险

| 产品类型 | 保险保障范围 | 保险覆盖的灾害 | 损失校正 | 优势 | 劣势 | 应用 |
| --- | --- | --- | --- | --- | --- | --- |
| 指数型保险 | 保险保障基于预设的触发指标，该指标与被保险标的的实际损失并不直接相关 | | 不进行现场的个体损失认定 | 无须损失认定，因此操作成本较低 | 包含基点风险；开发成本较高（除非那些产量触发指标指向的地区） | 加拿大、美国 |
| • 气象触发型保险 | | 1～2个所选定的灾害 | | | | |
| • 植被指数（远程感知）型保险 | | 仅仅是间接的 | | | | 加拿大、美国、西班牙 |

资料来源：AFSC，2011；RMA，2011。

牲畜保险

| 产品类型 | 保险保障范围 | 保险覆盖的灾害 | 损失校正 | 优势 | 劣势 | 应用 |
| --- | --- | --- | --- | --- | --- | --- |
| 单只动物保险 | 单只动物按照市场价值保险，通常会有20%的免赔额（损失抵扣额），以便降低道德风险 | 死亡风险、疾病风险、使用价值损失风险 | 必要时需由兽医对每笔损失进行核实 | 每一只动物被单独保险；也适合小规模养殖的情形 | 较高的交易成本；每只动物都要打上标记；相对较高的保险费率 | 对高价值动物（比如种畜）特别适合，不适合普通性畜饲养业务；以前非常常用，但是逐渐被种群保险产品所替代 |

续表

| 产品类型 | 保险保障范围 | 保险覆盖的灾害 | 损失校正 | 优势 | 劣势 | 应用 |
|---|---|---|---|---|---|---|
| 种群保险 | 一个种群内的所有动物（无论年龄、雌雄、用途）都得到保险。免赔额（超过正常死亡率）适用于整个种群，每一事件进行各自定义 | 死亡风险和疾病风险 | 只有在免赔额之上的损失事件才得到认定 | 相对较低的交易成本；较易理解的保险保障范围的概念 | 需要一定的养殖规模 | 适用于有一定规模的全部商业性畜养殖业务 |
| 业务中断保险 | 覆盖由于家畜流行病爆发导致业务中断带来的损失。赔偿通常为一个阶段的一笔总额。免赔额体现为建立隔离检疫区后的一段期间 | 政府颁布屠宰令，公共主管部门建立隔离险疫区 | 根据政府部门采取措施期间的决策认定 | 缩小了损失 | 需要有效的国家畜流行病控制体系和立法；仅为国家屠宰性畜赔偿的补充 | 仅适用于家畜养殖部门发达的国家以及畜流行病控制和立法完备的国家 |
| 指数型保险 | | | 没有个体的损失认定 | 不必认定损失，因此操作成本较低 | 包含基点风险；较高的开发成本 | |

续表

| 产品类型 | 保险保障范围 | 保险覆盖的灾害 | 损失校正 | 优势 | 劣势 | 应用 |
|---|---|---|---|---|---|---|
| • 依据牲畜死亡率计量的保险 | 基于每个地区单位（如某个区）牲畜物种死亡率进行赔偿 | 间接覆盖所有风险 |  |  |  | 蒙古国 |
| • 基于植被指数的保险 | 植被指数（比如NDVI）可用于表明可放牧牲畜的草场状况。NDVI指数和观察到的牲畜死亡率需用统计方法找出关联关系 | 间接覆盖，仅覆盖和植被被有关的风险 |  |  | 如果牲畜死亡的主要原因是干旱风险则更加适用 | 肯尼亚（试行） |

资料来源：（指数保险）：MUDE等，2010和LUXBACHER等，2011。

- 当在一定的时间段内某一特定的气象指标数值（比如降雨量）没有被达到或者超过时，这些保险单就要支付赔偿金，而无论实际产量如何。问题在于触发值和实际产量之间只有相对较低的关联度（低至60%）。这给面对特定风险的单个农民留下了巨大的基点风险。

留下基点风险的另一个原因是产品仅覆盖一种，至多两种自然灾害。

上面提到的基点风险会导致农民可能遭遇了严重的产量损失，但却没有获得保单赔偿，这种结果是灾难性的，对农民和保险业来说都是如此，因为这种结局使涉农保险工具失去了农民和国家选票的信任，接受度大大下降。

- 对基础设施的要求较为严格。整个地区都必须设置气象观测站，气象指标数值需要受到密切监测，并防止被人为篡改。这些要求并非总能得到满足，因而降低了承保业务的精确程度，增加了基点风险。
- 保单难以获得客户的理解，尤其是小户农民通常看不懂，因为保单覆盖风险的实际机制非常复杂。比如，小户农民可能不清楚他们要获得足够理想的收成到底需要多少毫米的降水量才行。
- 因此，农民需要气象触发型保单的程度比倡导者所设想的可能性要低得多。

这并不意味着这些产品不会在农业部门的风险转移过程中扮演重要角色。然而，从个别农场的视角看，仅有牧草生产比较适合使用指数型保险产品[1]，气象触发赔偿的保险产品的潜在覆盖能力可能更多地可以从总量角度观察，而不是出于个别农场的角度。相比对单个农场的益处而言，这一覆盖的益处更多地偏向宏观维度，比如可以覆盖农作物信贷资产组合或者一个农业合作社的资产组合。在这种情况下，基点风险可以被宏观加总的过程所对冲吸收。但是，我们仍然要考虑在损失事件发生时，赔偿金该

---

① 要了解加拿大和美国保险产品的更多信息，可参见 AFSC（2011）和 RMA（2011）。

如何分配给个体贷款者或者合作社成员的问题，也就是赋予他们适合各自情况的风险覆盖能力。在任何情况下，总量维度的风险覆盖都必然面临这一问题，并需要规定合适的程序和义务来给个人提供补偿。

为了覆盖发展中经济体特定环境下的个体农户风险，一些产品比如地区产量指数保险可能是一个具有吸引力的选择。它也适合于小户农民，前提要求是在这一地区不同地块的产量潜力具有同质性，因为这样可以覆盖某一特定作物（主要指一年生作物，比如说谷物）的地区平均产量的一定百分比（比如 70% 或者 80%），而无论个别农场的产量如何。如果地区内的实际产量低于既定产量，保险公司就会根据缺口（实际产量和既定产量之间的差额）来支付赔偿金。传统上，地区实际产量数据来源于收获季节后政府部门的记录。收集这一数据的时间相对较长，导致赔偿金的支付也有较长时间的延迟。近期，使用下面的替代方法也是可行的。

- 从被保险地带随机抽取一些地块来进行产量评估。
- 使用远程感知技术（与"创新"部分相区别）。

在发达的生产体系和条件下，以及针对大中规模的农场，可以考虑下面的保险产品。

- 产出保证保险，可覆盖一年生作物比如谷物、油料作物、根茎作物等的种植风险。要调节这类保险的保证程度，有两种方法可选：一个地区平均产量的一定比例（比如 70%），或者被保险地点自身产量的历史数据。所考虑的时间范围应当长达 5 ~ 10 年。为了避免逆向选择，应当要求所有种植同种作物的地块都必须投保。
- 以损失为基础的保险产品，特别是对特殊作物，比如酿酒葡萄、水果和蔬菜更为适用。由于这些作物的干旱风险通常比较有限，可以考虑仅选择性地承保部分灾害。① 发达国家和国际市场所需要的水果、蔬菜产品不仅要求保证数量，还要求保证质量，这些都

---

① 比如火灾、冰雹、霜冻等。然而，如果仅有几种灾害被承保，它们是打包承保而非选择性承保的。同样，所有种植同种作物的地块都需要投保。

需要承保。

**（二）资产组合管理和承保**

资产组合管理和承保是农业保险体系成功运营的关键要素。这需要高水平的专家人才和经验积累。由于可靠的历史数据十分稀缺，在不确定的标准基础上作出决策是非常普遍的现象，因此经验和知识水平都极端重要。

在构建农业保险体系的起步阶段，需要特别注意建立起横跨不同生产区域、生产部门和作物品种的平衡性资产组合。建议开始时只承保最重要产区的最主要作物，而把那些暂时难以承保的特殊作物和特殊地区留待以后再开展业务。

然而，国际组织和非政府组织（NGOs）经常使用另一种方法：关注特定区域特殊作物的试点项目。这可以理解，因为从公益人士的视角看，这些试点项目可以在有限的预算下推进，并且资金投放只需要局限在一个特定时期。然而，将这些试点项目推广到全国层面所有重要产区主要作物的时候常常招致失败。通常而言，并不建议采取这一模式。

承保农业风险是个挑战，主要是因为缺乏可靠的历史数据和风险暴露数据，农业保险方面以前积累的经验也不足。以赔偿为基础的保险产品或者产量保证保险产品通常会使用历史损失数据来计算保费率，也就是说，很多保险费率不能按照精算方法来计算，因此，它们就需要从风险暴露数据中得出，或者根据其他国家相似区域的数据或者其他作物的数据对比来得出。然而，这个过程中包含的不确定性很大，如果有一个规模很大并且分散化的资产组合，这些不确定性就比较容易管理。

在承保农业风险时考虑天气预报和气象学方面取得的整体进步是至关重要的，这包括两个方面。

- 近年来，天气预报的水平获得了长足的进步，能够得到可靠天气预报数据的时间区段大大延长，并且这一趋势还会持续下去。为了防止选择性地购买保险，承保模式需要得到调整，比如延长霜冻、过量降雨和洪水等风险的承保等待期①，以及将销售截止日期②提前。

- 厄尔尼诺/南方涛动现象（ENSO）的研究在过去十年间取得重大进展，学术界在厄尔尼诺现象和地区影响间建立了统计联系。③ 由于这些统计联系和季节性气候预报的进步，在特定地理区域的一些天气模式可以得到较为确定的预测。④

结果，保险需求的可能性受到相关天气预报进步的影响很大。为了避免逆向选择，并保证保险公司长期维持较为平衡的资产组合，在厄尔尼诺现象相关影响较大的国家推行多年期直接保险项目就十分重要。

（三）保险营销

对农业保险产品进行成本可控的营销是一个挑战，因为客户在地理区域上分布广泛，因此很难以合理的成本开拓这一市场。如果被保险资产的价值相对较低，比如小户农民就是如此，那么问题就会更加严重。这一挑战和所提供的保险产品种类无关。

在工业化国家，保险营销工作主要通过直接的保险经纪人和代理人来

---

① 等待期指签发保险单和保单保障生效日期之间的间隔期间。

② 销售截止日期指截止销售保单的日期。销售截止日期对所有承保干旱风险的保单来说都非常重要。

③ 最普遍应用的指数是南方涛动指数（SOI），其他的包括 NOAA 的海洋尼诺指数（ONI）以及日本的气象机构指数（JMA）。

④ 厄尔尼诺现象，12 月到 2 月：

- 澳大利亚：全国大部分地区的降水量低于平均水平，特别是北部、西部和东北地区。干旱风险增加。
- 南美：厄瓜多尔和秘鲁部分地区的降水量超过平均水平，过度降雨和洪灾风险增大；哥伦比亚大部分地区、巴西北部和智利的降水量低于正常水平。
- 非洲：南非大部分地区的降水概率低于正常水平。

拉尼娜现象，12 月到 2 月：

- 澳大利亚：全国大部分地区的降水量超过正常水平，特别是在东部地区和北部地区。洪涝灾害的风险可能性增加。干旱风险较低。
- 南美：在阿根廷中西部地区和巴西东部比平常更加干旱的天气条件。这些地区的干旱风险增加。厄瓜多尔北部、巴塔哥尼亚和智利南部等南美地区的降水量超过正常水平。重大洪涝灾害和山体滑坡的风险增加。
- 非洲：南非大部分地区超过正常水平的降水概率增大，提高了洪灾风险。

（Faust，2011）。

开展。在发展中经济体，这样的营销过程成本太高，因此其他营销渠道更占主流地位。最重要的渠道是目前的农村和农业银行，它们在农村地区有较好的网点分布，并通过信贷业务和当地农民建立起了联系。为了推广农业保险，利用这些现成的业务基础是很理智的选择，无论是将农业金融以及保险业务打包提供给农民，还是通过降低利率作为激励来推广打包选择都可以。

然而，其他的分销渠道也有未曾开发探索到的潜力，特别是投入和产出品销售服务商（比如，仓库公司、农产品贸易商等）、延伸服务提供商、合作社和小微金融机构。为了给不同的目标群体提供成本合理的农业保险产品，可以联合使用这些渠道。

由于农业保险的背后隐含了大量的服务，因此很难说那些替代性的分销渠道，比如通过互联网和手机网络来出售保险产品，是否真的能够取得成功。①

（四）损失管理和损失校正

质量保险需要及时对农民的求偿要求作出赔付，以便保证农民获得足够的资金流动性。为了达到这一目标，需要建立有效的损失管理程序。

而且，涉农保险业务在大多数情况下还需要一个损失校正网络。这对要求在农田里评估损失的所有保险产品（参见表1）都很必要，在牲畜保险的案例中也需要一定的损失核实校正机制。只有特定的指数型产品，比如基于气象触发值的指数保险才能够在没有损失核实校正机制的前提下正常运作。不过，地区间也需要建立高质量的人员队伍，以便维护和监督天气观测站。

---

① 然而，这些技术可以用在保险费收取或者求偿支付方面（参见"经管和数据管理"部分）。

高质量损失核实校正网络的中坚力量是一个专家团队，其中的专业人员需要拥有特殊农业经济学、损失评估和保险业的相关知识。① 对特定农作物灾害甚至某些被保险灾害设置专业的损失核实校正员是保险公司常见的做法。为使工作成果具有一致性和可核实性，损失核实校正员需要细心地设计损失核实校正的方法和程序。② 在直接损失保险的成功案例中，要想设计出这些方法，就需要针对不同的农作物品种进行模拟损害的田间科学试验。损失调整会带来大量成本，然而现代技术及其未来的发展进步能够降低成本，并带来新的应用和进展。③

（五）经营管理和数据管理

合适的 IT 系统是有效经营管理的支柱，经营管理的主要内容包括特别条件保单的出具、保险费收取、损失赔偿支付、数据管理、地方分支机构管控和政府机构沟通等。在过去十年间，有些国家在考虑了农业保险特殊要求和国别特征的基础上建立起了这种 IT 系统。相比从零开始开发而言，通过签订认证协议来使用这些系统能够更好地节约成本。在任何情况下，保险公司所使用的 IT 系统都需要包含一个设计精巧的数据库，以便收集和储存所有重要的承保和损失数据。随着时间的推移，这样一个数据库便会发展成为无价的资产，它能够夯实技术基础，使得产品开发、承保和费用计算得以顺利进行。

为了减少经营管理工作，保险公司如能使用政府机构关于个体农民及其农产品种植区域和产量的官方数据的话，其前景将会更好。

五、创新：在所有发展阶段中的推动力

成功的农业保险体系总是会变化的，特别是在操作运营领域的变化更加明显。虽然结构化因素通常一旦建立起来就会相对稳定，但它们也需要

---

① 这一服务通常由独立的第三方专家收费提供。管理田间损失核实校正员的地区合作网络或者是独立运行的，或者是按合同运作的。

② 这类原则的例子可参见 MAPA。

③ 参见"创新：在所有发展阶段中的推动力"部分。

不时地加以调整或者优化。

农业保险体系近几十年的发展包括：

- 从选择部分生产部门承保拓展到适用于所有重要部门。
- 从选择部分气候风险承保拓展到适用于所有的气候和自然风险。
- 从非个性化保险产品（例如指数型保险产品）拓展到个性化保险产品。
- 从选择重要作物类型，主要是谷物和油料作物来承保其数量损失，拓展到保单面向所有的农作物，也包括特殊农产品，同时还承保其质量损失。

为了改进农业保险体系，使它们持续适应农业部门的变革，并提高效率，需要进行不时的创新变革。承保、产品开发和损失核实校正等方面是创新工作最重要的目标领域。

技术在创新中扮演了重要角色。引领未来发展最关键的技术包括：

- 地理坐标参考系和地理信息系统（GIS）：使用 GIS 系统收集被保地块的地理坐标参考系数据并加以处理，对未来进行保单承保、损失核实校正、累积控制、资产组合管理、费率计算和远程感知技术应用等工作非常重要。
- 远程感知技术①：如今，远程感知技术在农业上的应用发展非常迅速，比如在地块定位、产出估计、损失事件及植被状况评估等方面的活动都可以改进农作物保险和其他风险管理工具的使用。

使用远程感知技术的一个关键因素是正确分辨作物的种类，并准确判断产量。据估计，在不远的将来，这将首先在一个地区的谷物、油料作物及块茎作物上实现；接下来，这一技术可能应用在确定实际地区产量方面，从而可以让保险公司提供地区—产量保险产品。下一步，对单个地块

---

① 远程感知技术使用航空传感技术来探测和区分地球上的目标。它记录了电磁光谱中的紫外线、可见光、红外线和微波区域，使用的设备包括照相机、探测仪、镭射光和直线式天线阵等。这些设备位于飞行器或者空间飞行器（比如人造卫星）上。人们可以用可见影像及数字影像来对所获得的信息进行分析（ISU）。

产量进行可靠判断的目标将可以达到。如果这真的能实现，那么以个别产量为基础的保险产品就将可以提供给小户农民了。

而且，使用远程感知植被指标的保险产品会得到长足发展，特别是针对如牧草等外延型农业生产品种的保险产品来说更是如此。

远程感知技术在评估大额损失事件的时候也可以扮演重要角色①，以便可以推进损失核实校正方面的合作行动，以及开展国内外食品和灾难事件援助。

- 自动产量记录：在世界很多地方，联合收割机配备自动产量记录仪以及 GIS 地理信息系统已经成为通用技术。在保险应用方面，准确记录产量及相关地块的地理坐标非常重要，这一记录需要避免受到干扰和篡改。这样，这些记录才能成为被保险产品索赔的可靠产量依据。自动产量记录技术和可靠的数据传输技术的未来进步可以使这种技术更多地应用于产量保证型保险产品，并有助于提高产量评估的准确性，以及降低损失核实校正的费用。②

### 六、现状和前景

过去 10 年间，在几个新兴经济体中农业保险体系得到了开发和应用。据估计，2010 年，在全世界大约 125 亿欧元的农业保险费中，新兴经济体有 25 亿欧元，或者说占 20% 的比例。③ 这一巨额保险费中，据估计，93% 都来自于农作物保险。表 2 列举了所选农业保险体系的关键特征，它们全都是通过公私合营的模式进行组织的。这些农业保险体系对农民来说至今都是很重要的风险管理工具。然而，市场占有率还不让人满意，未来还需要努力通过产品开发和结构化改进等手段来改进市场占有情况。这一过程可以通过新型精准技术的应用来加以推进。

---

① 比如，雷达远程感知技术能够相对准确地监测洪泛区；通过监测特定地区洪水泛滥的持续时间，可以评估产量的损失。

② 这一技术主要在机械化收割的大中型农场有用。不过，它也可以用在小型农场的租用收割机上。

③ 在美国，这一数字中的 48% 都是农作物保险收取的费用。

**表 2　新兴市场国家农业保险体系的比较（2010 年以来的数据）**

| | 巴西 | 中国 | 印度（2009/2010 年以来的数据） | 墨西哥 |
|---|---|---|---|---|
| 耕地面积（百万公顷） | 39.6（仅限大豆、玉米和小麦） | 121.7* | 145.0* | 21.8 |
| 被保险作物面积（百万公顷） | 4.8 | 45.3（森林 3200 万公顷） | 37.2（91% 适用 NAIS 地区指数，9% 适用 WBCIS 天气指数） | 2.4 |
| 作物保险市场渗透度（%，按面积计算） | 12（大豆、玉米和小麦） | 37 | 26 | 11 |
| 被保险农民的数量（户） | 43 177 | 1.4 亿 | 2 600 万（91% 适用 NAIS 地区指数，9% 适用 WBCIS 天气指数） | |
| 市场保费（百万欧元） | 160.9 | 1505.9 | 326.3 | 136.8 |
| • 作物保险 | 158.0 | 1197.8 | 260.5（71% 适用 NAIS 地区指数，29% 适用 WBCIS 天气指数） | 105.5 |
| • 牲畜保险 | 0.8 | 271.4 | 65.8（牲畜及其他） | 31.3 |
| • 森林植被保险 | 2.1 | 36.7 | | |
| 保费补贴 | 8700 万欧元或者 54% | 11.454 亿欧元或者 75% | | 5750 万欧元或者 42% |
| • 作物保险 | | | 平均 5910 万欧元或者 23%（7% 适用 NAIS 地区指数，63% 适用 WBCIS 天气指数）；总保费补贴中的 22% 指向 NAIS，78% 指向 WBCIS | 4370 万欧元或者 41% |
| • 牲畜保险 | | | | 1380 万欧元或者 44% |

| | 巴西 | 中国 | 印度（2009/2010 年以来的数据） | 墨西哥 |
|---|---|---|---|---|
| 国家再保险 | 目前没有；正在开发巨灾保障基金 | 在省级范围内组织；省域通常已经建立起额外损失安排或者巨灾风险基金 | 对第一类作物 100% 左右；对第二类作物 150% 左右 | 主要保险形式是集合合作保险互助基金，私人公司没有国家再保险 |
| 作物保险产品类型 | ● 产量保障保险（地区产量的 50%、60% 或 70%）<br>● 直接损失保险 | ● 产量保障保险 | 指数保障产品：主要区域产量保障覆盖率为 60%～90%；自 2007 年开始也使用了天气指数（WB-CIS） | ● 直接损失保险<br>● 产量保障保险 |
| 主要被保险作物种类 | 大豆、玉米、小麦 | 大米、小麦、玉米、大豆、棉花、油菜、水果 | 粮食作物和油料作物（第一类）和一年生经济/园艺作物（第二类） | 玉米、小麦、高粱 |
| 推行时间 | 2006 年 | 2007 年（现行模式） | 1985 年（自 2007 年开始使用牲畜和天气指数） | 1990 年 |
| 说明 | ● 没有统一的格式和条件 | ● 在过去几儿年中显著增长（2007 年保费 5.75 亿欧元，2010 年保费 15.06 亿欧元）<br>● 正在制定相关保险法律 | ● NAIS 费率并非在精算基础上设定，因此整体技术呈不平衡状态<br>● 国家主要通过损失赔偿支付来补贴该系统（比如 2009/2010 年 4.62 亿欧元或者保费的 182%）<br>● 所有农民都有覆盖；贷款者需强制参与保险 | ● 集合合作保险互助基金的市场份额较高（占保费的 65% 和补贴的 66.4%）<br>● 没有统一的格式和条件<br>● 2011 年 2 月 3 日的霜冻事件导致被保险的损失，超过 100 万公顷作物的损失，经保险的损失计为 2 亿欧元，经济损失达 26.3 亿欧元 |

注：中国和印度的耕地面积大约分别为 1.7 万公顷和 1.9 万公顷，这是因为公顷是一年两次或者三次轮作的。

资料来源：MELLO，2011；CIRC，2011；IRDA，2010；AIC，2010；RAO，2010；DADF，2011；PEREZ，2011。

可以预料的是，其他国家也会仿效先进案例，来开发它们自己的农业保险体系，以适应它们自身农业部门的特征和需要。它们的努力会受益于过去几十年间世界范围内建立和管理农业保险体系的经验，这将使得它们未来发展得更加快速，并能够节约大量成本。

汇率：1 欧元相当于 1. 3687 美元、2. 2806 巴西里尔、0. 85434 英镑、61. 9428 印度卢比、16. 5109 墨西哥比索、9. 0098 元人民币。

## 参考文献

［1］ AFSC （ Agriculture Financial Services Corporation ）, http：//www. afsc. ca/ Default. aspx？ cid = 984&lang = 1.

［2］ Agricorp (2011) Personal correspondence. Guelph, Ontario, Canada. 17. 05. 2011.

［3］ AIC （Agriculture Insurance Company of India Limited） （2010） Annual Report 2009 - 2010, New Delhi.

［4］ Asiaone Health, http：//health. asiaone. com/Health/News/ Story/ - A1Story 20110324 - 269907. html.

［5］ Avipol：www. avipol. nl.

［6］ BMELV （Bundesministerium für Ernährung, Landwirtschaft und Verbraucher-schutz） （2008） Globale Ernährungssicherung durch nachhaltige Entwicklung und Agrar-wirtschaft, Positionspapier vom 28. Mai 2008. http：//www. bmelv. de/ SharedDocs/Standar-dartikel/ Europa - Internationales/Welternaehrung - FAO/Welternaehrung. html？ nn = 310370.

［7］ CIRC （China Insurance Regulatory Commission）, http：//www. circ. gov. cn/tab-id/106/InfoID/161693/frtid/3871/Default. aspx.

［8］ DADF （Department of Animal Husbandry, Dairying and Fisheries）, Ministry of Agriculture, Government of India, http：//dahd. nic. in.

［9］ DEFRA （Department for Environment, Food and Rural Affairs） （2004） Animal Health and Welfare. FMD Data Archive, London, UK, http：//footandmouth. csl. gov. uk （19. 03. 2004） .

［10］ FAO （Food and Agriculture Organization of the United Nations） （2009） How to Feed the World in 2050. Rome, Italy.

［11］FAO（Food and Agriculture Organization of the United Nations），Animal Produc-tion and Health Division：Understanding Avian Influenza，Chapter 1（Introduction），http：// www. fao. org/ avianflu/documents/key_ai/key_book_ch1. htm.

［12］Faust，E.（2011）Personal correspondence. Munich Re. 13. 04. 2011.

［13］Gabber，S.（2007）Compensation of Epizootic Diseases in the European Union – A comparison of national compensation systems. Internal publication of Munich Re，Munich.

［14］Hazell，P. ，Anderson，J. ，Balzer，N. ，Hastrup Clemmensen，A. ，Hess，U. ，Rispoli，F.（2010）Potential for scale and sustainability in weather index insurance for agri-culture and rural livelihoods. Rome：International Fund for Agricultural Development and World Food Programme.

［15］Hellmuth，M. E. ，Osgood，D. E. ，Hess，U. ，Moorhead，A. ，Bhojwani，H.（eds.）（2009）.

［16］Index insurance and climate risk：Prospects for development and disaster manage-ment. Climate and Society No. r. New York：International Research Institute for Climate and Society（IRI），Columbia University.

［17］McIntyre，B. D. ，Herren，H. ，Wakhungu，J. ，Watson，R. T.（eds.）（2009）Agriculture at a cross road，Synthesis report. IAASTD（International assessment of agricultural knowledge，science and technology for development），p. 8.

［18］Parry，M. L. ，Canziani，O. F. ，Palutikof，J. P. ，van der Linden P. J. ，Hanson，C. E.（eds.）（2007）Climate Change 2007：Impacts，Adaptation and Vulnerability. IPPC（Intergovernmental Panel of Climate Change）. Cambridge：Cambridge University Press.

［19］Easterling，W. E. ，Aggarwal，P. K. ，Batima，P. ，Brander，K. M. ，Erda，L. ，Howden，S. M. ，Kirilenko，A. ，Morton，J. ，Soussana，J. – F. ，Schmidhuber，J. ，Tubiel-lo，F. N.（2007）Food，fibre and forest products. In：Climate Change 2007：Impacts，Adap-tation and Vulnerability. Contribution of Working Group II to the Fourth Assessment Report of the Intergovernmental Panel on Climate Change. Cambridge：Cambridge University Press，pp. 273 – 313.

［20］IRDA（Insurance Regulatory and Development AuthorityIndia）（2010）Annual Report 2009 – 2010，Hyderabad.

［21］ISU（Idaho State University），http：//wapi. isu. edu/ Geo_Pgt/Mod07_Remote-

Sensing/mod7. htm.

[22] Luxbacher, K. , Goodland, A. (2011) World Resources Report Case Study. Building Resilience to Extreme Weather: Index – Based Livestock Insurance in Mongolia.

[23] World Resources Report, Washington DC. Available online at http: // www. worldresourcesreport. org.

[24] MAPA (Ministerio de Agricultura Pescay Alimentación) , Entidad Estatal de Seguros Agrarios: Normas Generales de Peritación deSeguros Agrarios, Madrid, Spain, p. 284.

[25] Mello, K. (2011) Personal correspondence (data of Brazil) , Munich Re, 30. 04. 2011.

[26] Mude, A. , Barrett, C. B. , Carter, M. R. , Chantarat, S. , Ikegami, M. , McPeak, J. (2010) Index based livestock insurance for northern Kenya's arid and semi – arid lands: the Marsabit Pilot. Project summary, 12p. , Nairobi (Kenya): ILRI (www. ilri. org) .

[27] Potatopol, www. potatopol. nl.

[28] Peréz, H. (2011) Personal correspondence (data ofMexico) . Munich Re. 28. 04. 2011. Rain and Hail L. L. C. , http: //www. rainhail. com/pdf_files/MKTG/MKTG_ 0123/pages/why_crops_fail. htm.

[29] Rao, K. N. (2010) Agriculture Insurance – Indian Experience. Presentation at the International Agriculture Insurance Conference, Beijing, China, 18 to 20 April 2010.

[30] RMA (Risk Management Agency) , United States Department of Agriculture: http: //www. rma. usda. gov/policies/ri – vi/index. html.

[31] Rosema, A. , de Weirdt, M. , Foppes, S. , Wilczok, C. (2010) FESA Micro – Insurance. Methodology, validation, contract design. Delft, Netherlands.

[32] Skees, J. R. (2010) Index – based Livestock Insurance Program in Mongolia. Recommendations for Premium Ratemaking Methodology, November 15, 2009 (updated January 20, 2010) .

[33] WHO (World Health Organization) , Avian Influenza – Why are we concerned? http: //www. searo. who. int/en/Section10/Section1027 _13723. htm.

[34] Wildermuth, A. (1998) Die Ertragsausfallversicherung in RuBland: Probleme und Gestaltungsalternativen. Agrarwirtschaft 47 (11): 411 –419.

# 第四部分
## 使用现代技术，给农村地区提供高质量的服务

# 第十章 在不利的地理条件下接触客户：业务外包能够提高效果和效率吗？

## Christine Westercamp[1]

### 一、简介

为了在发展中国家和转型经济体服务农村市场，金融机构需要了解农村人口对金融产品和服务的特殊需求，在此基础上设计优化的金融产品和服务，并辅以合适的组织保障。

农业和农村市场的特殊限制给金融服务带来了较高的成本和风险。在这个背景下，一个主要的挑战是如何建立合适且风险较低的工作流程以及组织架构。本章主要探讨金融机构该如何以可持续的方式组织开展对农业和农村市场的金融服务。

为了回答这一问题，我们会回顾向偏远的农村地区提供金融服务的特殊限制和成本，接着讨论没有网点的银行该如何提高市场渗透度并降低成本，最后提出政策建议。

### 二、向偏远农村地区提供金融服务：特殊限制和成本

#### （一）偏远农村地区面临的限制在哪里？

发展中国家的农村地区并非是同质性的。然而，在这种运营环境中，它们都面临着一些共同的挑战，涉及成本、组织架构、金融服务提供者及

---

① Horus 发展金融公司高级顾问。

其与客户的关系等。① 这些限制与银行经营的环境或其客户的特点有关。

和环境有关的限制包括:

- 低人口密度常常导致银行网点与其客户的距离更加遥远,这样增加了人们的交通成本和花在交通上的时间,无论是对银行员工还是客户本人来说都是如此,从而导致很难实现规模经济效应。

- 同时,较差的道路基础设施使得人们接触市场较为困难,同样增加了交通成本和花在交通上的时间,对客户、银行网点员工,以及银行监督审计特派员来说都是如此。

- 难以获得基本物资配置,使得银行营运网点(需要电力设备、燃料供应、办公设施等)的成本更高,客户也较难当面提供文件、图片等必备材料。这个难题似乎可以通过租用分支机构的较低成本来部分地加以解决。

- 通讯基础设施(电话、网络等)不足使得银行与客户的接触过程较为复杂,在管理信息系统②中交换和更新数据难度较大,成本也高,导致欺诈和错误的风险增加。

- 现金管理成本更高,风险更大,因为现金运输需要更长距离,这样会降低付现频率,带来相比正常经济活动规模而言更高的现金支付水平。

- 在偏远地区派驻和维护一支受训良好的员工队伍带来较高的培训成本和监督成本。

- 当资产组合质量恶化时,农村地区比城市地区的偿债执行成本更高,因为法院和警察局的距离都比较远;而且,在发生问题时,村里有威望的长辈更可能帮助客户而不是银行。

与客户特征有关的限制:

- 农村生产的收入通常较低,相比城市企业而言周转率和生产规模

---

① 在这一部分,"银行"一词具有广义含义,指提供小微金融服务的金融机构,而不论它们的监管属性如何,因此这里指的银行也包括小微金融机构。

② "管理信息系统"(MIS)是金融机构的内部管理或者"后台"系统。

通常都较低，这意味着贷款的数量更少。家庭收入和财富水平都较低，使得每个存款者的存款数额更低。这给单位贷款带来的净收入以及单位存款带来的成本造成了负面影响。

- 农村经济中较少使用现金，导致对金融服务的需求更少。
- 从事农业和其他农村经济活动的农民生产存在季节性，使得银行的现金管理更加复杂，要求它们适当调整贷款偿还日程表安排。后者要求对 IT 系统进行适应性调整，成本较为高昂。
- 金融文化程度较低，需要培训客户，并向客户解释每一种产品和服务内容。这个需要应被纳入产品设计和流程设计的考量当中去。
- 在一些地区，坏账文化有抬头趋势，这主要应归因于农业信贷旧有模式的失败。

然而，农村市场有一些特点也是很不错的，能够鼓励金融机构在那里工作：

- 金融市场的竞争程度通常较低，相应降低了直接营销成本和重复贷款的风险。
- 农村家庭通常被绑定在土地上，较城市家庭的流动性更低，使得对借款人的监督更加容易，也更为可靠。
- 在很多农村地区，贷款偿还纪律执行得比城市地区还要好，因为社会控制力较为强大，降低了小微金融机构执行合同的时间成本。

（二）农村金融对成本结构的影响是什么？

在目前的分析中，不同类型的成本包括如下几种：生产成本是指产品或者服务提供过程中产生的成本。交易成本是指使用市场进行交换过程中产生的成本（主要是信息成本、合同签署成本和合同执行成本）。[1] 交易成本来自于交易的买卖双方，而生产成本只来自于卖方。提供金融服务的特殊生产和交易成本可参见图1。

----

[1]　参见 Erin Andersen：《销售人员是外部代理人还是内部雇员：交易成本角度的分析》，载《营销科学》，Vol. 4，No. 3，1985 年夏；以及 Douglass North：《机制、机制改革和经济表现》，剑桥大学出版社，1990/1999。

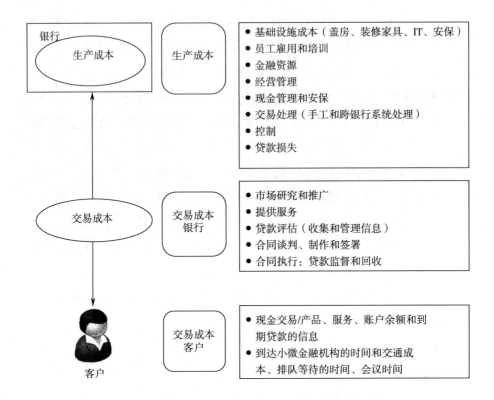

**图1　提供金融服务的交易和生产成本**

　　对农村地区业务开发感兴趣的银行可能是为了在更广泛的基础上分摊其集中的固定成本（管理、IT系统等）。农村业务活动的边际成本收益分析可能成为银行向农村地区延伸业务的动力之一。

　　农村金融的核心问题是在不给银行和客户带来过高成本的基础上实现可能的客户（市场）接触。银行在农村地区面临的营业场所限制要求银行设计出不同的机制、程序和产品来为市场服务，以便能够降低银行每笔贷款的发放成本和客户的交易成本。这些客户的交易成本在他们考虑是否接受银行服务的时候非常重要。对不同类型产品和服务的成本结构作出详细分析有助于更好地理解它们是如何受到农村市场限制的影响的。

　　1. 信息成本是信贷业务主要的成本驱动

　　从银行的角度看，提供贷款的边际成本结构主要由交易成本构成，这些交易成本包括市场营销、风险评估、贷款监测等活动所产生的成本，要求职员具备较高的能力，并对实际情况比较熟悉（合格的银行职员和客户之间要定期互访和联系）。银行在农村地区提供贷款需要努力吸引远距离的客户，并且对他们加以培训（提高其信贷意识和信用文化水平），以便能够降低事前的违约风险。然而，市场拓展和贷款评估的成本在业务展期的时候下降得很快，使得贷款监测成为产生成本的主要来源。银行可以通过调整产品特征（比如发放小组贷款，将部分银行交易成本转移给客户承担，标准化的产品再加上子弹式支付等）来降低交易成本，也可以通过建立合适的组织机制来降低生产成本，然而还需要考虑到定期访问客户的需要以便控制违约风险。

发放信贷的成本也包括现金交易的相关成本（贷款支付和偿还）。这些成本和其他金融服务面临的限制一样（参见下文），不过对贷款造成的影响要小些，因为其交易规模和交易时间都可以预测。

从客户的角度看，获得贷款的任何一个步骤（比如贷款申请、贷款偿还）都意味着要跑一趟银行网点，这在农村地区带来了更高的交易成本，因此也就限制了贷款业务的开展。农村地区小组贷款模式的好处之一是使降低交易成本成为可能，无论是对银行还是对客户来说成本都可以降低，其程度依赖于这种贷款的发放流程。

这样，农村地区贷款的主要成本是信息成本，包括风险评估成本（对首次借款客户而言，该成本很高）和贷款监督成本。营销的成本很高，但是一旦交易关系确定下来，那么营销成本就会下降，现金交易的成本所占的比重更小。

2. 现金管理是存款服务的主要成本驱动因素

银行提供储蓄存款服务需要进行营销和市场推广活动，打造和宣传自身的良好形象以获得客户信任是需要成本的，传授客户储蓄知识也需要成本。同时，这些工作也需要合格的员工去做，和贷款服务一样会受到较低人口密度、较差金融文化的影响，在一些偏远地区，还会难以维持合格的员工队伍。

银行储蓄存款业务的生产成本来自于应对现金提取的需要，在任何时候只要客户需要在附近取现，银行就应当提供服务（这样可以降低客户的交易成本）。

基于以下原因，农村地区的取现服务具有更高的生产成本。

- 效率（较低的）成本：每家银行网点对应的客户数量通常较少，这使得每笔业务的固定成本显得较高。这种现象使人们认识到每家网点要持续经营，需保有一定的最低客户数量，主要银行业务功能具有合理使用率是提高效率的重要推动力之一。

- 安全成本：在成熟的网点之外进行现金交易致使安全性较差（因为没有实时连接到管理信息系统、安保的基础设施较差、接受的监督和控制较少等），因此带来较高的控制成本，在错误或欺诈发生时就会产生损失。

- 现金管理成本：由于距离较远，现金的运输成本较高（开车需要更长时间，武装押运车辆和押送人员的工作时间更长，需要更多数量的车辆来运输钞票，等等）。现金常常在无安保的情况下运输，但是这种情况的净影响应当考虑风险调整后的成本。

这样，在农村地区提供储蓄存款服务具有较高的生产成本，这主要和取现服务相关。除了这些生产成本之外，让客户了解账户信息和银行产品的成本也受到银行和客户之间较远距离的影响。

3. 同样的情况适用于汇款和支付服务

在汇款和支付服务中，主要的成本来自于现金管理，像上面描述的那样受到农村环境的影响。在农村地区，信息的交换非常关键并会带来成本，因为这些服务需要实时的信息交换（涉及的信息主要包括汇款的规模，或者账单需要支付的数额等）。很明显，在提供这些服务的过程中，"最后一公里"带来的挑战最大，成本也最高。这样，从整体来看，小微金融机构需要探索不同的成本削减方法来推进金融服务。在这一点上，乡村更甚于城市。

### 三、通过无网点银行提高市场占有率

在近期的研究成果中，无网点银行通常指"在银行网点之外提供金融

服务，主要的手段包括信息和通信技术以及非银行零售代理渠道，比如以银行卡为基础的网络或者手机银行等"。[1] 在农村地区，银行于网点之外开展金融服务有不同的方法可以尝试，并不必然需要基于较高的科技水平，也不一定需要外部零售代理人员。本节我们要考虑"无网点银行"主题下的所有这些模式，只要是在传统银行网点之外提供金融服务的，就无须计较其是否基于较高的技术设施。不过，我们需要强调的是，"无网点银行"这一名称带有误导性，因为它似乎暗示着网点和这些服务模式无关。其实，其含义更多地表示超越了网点的银行业务，这也是 Alexandre、Mas 和 Radcliffe 的定义。[2]

无网点银行模型需要进行远程信息交流，这个过程如果有 ICTs 技术[3]的帮助将受益匪浅。不同的技术可以支持不同类型的组织，如表 1 所示。本文并不强调所使用的技术，而更关注银行为了提供超越网点的服务而能建立起的不同组织类型。

**表 1　可选的服务提供渠道对每种产品类型成本的影响**

| 服务提供渠道 | 所包含的技术 | 信贷 | 储蓄存款 | 支付结算服务 |
|---|---|---|---|---|
| 流动网点、定期开业网点、小型办公场所 | 可以使用掌上电脑（PDAs）、销售点终端收款机（POSs）、流动电话等提高交易安全性 | 对成本的影响：每单位生产成本及对金融机构（员工生产力提高）和客户的交易成本下降<br>市场开发：在远距离、低人口密度的地方市场开发仍然有限 | 对成本的影响：每单位生产成本及对金融机构和客户的交易成本下降<br>市场开发：受到距离和办公场所开门营业频率的强烈影响 | 不适用 |

---

① 参见 Mark Pickens, David Porteous 和 Sarah Rotman：《2020 年无网点银行的情景》，世界银行扶贫协商小组 Focus Note No. 57, 2009, www. cgap. org/gm/document – 1. 9. 40599/FN57. pdf（最近一次访问，2010 年 10 月 16 日）。

② Claire Alexandre, Ignacio Mas 和 Daniel Radcliff：《监管能把金融服务带给所有人的新型银行模式》，2010 年 8 月 1 日，http：//ssrn. com/abstract = 1664644（最近一次访问，2010 年 10 月 16 日），Alexandre 等（2010）。关于"超越网点的银行业务"的概念可以参考这篇论文。

③ 指信息交流技术。

| 服务提供渠道 | 所包含的技术 | 信贷 | 储蓄存款 | 支付结算服务 |
|---|---|---|---|---|
| 流动办公人员 | 可以使用掌上电脑、POS机、流动电话等提高交易安全性 | 对成本的影响：客户的交易成本下降<br>市场开发：市场渗透力提高，技术的应用使交易更安全，在处理现金时有风险，小组信贷技术是有益的 | 对成本的影响：客户的交易成本下降<br>市场开发：特殊服务提高了市场渗透力，适合有计划的储蓄（强制储蓄等）或者人口稠密地区 | 不适用 |
| 自动提款机（ATMs） | 银行卡、移动电话和平台命令 | 对成本的影响：每单位生产成本和交易成本仅仅涉及现金交易，比如贷款的支付。维护成本非常高<br>市场开发：不适合偏远的农村地区——可以与代理人/流动人员办公结合运用 | 对成本的影响：每单位生产成本和交易成本仅仅涉及现金交易，比如提款取现。维护成本非常高<br>市场开发：在市镇的渗透力提高（能够取现，且增加了业务可以办理的时间） | 对成本的影响：每单位生产成本和交易成本仅仅涉及现金交易，维护成本非常高<br>市场开发：在市镇的渗透力提高（能够取现，且增加了业务可以办理的时间） |
| 移动支付服务（MPS，外部） | POS机或者移动电话和平台命令 | 对成本的影响：现金业务的生产成本和金融机构及客户的交易成本下降，净影响取决于MPS的价格。不影响和贷款评估及监督等相关的其他交易成本。在生产过程（如偿还计划、批量支付）中调整有更大灵活性<br>市场开发：由于需要保持较近的距离，市场渗透仍然受限 | 对成本的影响：生产成本和金融机构及客户的交易成本都大幅下降，因为业务外包给有持续业务的外部代理人，净影响取决于MPS价格<br>市场开发：对市场渗透度有重要影响，交易较为安全，风险有限 | 对成本的影响：影响较大<br>市场开发：给已存在的客户服务范围拓展的潜力较大，也可以开拓新的客户提供这样的服务；账户对账户转账还不可以实现 |

续表

| 服务提供渠道 | 所包含的技术 | 信贷 | 储蓄存款 | 支付结算服务 |
|---|---|---|---|---|
| 移动无现金服务（无现金交易） | 移动电话 | 对成本的影响：金融机构和客户的交易成本略有下降（可以满足部分信息要求，推送分期付款提醒……）<br>市场开发：对市场开发没有影响 | 对成本的影响：金融机构和客户的交易成本仅在非现金操作（账户间转账、存取信息查询）时有所下降<br>市场开发：仍然存在限制，因为还有必要提供现金交易服务 | 对成本的影响：交易成本仅在非现金操作（账户间转账、信息查询）时有所下降<br>市场开发：仍然存在限制，因为还有必要提供现金交易服务 |
| 移动银行（MB，内部） | POS机、移动电话和平台支付 | 对成本的影响：参见MPS部分，但价格是内部成本＋短信息（SMS）费用<br>市场开发：由于需要保持较近的距离，市场渗透仍然受限 | 对成本的影响：参见MPS部分，但价格是内部成本＋SMS费用<br>市场开发：对市场渗透度有重要影响，交易较为安全，风险有限 | 对成本的影响：影响较大<br>市场开发：给已存在的客户服务范围拓展的潜力较大，也可以开拓新的客户提供这样的服务 |

对无网点银行模型的分析可以帮助我们理解如何提高成本效率。我们会区分内部的无网点银行方案和部分或者全部依赖外部资源的无网点银行方案，因为业务外包会带来特殊问题。我们也会区分相关的金融产品和服务。

**（一）无网点银行：银行的内部解决方案**

在农村地区，银行长期以来都在探索建立替代性的金融服务渠道，以便能在成熟网点之外以较低成本提供金融服务。

1. 低成本零售点

银行在农村地区建立起了一些替代性的零售点，在提供成熟网点类似服务的同时降低了生产成本和交易成本。

- 建立小型办公场所，其中的基础设施更加简易①，但是能够提供全口径服务。在这些案例中，固定生产成本相对比较高，因为要处理现金，还需要一些基本的设施。要保持一定水平的现金量，以避免现金短缺，同时市场开拓、贷款评估和监督的交易成本也都一样高（因为客户集中度低）。总体上看，银行交易成本的削减依赖于办公区域内客户的地理集中程度。

- 这样的办公场所每周只开业 1～2 天（比如在赶集日等），使得人力资源（包括出纳员以及贷款员 LOs）的配置得以改善，并能够覆盖好几个区域。② 然而，这却降低了服务质量。

- 移动零售终端，使用类似公共汽车那样的车辆③：相对前两种解决方案，这种模式的固定生产成本显著下降，而给客户提供的金融服务范围和前面的方式类似。然而，更高的操作成本和安全成本（现金安全和人员安排）可能抵消投资成本方面的节约，其具体幅度依各类情况而有所不同。

在上面提到的三个模式中，可以使用类似个人数字设备（比如掌上电脑 PDAs）或者销售点终端收款机（POS 机）等便携设备，以确保交易能够以合理的投资成本进行。然而，在一些偏远的农村地区，难以连接到通信网络来保证实时或者逐日的信息交换仍然是一个问题。

---

① 这有大量的案例，比如贝宁的派德金融公司（PADME）、布基纳法索的网格储蓄合作社（FCPB）、马里的国家农业发展银行（BNDA）、马拉维机会国际银行等。参见 Bryan Campbell and Aleksandr – Alain Kalanda：《银行进入农村市场的替代方案——马拉维机会国际银行》，OI White Paper No. 8，2008，以及印度尼西亚人民银行著名的四人网点。

② 比如摩洛哥的阿尔阿摩纳银行（Al Amana）和马里的国家农业发展银行（BNDA）在农村地区建立起定期开门的办公点，开门日也是赶集日。

③ 比如摩尔多瓦共和国正面信贷银行（ProCredit Moldova）在国家的北部、中部和南部开了三处移动办公点，以扩大地理覆盖范围。参见摩尔多瓦共和国正面信贷银行 2009 年报，www.procredit – holding.com/front_content.php？idcat = 26（最近一次访问于 2010 年 10 月 16 日），第 24 页。摩洛哥的阿尔阿摩纳银行在其分散农村信贷项目下也开办了 35 个移动办公点，并计划再开办一些（根据我们的调研，2010 年 9 月）。他们进行了精确的成本分析，很有兴趣在这一领域进行尝试。其他银行（比如摩洛哥 CNCA）则在进行了成本分析后停止了移动办公点的使用。

2. 可选服务方案：流动办公人员①

进入农村地区市场最常见的方式是派遣流动办公人员下到田间地头去开展业务，比如开立账户、登记申请、评估和监督贷款，以及办理可能的现金交易。这样的组织模式显著降低了成本，包括客户交易成本、银行交易成本，以及生产成本。成本效率取决于一个流动办公人员能够服务的客户数量（因此也就依赖于人口密度和交通基础设施）。

流动办公人员通常专门从事信贷（通常是与信贷相关的强制储蓄）和/或地头储蓄动员工作。② 然而，在储蓄动员工作中，造访频率高度影响交易成本或者限制市场占有率，因此在偏远农村地区，这在成本上并不经济。取现业务，以及转账支付都较难通过流动办公人员办理，因为：（1）这要求办公人员运输大量的现金；（2）这些服务需要将实时信息传输到银行的管理信息系统中去。

主要的问题是该如何确保现金和交易的安全，以及确保员工的安全。

- 当交易是手工处理（使用纸质凭证）的时候，风险程度是很高的。不过，可以将两个办公人员结成一个对子来完成工作，以降低风险，其中一人负责交易登记，另一个人则负责现金处理。
- 当办公人员配备可以连接管理信息系统（参见下文）的掌上电脑、POS机或者移动电话时，交易的安全性可被改善，然而这种效应也严重依赖于是否能够连得上通信网络。

这样，事实证明，流动办公人员是拓展农村地区业务的有效方式，主要是办理信贷业务，有时也包括储蓄存款的收取业务。然而，安全与风险的问题需要加以重点关注，通常这些问题可以通过现代技术的帮助得以解决。

---

① "流动办公人员"比"移动办公人员"的名称更为合适，后者可能会引起误解，在讨论移动银行的时候，"移动"一词一般指的是移动电话。

② 孟加拉国的SafeSave使用了流动办公人员，他们配备了掌上电脑，到田间地头去收取现金，包括贷款偿还金和储蓄存款。流动办公人员定期访问客户，如果需要的话，就会上门收取现金。

### 3. 无员工服务渠道：自动取款机（ATM）

农村地区安装独立的自动取款机有助于以更低的生产和交易成本保证现金交易的安全。不过，投资和现金管理成本仍然很高，只有单位时间最低交易数量得以保证时银行才能获得盈利。自动取款机可以用于提款、贷款支付、信息查询和账户间转账，但是在很多情况下难以提供收现服务，因为钞票经常破损，也就难以被自动取款机所识别。

使用自动取款机能够削减员工成本。然而，投资和维护成本仍然相对较高，现金管理和运输成本也是如此。而且，在农村地区安装独立的自动取款机还面临如下限制：机器需要一直联机，并维持电源供应，维护成本非常高，因为距离较远，而且维修更加复杂，并会导致长时间的延误。因此，如果交易数量较低，自动取款机在农村地区就会显得过于昂贵。

机会国际银行在马拉维开展了一个项目，其中一项内容是在农村地区安装高技术含量的自动取款机，结果三年后得出结论认为，从基础设施的角度看，在农村地区服务贫困人口比在城市地区要困难得多。他们采取了一系列措施来降低自动取款机的成本。

- 将智能卡改为磁条卡，以降低单位制卡成本。
- 将智能卡上的生物识别技术移植到转换器上。
- 将自动取款机安装于交通流量最大的地方，在成本不合适的其他市场区域则使用商业代理。
- 为解决使用者教育问题，可以让自动取款机的维护人员进行客户教育活动。机器可以使用生物识别技术，这是一种与客户匹配的低风险方式；客户常常是目不识丁的，也不识数，若是用上了这种识别技术，只要再有一些指导，他们就能很快熟悉。[1]

这样，在城镇地区安装自动取款机，并结合流动办公人员和第三方代理人（参见"农村金融对成本结构的影响是什么？"），就可以构成提供全

---

[1] 源自于机会国际银行网络高级技术总监 Daryl Skoog 在 2010 年 10 月的电子邮件记录，也可参见 Campbell 等（2008）。

口径金融服务的一个合理解决方案，这可以降低现金运输相关的风险和成本。

4. 使用短消息（SMS）信息服务来给数据交换提供便利

移动电话可以便于和客户进行低成本数据交换：信息可以简单地通过短消息传输，客户可以发出指令（"要求信息"）要求查询账户余额、最低结算数额、到期金额等，也可以由银行发出信息（"推送信息"），提醒分期付款、告知新开办的业务、邀请参加会议等。这意味着在管理信息系统上追加合理的投资成本（增加一个小型应用程序），交易成本通常也较低（见表 2 和表 3）。

**表 2　　　　　　　　　　不同技术的成本要素**

| | | 建立成本<br>（开始使用这些技术设备） | 每一款额外设备的<br>成本费用 | | 交易成本 |
|---|---|---|---|---|---|
| 掌上电脑 | ** | ——要求特殊开发，以"动员"跨行处理系统应用的部分功能<br>——需要深入的市场研究来选择技术设备 | ** | * | |
| POS 机—内部 | *** | | * | * | |
| 移动支付—外部 | ** | ——中等：电话要和金融机构管理信息系统相连接以便对票据进行支付<br>——中等偏高：账户信息查询和账户间转账 | 可忽略 | ** | 可能很高 |
| 移动支付—内部 | **** | ——高：特殊移动银行软件＋连接电话系统＋市场推广 | * | 代理人管理的单位成本 | * 金融机构发送的提醒短信成本、一些服务提供商要求向每位活跃客户收一定的年费 |

续表

| | 建立成本<br>（开始使用这些技术设备） | | 每一款额外设备的<br>成本费用 | | 交易成本 | |
|---|---|---|---|---|---|---|
| 短信银行—<br>单笔业务 | ** | | 0 | — | 金融机构发送短信的<br>成本 | |
| ATM 机—金<br>融机构自身<br>维护 | *** | ——银行卡系统软件，跨行系统交互处理<br>——ATM 安装及布网的建设费用 | 每台 ATM 的单位成本（＋安装＋维护） | **** | ——成本取决于自然条件和发卡量<br>——保持 ATM 满载现金的成本 | ** |
| ATM—参加<br>现存网络 | ** | ——网络参与费<br>——ATM 安装及布网费<br>——跨行系统交互处理 | 每台 ATM 的单位成本（＋安装＋维护） | *** | 使用费，或者按交易笔数计算，或者按月计算<br>注意：VISA（或者其他国际网络）系统投资较低但交易费很高 | **<br>（＊） |

资料来源：根据 Horus 的估计。

**表3**           **第一代和第二代银行模式的标准化成本结构**

| | | 以网点为基础的银行业务模式（第一代） | 以 POS 机为基础的代理银行业务模式（第二代） | 以移动电话为基础的代理银行业务模式（第二代） |
|---|---|---|---|---|
| 每端口<br>固定<br>成本 | 每端口创立成本 | 网点创设费 100000 美元，包括 7 台空调、计算机设备、安保等 | 2000 美元费用，包括 POS 机安装、信息传输电缆、教育培训和营销 | 500 美元，仅包括培训和营销费用，没有设备费用 |
| | 有效使用期 | 10 年 | 3 年 | 3 年 |
| | 每端口每月操作成本 | 8000 美元，包括 10 人薪水、租金、办公室维护费 | 300 美元设备维护和配件（如纸张、营销材料） | 50 美元，仅包括营销资料 |
| | 每端口每月最大交易规模 | 18000 美元，7 名柜员，每名每小时做 10 笔交易，每天 8 小时工作时间，每周工作 5 天 | 3000 美元，1 个终端，每小时 10 笔交易，每天 10 小时，每月 30 天 | 3000 美元，同左 |

续表

| | | 以网点为基础的银行业务模式（第一代） | 以 POS 机为基础的代理银行业务模式（第二代） | 以移动电话为基础的代理银行业务模式（第二代） |
|---|---|---|---|---|
| 每笔交易可变成本 | 每笔交易沟通成本 | 从 IT 系统上传每笔收费最少 0.01 美元 | 0.05 美元，每笔交易相当于 1 条短信 | 0.15 美元，每笔交易相当于 3 条短信 |
| | 每笔交易代理人佣金 | * | 0.10 美元 | 0.10 美元 |
| 每个新客户固定成本 | 获得客户的成本 | 网点直接处理成本 5 美元 | 2 美元处理成本和向代理人支付签约佣金 | 2 美元，同左 |
| | 客户身份识别（银行卡成本） | 5 美元，半数客户开立银行卡费用 | 10 美元，发卡费和维护成本 | 0.20 美元电话银行服务激活费用 |
| | 平均客户服务期 | 36 个月 | | |
| 后台成本 | 每客户每月后台成本 | 0.30 美元 | 0.30 美元 | 0.30 美元 |
| 带给银行的收入 | | 4% 的利差 + 每笔交易 0.50 美元 | | |
| 每笔交易的客户成本（非服务提供者承担的部分） | | 0.50 美元公共汽车费 + 2 小时交通排队时间 | 总耗时 30 分钟 | 总耗时 30 分钟 |

注：所有数字适用于美国。

资料来源：Mas（2009）。

所有这些银行内部开发的不同业务渠道都显著降低了客户的交易成本，因此提高了业务量。然而，除非能实现最低的客户集中度，否则这些渠道往往会给银行带来大量的生产成本。因此，开发这些渠道的必要性取决于不同的情形。

（二）无网点银行：信息交流技术（ICT）如何提高业务外包可能性

在很多地方，通过外部分销网络销售产品和服务是非常常见的现象，对生产者而言可以降低交易成本。虽然一些银行使用第三方代理人在银行网点之外与客户进行交易已经有很长一段历史了①，但是信息交流技术仍然能给银行及客户间这一类型的合作带来新的潜力（无论是已经存在的网络还是银行新建的网络都是如此）。我们首先研究一下允许交易外包的信息流，接着考察哪些业务可以外包。

1. 信息管理

为了将一笔交易外包，银行需要与代表自己开展业务的第三方代理机构进行数据互换。开始时从银行管理信息系统交换数据给代理机构；交易完成以后，再从代理机构交换数据给银行管理信息系统。虽然线上联系可能更好，但它们也可能采取阶段性批处理交易的模式，或者甚至只是交换纸质信息，这样就需要将数据手工输入到银行的管理信息系统中去。② 这反映了很多农村小微金融机构经营的现状③，有些是由于交互联系方面的障碍（比如技术或者成本原因），有些则是因为它们管理信息系统的限制（在有些案例中，不是所有的银行业务办理点都配备有电脑，偏远地区办公点的数据采集工作就是通过纸质文件的方式进行的）。

向银行的管理信息系统自动导入数据使得交易的安全性大大增强，保证了数据的完整性和流程的合理性。这使得银行与独立代理人的合作成为可能，因为如果没有交易自动化的保障，独立代理人可能就无法受到密切监督。线上联系对某些类型的交易（比如从银行账户的即时取款）来说可能更是必不可少的。

---

① 贝宁的派德金融公司（PADME）最开始就拥有融资性银行，纳米比亚的金融系统开发服务银行（FIDES）拥有邮政网络。同样，在发达国家，金融顾问也会游说客户，以便能卖出一些金融产品。

② 在很多和邮政办公点合作的小微金融机构就是如此，比如贝宁的 Finadev 或者纳米比亚的金融系统开发服务银行。

③ 这种状况的例子包括摩洛哥的大部分中小规模的小微金融机构以及柬埔寨的 AMRET 直到最近都是如此。

**2. 哪些业务可以被外包?**

不同的银行会选择外包不同业务，可以被外包的功能包括①：

- 货币转移、支付（包括票据支付、退休金和社会保障福利金的发放、薪金发放、移动电话空中充值、保险服务的提供）和银行账户间现金交易（贷款支付、贷款偿还、储蓄存款、存款支取）。
- 与银行的沟通联系（余额查询、银行凭条开具、支票簿申请）。这也可以通过简单的短信联系完成。
- 客户管理（开立储蓄存款账户、贷款申请表的收取和前期处理、联合借款小组的培育、贷款跟踪和贷后监测）。

然而，将后两类交易外包要求代理人具备特殊的技能，但并不是所有代理人都有能力掌握这些技能，因此就需要对它们进行相应的培训，并带来监管成本。为了提升市场占有率，最关键的也是最容易外包的业务就是现金交易类业务。

贷款流程中的一些关键步骤不能被外包，主要包括：（1）风险评估，除非案例中包含充足的信息，从而可以使用贷款打分模型②；（2）贷款监督；（3）贷款回收。这三者都是控制资产组合质量的关键。

一个关键的问题是确保安全以及客户金融操作的私密性。为了做到这一点，代理人需要满足特定的物理隔离要求。最重要的是，一些系统将代理人局限在"无知的出纳员"的角色③，也就是仅仅办理交收或者支付现金业务的出纳员，他们并不需要知道客户要干什么，系统仅仅向他们提交必要的信息："请向某某某女士支付 10 美元，请从某某某先生那里收取 5 美元。"这时，客户有权决定是否要告诉代理人他的这些操作是要干什么。这一系统的另一个优势在于，代理人所需要的认证和资质要求很低：他只

---

① 参见肯尼亚中央银行：《银行代理业务指导原则》，2010；印度储备银行：《银行服务提供的定期总结财务报告——使用业务服务商和特派员》，http：//rbi. org. in/scripts/BS_CircularInd-exDisplay. aspx？Id＝2718。

② 如肯尼亚的"移动储蓄"（M‐Kesho）计划的那样。

③ 比如，蒙古国 Xacbank 银行的 Noomadic 就是如此。

要诚实可信、认识数字、会数钱并且能够管理好他办理业务需要的现金就可以了；如果他要办理现金交易之外的业务，就还需要会读和会写才行。

（三）无网点银行：合作的不同类型

1. 与现存金融机构合作外包

利用金融服务提供商现成的网络来合作提供银行服务的概念并不新鲜，很多仅从事贷款业务的小微金融机构在提供信贷服务时就曾经这样成功运作过。[①] 在有些国家，有一家可靠的银行或者邮政公司的网点在农村地区的渗透力很强，小微金融机构和它合作来管理现金可以降低办理业务所需要的基础设施建设要求：贷款可以通过支票来支付，或者如果客户在合作银行有账户开立的话也可以转账到他的账户，并且在合作银行的柜员那里偿还贷款。在一些案例中，交易通过 POS 机设备和银行卡办理，这可以便于传递小微金融机构管理信息系统当中的信息。

经验结果显示，这种合作对于仅仅从事信贷业务的小微金融机构来说是削减成本的有效方式，但也存在着一些局限性。

- 合作者以应有的较高质量服务于小微金融机构客户的能力和意愿；
- 小微金融机构及其合作银行在提供类似服务方面的竞争性可能（合作银行可能利用其对小微金融机构客户的了解去从事竞争性服务，小微金融机构不能利用合作关系来提供合作者自己已提供的服务）。

2. 与现存移动支付系统的合作外包

在越来越多的国家，移动支付服务（MPS）在市场上出现了。这里，我们将这些系统定义为非银行机构建立了技术平台来处理电子交易数据，代理人网络可以办理现金交易业务。这些服务经常是基于移动电话的，最有名的当属"移动钱包"（M - PESA）网络服务，但也可以是基于银行卡的，比如加纳的伊兹维奇（e - zwich）网络服务（参见专栏 1，该专栏阐

---

① 更多的案例可参见塔吉克小微金融机构 IMON、Humo 与农村投资银行 Agroinvestbank 合作，肯尼亚小微金融机构和不同银行合作。

述了"移动银行"的不同概念）。在这些案例中，客户在移动支付服务提供商那里开立账户（电子钱包），他们可以储值（也称电子货币）来为所接受的服务进行支付（支付账单、空中充值）或者给其他人（朋友、亲属、生意伙伴）转账汇款以及充值。

和银行账户相比，移动支付服务提供商的电子钱包市场推广程度更好，因为它们更容易与人们接触（账户开立程序更加简单，对客户的审查更加简捷），而且通常是由移动电话网络运营商（MNOs）经营的，它们有巨大的现成网络和市场营销能力。这种亲密关系可能极大地降低客户的交易成本。然而，电子钱包不能替代银行账户，因为在典型的情况下，由于监管的要求，它们的账户余额有上限要求，并且所储存的电子货币是不支付利息的。这样，如果要使用电子钱包来给储蓄服务提供便利，那么电子钱包向银行账户转账的成本比较合理就非常重要了。

---

**专栏1**

### "移动银行"的不同概念辨析

移动银行主要是通过客户的移动电话来提供金融服务的。这一名词有时也用于表示基于其他技术（比如银行卡和 POS 机设备）的远程交易。

"移动银行"一词包含几个不同的概念。

- "信息服务"：金融信息的交换，发起者为
  - ➢ 金融机构（"推送"）：警告、交易收据、市场信息
  - ➢ 客户（"要求"）：余额查询、报表查阅
- 移动支付：通过移动电话进行企业与个人间的支付
  - ➢ 商店产品的非现金支付
  - ➢ 账单支付（现金或者非现金）
  - ➢ 向银行或者小微金融机构的贷款偿还

- 移动资金转账：个人与个人间的转账（需要现金交易来储蓄和收取转账的资金）
- 移动银行（狭义定义）：将移动电话和银行账户绑定，允许客户使用移动电话作为接受金融服务的另外一种渠道
  - ➤ 活期账户的存款/取现
  - ➤ 信息服务
  - ➤ 移动支付
  - ➤ 移动账目转移（包括现金和转账）

移动支付服务提供商和银行间的可能合作范围包括以下几种。

- 最容易也最常见的：使用客户的电子钱包作为过渡账户来办理银行收现业务（贷款偿还，有时还包括储蓄账户存款），最经常使用的是移动支付服务的账单支付功能。[①] 这通常不是通过移动支付服务提供商和银行之间的线上实时联系来办理的，而是通过日内资金转移和信息交换批处理来完成的。相比和其他金融机构的合作而言，这种合作模式的一个重要优势在于数据直接进入了银行的管理信息系统，而不需要重新输入，从而降低了成本和风险。

这可能导致交易成本的显著下降：（1）对客户来说，相比于造访银行网点或者合作银行网点而言成本较低；（2）对银行来说，相比于现金交易的内部处理或者贷款员上门收取资金而言都是如此。成本的削减是否能够覆盖佣金取决于移动支付服务的价格。在小组贷款的情况下，银行的成本也会受到影响，因为小组会议的时间花费减少，这会提高贷款员的生产率，从而降低每笔贷款的交易成本。贷款员效率的有效提高在很大程度上取决于当时的情况。

---

① 最有名的例子是"移动钱包"服务网络与法鲁（Faulu）、小微企业项目（SMEP）和 KWFT 的合作，参见 Anjali Kumar、Ajai Nair、Adam Parsons、Eduardo Urdapilleta：《通过零售合作拓展银行业务范围，巴西的联系银行业务模式》，世界银行研究手稿，No. 85，2006 年。

- 客户可以通过移动支付服务系统实时使用银行账户及其他服务，或者付现，或者取现。一些系统仅绑定一个银行账户（肯尼亚的"移动储蓄"产品将"移动钱包"服务网络和权益银行连接起来①），另外一些系统则将移动电话和几个账户连接起来，比如活期账户、储蓄账户、贷款账户等（巴基斯坦的塔米尔银行/特勒纳电讯公司），或者允许从电子钱包向任何银行账户转账。"移动储蓄"（M－Kesho）产品体系也允许开出个人意外保险单，如果能够获得6个月的交易数据，则可以提供一款即时贷款产品，它是基于一个信贷打分模型的产品。②

这样，使用现成的外部移动支付系统将现金汇集到银行可以显著削减交易成本，无论是对客户还是银行都是如此，这可能增加储蓄存款服务的覆盖面，有时候贷款市场渗透度也会提高。在这种情况下，外包服务有必要限制在现金交易领域。

3. 通过与金融服务提供商合作来增加市场份额的条件

让我们进一步研究一些关键因素对银行与金融服务提供商之间进行成功合作的影响：价格、地点和信息交换。

合作金融服务提供商的定价水平变更会立即改变银行的交易成本，银行不一定有谈判能力，因为这也取决于它的规模，特别是在与邮政网络和移动电话网络运营商谈判时更是如此。关于移动支付网络，肯尼亚小微金融机构的客户③认为"移动钱包"服务网络的收费低于他们之前的交通成

---

① 2010年5月，"移动钱包"服务网络和肯尼亚权益银行宣布推出当时整合程度最高的产品"移动储蓄"，它是一款成本最低、进入门槛最低的小型储蓄账户。权益银行希望能够通过这个账户将"移动钱包"服务网络的940万用户转变成银行的账户持有者，并计划在储蓄账户的基础上提供小微保险和小微贷款。很少有机构能够帮助权益银行实现这一目标，但这一合作有潜力吸引数以百万计的无银行账户个人来接受正式的金融服务。"移动钱包"服务网络后来还和其他银行复制了这一协议，权益银行和橘子伊科钱包银行在11月签署了一年期排他性合作协议，并准备在邻近的乌干达、坦桑尼亚和卢旺达也复制这一模式。

② Claudia McKay，"从农村边区到繁荣市镇：银行服务是怎样改变一个亚马逊城镇的"，世界银行扶贫协商小组技术博客，2010年。作者描述了六个"新产品延续了'移动钱包'（M－PE-SA）服务网络的轨迹"。

③ 参见Kumar等（2010）。

本，这是导致他们使用其服务的关键因素；然而这并不能推广说肯尼亚的移动支付服务价格比其他国家移动支付服务提供商的价格要低得多①，而且这类合作经常失败，因为难以找到一个经济模型同时获得移动支付服务提供商和银行的满意。②

代理人网络的覆盖面也是一个关键点。特别是在农村地区，不同的移动支付网络未必覆盖同一区域，移动支付服务提供商的代理人网络所具有的财务能力也未必足够覆盖银行交易所需要的规模要求。这样，在和移动支付网络提供商达成协议之前，银行需要确保它的代理人网络能够提供所需要的服务，无论是地理上的还是财务上的。

存在于大多数银行和已有金融服务提供商之间合作的一个重要限制在于，技术原因造成难以处理贷款偿还数量的改变（延迟偿还的利息支付、滞纳金缴付、指数化调整等），这些原因可能包括合作机构的信息传导模式，或者移动支付所使用的软件存在限制，使得账单偿付功能没有给金融产品的设计留出空间。如果经营成本可控的话，使用 POS 机可以作为解决方案的备选之一。③

在大多数情况下，银行和现存金融机构的合作都不包括存款领域，因为这可能会和合作金融机构的服务造成竞争。不过，我们已经看到银行和移动支付系统的合作有时可以开放储蓄存款或者活期存款服务。然而，从电子钱包向银行账户的资金转移及其成本将成为有效使用这一服务的决定性因素。

目前来看，银行与金融服务提供商的业务合作所能实现的市场占有率提高和交易成本下降的幅度是各不相同的，这取决于代理人服务的价格、

---

① 这是 Horus 电话通信设施公司的标杆产物。成本的差异原因并不十分清楚，但肯定和业务量以及肯尼亚移动银行市场的竞争有关，也可能与激进的定价策略有关，把价格定得很低就是为了鼓励客户尝试和使用新奇的移动支付服务，英国国际发展部（DFID）提供了支持，建立起了一个具有强大执行力的自治小组来管理"移动钱包"服务网络的开发。

② 比如塞内加尔的橘子公司（Orange），自 2008 年就和 PlaNet 金融公司合作，接受比尔·盖茨和梅琳达·盖茨基金会的支持以便和小微金融机构进行合作。但是，该项目最终失败了，因为难以和小微金融机构以及移动支付网络运营商就业务模式取得一致意见。

③ 纳米比亚的金融系统开发服务银行（FIDES）正在考虑在与邮政网络的合作过程中应用这一解决方案。

代理人网络是否能够满足银行客户要求，以及银行产品的特性。

## （四）建立银行主导的移动银行服务系统

对于一家银行而言，建立其自身的移动银行服务系统一般需要向外部的出纳公司外包其柜员服务业务，为此该公司应当在银行开立相应的账户。和移动支付服务提供商合作开展的业务模式一样，交易的认证和登记可以通过移动电话或者银行卡来完成。这就形成了银行主导的移动银行服务系统（关于银行主导型和非银行主导型移动银行服务方案差异的综合比较，可参见专栏2）。与移动支付服务合作的重要不同在于，这里并不存在电子钱包：银行主导的移动银行服务是银行账户的一种附加分销渠道，因此它一般更便于客户接触。[①] 银行建立自己的移动银行服务系统的主要优势在于：

- 它有助于提高储蓄率，因为客户很容易就能拿到存款账户上的钱，同时短信息服务也增加了透明度。
- 银行根据自身利益建立定价关系。
- 银行从金融服务的视角决定适用产品范围。[②]
- 银行主导的方案对所有移动业务运营商的潜在客户都是开放的（前提是银行和这些移动业务运营商达成了一致的协议）。
- 业务涉及的现金"待在银行内部"，而在包括电子货币在内的非银行服务方案中，流动性（所发行的电子货币总价值）流向了并不一定与小型农村客户有关的金融机构。
- 更容易产生交叉销售效应，比如来办理储蓄存款的客户建立了交易历史信息记录，以后如果银行要对其进行贷款评估，就可以考虑这种因素。

---

[①] 比如蒙古国 Xacbank，以及马拉维机会国际银行案例，参见 Kumar 等（2010），Cajas Vecinas Chile。

[②] 参见 McKay 等（2010）："移动网络运营商在一些国家领导了无网点银行的第一波创新浪潮，然而在涉及更广范围产品的时候它自己就无法领导一波新的浪潮了。最后，一些移动网络运营商会使用移动支付功能做他们想做的任何事情：提高重要客户的忠实度，降低空中充值的成本。换句话说，他们没有动机做更多尝试"，第10页。

专栏 2

### 银行主导和非银行主导"移动银行业务"的区别

移动银行方案经常根据系统的创设者进行分类。

- 银行主导型方案（与我们对移动银行的狭义定义有关）
  - ➤ 客户和被监管的金融机构签订协议。
  - ➤ 金融机构使用移动银行系统来充当额外渠道，以在自身的网点之外推销现成的金融服务。
  - ➤ 移动银行交易通常是直接通过客户的活期存款账户进行的。
- 非银行主导型方案（这也是我们所说的移动支付服务）
  - ➤ 客户和非金融机构（移动网络运营商、支付服务提供商）签订协议。
  - ➤ 客户将现金兑换为电子储值货币（电子货币），这笔电子货币可用于支付货物和服务，或者转账给其他账户持有人。
  - ➤ 电子货币存在于一个特殊的账户，也叫作"虚拟账户"、"电子钱包"。

现在，我们可以考察一下第三方代理人，讨论一下处理委托—代理关系难题和管理现金的关键成功要素，接着探索一下建立第三方代理人网络所需要面对的挑战。

1. 谁是第三方代理人？

第三方代理人通常是现成的商业点，形式可能多种多样：乡村商店、药房、加油站、彩票亭、网吧、邮局、小微金融机构①等。它们成为金融机构代理人的前提是必须有现金交易活动，并有能力处理足量的资金；而且，它们现有的活动能够覆盖其固定成本。由于典型的代理人协助提供银

---

① 比如肯尼亚中央银行 2010 年 5 月出台了代理人银行业务的指导意见，将小微金融机构和 SACCOs 也纳入银行业务代理人的范畴之内。

行服务几乎没有什么特殊的固定生产成本，而只有维持充足流动性水平的必要（参见下文），因此，代理人的边际收入贡献显著降低了提供金融服务的盈亏平衡点。因此，它们有能力比银行网点更加深入地开拓市场。

2. 银行—代理人关系

维护成功外包业务关系的挑战在于如何处理好委托—代理关系，也就是说，当委托人雇用了代理人，会存在潜在的道德风险和利益冲突，而委托人认为雇用代理人是为了维护自己的利益，这样就产生了矛盾和难题。

零售店主充当代理人的预期好处不仅是财务上的（收取佣金），其他重要的考虑还包括提高自身的能见度，用交叉销售效应来吸引新的客户，更好地使用现成的基础设施，以及充分利用雇工时间。相应地，代理人的形象也会影响到银行的形象：银行和高质量的代理人合作会提高自身的辨识度，并吸引到潜在的新客户；而如果和声名狼藉的代理人合作，也会损害银行的形象。代理人对待银行客户的方式也会对银行声誉带来影响。同时，如果代理人也提供金融服务，而这些服务不属于委托银行，那么就会存在利益冲突。

在挑选代理人和设计经济模式时这些因素都需要得到考虑，双方签订协议和建立监督系统可以使代理人的利益服从于银行的利益，如果必要的话这些措施还应当可以很迅速地作出调整。

3. 管理现金

现金管理是代理人业务的关键方面。我们可以考察一下在不同的情况下现金管理是如何完成的。代理人在这方面面临的主要障碍在于：

- 雇员的非法行为，这是由于店主必须常常把一大笔现金交到雇员的手里，以便使他们的流动性保持平衡。
- 现金的安全性。
- 运输成本和时间，这个因素的考虑必须纳入对代理人金融服务活动盈利能力的分析中去。①

外部代理人能够经营的交易规模总量和他们被授权处理的业务规模量会受到其财务能力的限制。通常，如果银行委托小型而独立的代理人的话，现金交易可以通过代理人在银行账户的相应交易而进行冲销，因此代理人只被授权接受其账户余额（流动性）那么多的现金量——当代理人从银行账户提取现金的时候，就好像是从自己的账户提取现金一样。显然，他仅能付出自己手里所拥有的现金。在一个给定的时间段里，现金收入和支出可能并不总是能够匹配起来，这时代理人可能就无法完成指定的交易。代理人所需要的财务能力取决于他处理现金往来的难易程度，这又取决于他距离办理点的远近，以及他的账户能够获得贷款资金注入的速度有多快。解决代理人财务能力问题的一种方式是建立起结构化的代理人网络，其中选择各种拥有不同财务能力的代理人来共同构成这张网络。可以任命主要的代理人负责管理一个特定的代理人群体所提出的现金和电子货币流动性的要求②；他们的业务在农村地区更有挑战性。在肯尼亚，一些"移动钱包"服务网络代理人距离主要代理人网点比较近，因此每天可以办理 2~3 次现金库存更新业务，而更多的农村代理人一天甚至两天才能办理一次，而且还要有超过一个小时是跑在路上的。

银行业务领域内代理人网络的密度是保障客户基础关系的密切程度和方便性的关键因素。在农村地区开展经济活动意味着人们要朝向热点地区（市场、人流密度高的十字路口等）做短程往返，在这类地区可以找到零售商店、加油站，有的时候还有小微金融机构或者银行的网点，它们可以作为远程金融服务的代理点，偏远地区那些规模小一些的代理人也可以使

① Frederik Eijkman, Jake Kendall, and Ignacio Mas, "Bridges to Cash: the retail end of M - PESA. The Challenge of maintaining liquidity for M - PESA Agent Networks", 2010. http://www.cgap.org/gm/document - 1.9.49720/Bridging_%20the_Cash.pdf.

② 一个主要代理人是从移动网络运营商批发购买电子货币的个人或企业，他们接着会向代理人分销，那些代理人则向使用者零售出去。和超级代理人不同，主要代理人负责管理一个特定代理人群体对现金和电子货币流动性的要求。参见 GSMA：《移动货币定义，非银行的移动货币》，2010 年。http://www.slideshare.net/sarper/mobile - moneydefinitions。

用这类地点作为中转站。

4. 建立自己的第三方代理人网络

建立和管理代理人网络有大量的工作要做，这些都会转化为成本：要确定代理人，对他们进行培训，给予密切监督以确保他们很好地完成工作，控制其权限，在发生困难的时候提供热线支持和帮助。在建立代理人网络时，银行可以选择下列策略之一或者将它们结合起来使用。

- 依赖于现成的网络（通常是主要的零售连锁店、加油站网络、邮政网点或者小微金融机构）。网络的源头通常承担主要代理人的职责①，并会帮着监督他们的代理人。主要代理人需要组织资源应对其代理人对现金的提取以及对存款的要求，或者建立现金管理网点，或者求助于更高级别的代理人以及银行本身来满足这些代理人的要求。

- 选择独立的零售商店，并直接管理他们（银行很容易在其个人零售店主客户中将他们挑选出来）。

- 将代理人网络的构建和管理外包给第三方代理人管理公司，后者可以代表其客户签约，给代理人配备资源，训练并维护代理人队伍。②

5. 银行业务特派员：一种特殊类型的第三方代理人

一些银行使用银行业务特派员，其功能不仅局限于现金交易，也会充当中介，其获得授权后可以出售一些银行产品和服务。这被证明是一种提高市场渗透力的有效方式，巴西就是一个例子。③ 银行主导的移动银行系统和银行业务特派员网络的主要区别在于：（1）外包交易的范围更加广

---

① 类似肯尼亚派坡公司（PEP）与"移动钱包"服务网络的关系，参见 Eijkman 等，2010年。

② 巴西的大众银行服务活动（Banco Popular，巴西银行的业务特派活动名称）使用的公司包括在圣保罗州和巴西利亚联邦特区的净额现金公司（NetCash），以及伯南布哥州的派格菲斯公司（PagFacil）。巴西柠檬银行（Lemon Bank）完全没有分支机构，单纯依赖于16家代理人管理公司（包括3家它自己购买的公司）来管理其5750个代理人中的绝大部分。参见 Gautam，2008年。

③ 参见 Kumar 等，2006年；Rotman，2010年；以及 McKay，2010年。

泛；（2）银行特派员网络的建立通常是基于银行卡和 POS 机技术的。

虽然有些监管规定允许银行业务特派员深度参与贷款发放流程（贷款申请表的收取和预处理，包括核实基本信息等；提出融资建议；支付小额贷款；贷款回收追踪；贷款监督管理等）[1]，但这仍然可能存在问题，因为贷款申请的筛选以及贷款批准和跟踪是复杂的业务流程，需要经过特殊的训练，并会给银行带来一定的风险。将这些任务分配给外部的代理人当然需要在事先进行严格的尽职调查，给予充分的培训，并进行密切的监督和控制。

6. 建立银行主导的移动银行业务系统的重要性

单独一家银行从零开始建立移动金融模块和代理人网络的成本十分巨大，因此可能只有对最大的银行来说这样做才是有利可图的。[2] 对专注于贷款的银行而言，投资兴建这么一个体系可能并不值得，因为只有和贷款业务相关的很小一部分成本会因为移动银行业务系统而得到显著削减。然而，如果考虑要更多地吸收储蓄存款，并扩大业务范围，特别是考虑到农村地区对支付和汇款服务的需求十分巨大，这笔投资就会显得划算得多。其他考虑在决定创设和管理一个移动银行业务系统时也会被囊括进去，包括这种建设对银行形象的影响和使银行从竞争者中脱颖而出的可能性。

这样，建立银行主导的移动银行业务系统能够确保这一系统为银行的利益服务，但是这是一项重量级十分高的动议，在成本方面会导致交易成本下降而生产成本按照情况不同相应提高。人们提出一个主意来减少较小规模银行的负担，那就是建立移动银行业务系统，并由几家银行联合使用。这些系统可以是货币当局提供并进行中央集中化运营的[3]，也可以是

---

[1] 参见印度储备银行：《"逐利"公司充当银行业务特派员的讨论论文》，http://www.rbi. org. in/scripts/bs_viewcontent. aspx? Id = 2234，2010 年。

[2] 参见 Kumar 等（2010）。

[3] 加纳银行 2008 年推出了以伊兹维奇（e–Zwich）智能卡为基础的系统，包括农村银行和储蓄贷款公司在内的所有银行必须强制使用；世界银行及其扶贫协商小组支持的马尔代夫货币当局项目的开展计划在 2010 年结束。

由个别服务提供商构建来服务于几家银行的。① 这类系统可以允许银行分担成本，并实现更大的业务量，同时这些系统的金融服务功能还进行了很好的调试，因为它们本来就是根据银行的需求而设计的。它们面临的主要挑战在于要有效地服务于不同银行的不同需求和偏好，其有效构建的过程就会十分有趣。

## 四、结论

### （一）银行业务外包的影响

1. 从聘用第三方代理人到无柜员银行业务开拓：对银行成本的影响

银行网点成本中的一个重要组成部分和现金管理相关。

- 配备物理安全基础设施（保险箱和金库、防护装置，在一些国家防弹窗户也是强制安装的），同时还要有柜员办理业务的办公空间。
- 现金交易的程序要能降低风险，这会需要特定的员工办理相关业务（柜员和会计要分开、数据实时输入管理信息系统、网点经理进行密切监管、采取特定的审计程序等）。
- 保持充足的现金量需求成本。
- 定期的现金运输。
- 帮助不识字的客户来填写表格。

因此，虽然现金交易完全外包是可能的，但是有些银行还是选择建立无柜员网点，其功能限制在后台管理（出具合同、收集表格）、接待客户（办理贷款申请、开立账户、提出金融建议、签署贷款合同、进行财务信息沟通、实施错漏处理）和组织团队会议方面。② 和包含出纳员工及设备

---

① 塞内加尔当局推出了以电话为基础的移动银行方案，旨在提高农村地区金融服务的覆盖面，对所有感兴趣的小微金融机构和银行都开放，这是在德国复兴信贷发展银行的支持下推进的。

② 这是纳米比亚金融系统开发服务银行（FIDES）建立起来的模式，并计划在该银行塞内加尔的项目上使用。

的全功能成熟网点相比，其生产成本的削减使得银行可以在没有那么多业务量的区域建立这样的网点进行办公。如果无须处理现金，那么基于流动办公人员的组织也更容易管理和控制。这里的理念并非是在没有网点的情况下开展工作，而是在替代类型的网络下工作。因此，我们使用了"无柜员银行"这一名词。①

这样，将现金交易外包给外部代理人可以完全改变银行网络的成本，使得它可以使用简易办公室或者流动办公人员来替代全功能成熟网点，或者将流动办公人员从现金管理中解放出来。这种无柜员银行模式可以使银行在人口稀薄的地区持续性地开展业务，而在那些地区传统的组织架构原本难以覆盖其成本。银行可以依据当地市场各自特征的不同，来决定合理地联合使用流动办公人员、不同类型的简易零售端口、第三方代理人以及ATM。② 给客户带来方便，将会提高业务量。

2. 业务外包对市场覆盖面的影响

业务外包会降低客户及银行现金业务活动的交易成本。虽然我们发现在储蓄存款、支付汇款等业务中，现金交易是主要的成本驱动力，但是在贷款的情况下，现金交易仅对应银行交易成本中的一小部分。在贷款流程中的所有阶段，和贷款员的密切互动非常必要：他们要进行贷款申请评估，在贷款存续期间进行定期监督，在违约情况下执行合同规定。因此，将贷款偿付业务分包给外部代理人还需要监控整个流程。

肯尼亚的小组信贷技术提供了一个有趣的案例：只要客户需要，外部代理人在任何时间都可以出现在客户家庭附近办理偿还业务，这样通过小组出纳来进行集中偿还实际上增加了客户的交易成本，而不是像过去那样会降低交易成本（小组出纳集中还款的成本包括双向往返的交通成本，还包括排队等待的成本）。这导致肯尼亚的小微企业项目（SMEP）和法鲁（FAULU）小微银行改变了其小组信贷的偿还流程。

---

① Jean – Hubert Gallouet，荷鲁斯发展金融公司（HORUS – Development Finance）副总裁。
② 参见马拉维机会国际银行的实践经验（Campbell 等，2008）。

- 以前是在贷款员出席的情况下召开小组会议办理还款＋小组出纳员将整个还款额存在银行；
- 现在是"移动钱包"服务网络下的个别还款＋小组对及时还款的小组成员所拿来的回执进行简单检查。

在这样的案例中，信贷是基于小组技术发放的，从小组会议还款模式转向外部代理人办理个别还款模式，需要银行进行仔细研究，以避免削弱贷款偿还纪律。法鲁小微银行和肯尼亚小微企业项目在最开始和"移动钱包"服务网络合作时都发生了类似的事件。这导致小微金融机构在使用外部还款渠道时常常只允许适用于个人贷款，如坦桑尼亚的图吉杰格（Tujijenge）合作社的案例那样。[①] 这样，改变贷款偿还渠道需要仔细考量对小微金融机构工作流程的影响。

在肯尼亚的例子中，客户通常负责将现金交到银行来偿还贷款，但是在很多案例中，贷款员负责收取现金并交到银行。[②] 在后面这些案例中，通过代理人偿还贷款并非降低了客户的交易成本，而是降低了银行的交易成本。虽然这最终会降低客户的交易成本（减少在小组会议上花费的时间、对偿还时间和地点的选择更多等），但仍然需要有一定的激励才会让客户选择这样的方式。那么，银行会考虑补贴客户的成本或者降低其利率，将自身交易成本降低的部分向客户作出一些让利。[③] 这样的模式变更对客户交易成本的影响会决定这类变更是否容易推进。

这样，为了提高贷款服务的覆盖面：

- 可能需要提高贷款员的生产率，使得一个贷款员花在与客户互动上的时间减少，这样就增加了其资产组合里的贷款笔数。这也就是肯尼亚的法鲁小微银行和肯尼亚小微企业项目外包了现金交易之后所产生的结果，但是这种结果是否真的会出现与之前贷款管

---

① 参见 Kumar 等，2010 年。

② 比如，著名的孟加拉国格莱珉银行以及塞内加尔的 GAURIE 小微金融公司，还有孟加拉国的 SafeSave 就是如此。

③ 参见 Kumar 等，2010 年。

理的组织状况高度相关。

● 或者也可能需要增加贷款员的人数，使得一家分行可以覆盖更大一片区域。

这样，在没有合适的控制机制之前，第三方代理人的活动范围不应当被延伸到贷款领域。如果部分贷款功能被外包了，经验显示银行需要检视其组织模式，确保贷款员和客户保持密切联系。而且，小微金融机构改变现金管理网络的所有这些影响都应当得到充分考虑，特别是涉及贷款偿还的部分更要加以考量，以便避免损害资产组合的质量。

3. 以不同的方式设计产品：对服务质量的影响

农村地区产品设计的主要目标是解决业务面临的某个主要障碍，从而能够让客户以更加低廉的交易成本进行现金往来，这囊括了按照不同方式设计产品的多种可能性：存款和信贷产品都可以进行更加频繁的交易。贷款的投放可以分期分批地进行，以便更好地适应客户需求①，也降低了贷款的单位投放数额，使得农村代理人维护现金流动性的压力更低。事实上，在产品设计过程中必须考虑到代理人商铺里面交易的资金金额是有上限的，无论这是为了安全还是出于现金管理的原因。当然，不同代理人的现金交易上限也是不同的。因此，代理人只能用在足够小额的交易当中。

将现金交易外包给外部代理人就这样开启了设计不同农村产品的可能性之门。

（二）什么时候银行应当考虑建设一个移动银行业务系统？

1. 移动银行业务战略是否合适

移动银行业务战略只是银行接触农村客户战略中的一个元素。银行从事农村业务需要分析市场需求，调整产品设计和程序。正如我们所见，对储蓄存款业务以及汇款支付服务而言，将现金业务外包是一个非常重要的成本削减机制，然而在贷款投放业务中，这种模式只能降低很小一部分成本，而简单的短信银行业务则非常适于改进银行和客户间的信息沟通。这

---

① 在发放农业信贷的过程中，特别重要的一个因素是需要更好地反映农业生产的季节性。

样，根据银行对给定市场进行开发的策略不同，银行要考虑市场的终极需要，然后才能够确定移动银行业务是或者不是增加市场覆盖面的好方法。在特定的环境下，"旧有的模式"可能更加合适，也更加成功。在引入信息交流技术后，这些旧式业务方法的安全性显著提高，远未过时。众人对移动银行业务模式的大肆宣传肯定不是参与这种重量级项目的充分理由。

一家银行的移动银行业务策略如果想获得利润，就需要提供一系列的金融服务来满足不同细分市场（不仅仅是农村市场）的需要。移动银行业务需要大量的成本投资，应当有足够的业务活动量才能弥补。根据情况的不同，这些业务活动或者来自于银行本身所拥有的整个客户群，或者是通过应用模块化的系统（这种系统可能是来自于外部供应商，也可能是由几家银行联合建立起来的）而获得。

在给定的市场中，一家银行可能仅仅需要提供几项移动银行业务服务就可以了，而并不必然把全部系列的金融服务（比如，短信银行业务或者账户对账户转账）都包含在内，才能跟得上市场的要求。这需要根据具体情况进行分析。

当设计技术驱动型解决方案时，银行应当相应考虑该向客户提供哪种类型的金融服务，在银行所面临的环境下建模计算该方案的经济效益，并确保方案实施所必需的前提条件都已经到位。在良好的环境中，移动银行业务能够显著地扩大农村金融的覆盖面，但是这要求银行应当确定如下几个方面的策略：（1）接触农村客户的综合策略（包括产品和工作流程等）；（2）移动银行业务的策略（同时适用于城市和农村地区）。

2. 银行相关的前提条件

计划使用或者建立移动银行业务系统来服务于农村和农业贷款业务的银行，应当是已经成功向农村或者农业客户提供金融服务的银行。农村信贷是一个困难的领域，移动银行业务并不会自动创造出必备的金融技能。

引入移动银行业务必须和银行的战略及业务规划相一致。资金的投入必须首先确保项目的可持续性，可以考虑如下可能的优势：

- 降低每单位生产成本，以及/或者降低小微金融机构和/或客户的交易成本。

- 降低网点的拥挤程度。
- 提高满意度并留住现有的客户。
- 更好地适应竞争。
- 接触新的客户群体或者进入新的地理范畴，比现有的金融服务主体，包括非正规金融主体提供的服务条件更好。
- 营销考虑（建立客户忠实度）。

3. 环境前提

需要满足最低监管要求，比如说只有在使银行和客户金融风险最小化的前提下才允许银行建立第三方零售终端，以及在低价值交易的农村办公点也应准备相应的文件材料，以满足监管对客户基本调查的要求。[①]

另一个关键因素是市场上存在潜在的代理人：现成的商业网络是最好的，实施移动银行业务的地区也必须存在拥有足够金融能力的潜在代理人。银行需要充分了解代理人的能力和缺陷。

（三）政府和公益人士的角色

政府的积极角色是建立适宜的环境，特别是建立足够灵活并可以调整的监管框架，以便在确保消费者利益和金融系统稳定性的前提下，允许应用相关技术和第三方代理人的业务模式。当受到监管的金融机构将业务外包给不受监管的代理人的时候，消费者保护确实是个重要课题，值得政府关注。主要的相关政策目标可以包括：

- 保护以电子储值货币形态存在的客户资金。
- 保证服务的安全性和可靠性。
- 减少代理人欺诈和实施其他有害行为的机会。
- 保证清楚有效的信息披露。
- 保护客户的个人信息。

---

① 参见 Alexandre 等，2010 年。

- 确保客户了解并可以使用恰当的渠道进行申诉和要求补偿。①

公益人士和开发性金融机构具有重要的支持性作用，它们可以与政府进行对话，要求制定合理的政策、构建良好的框架来通过使用第三方代理人扩展金融服务，还可以从中穿针引线，传播经验教训和好的做法。

在农村地区使用一定的技术手段来拓展业务覆盖面是一个新的课题，对银行来说存在着高度的风险和不确定性。在这个背景下，公益人士支持一些试点项目就很有必要了，这样在未来复制类似的模式时试点结果就会产生参考价值。在移动银行业务蔚然成风的情况下，公益人士的重要作用体现在能够帮助其健康发展上面，具体做法通常是公益人士可以帮助银行充分了解移动银行业务当中的利益和难题。

## 参考文献

［1］Alexandre, C., Mas, I., Radcliffe, D. (2010) Regulating New Banking Models that Can Bring Financial Services to All, 1 August 2010, http：//ssrn. com/abstract = 1664644 (last accessed 16 October 2010).

［2］Andersen, E. (1985) The Salesperson as Outside Agent or Employee：a Transaction Cost Analysis. Marketing Science 4 (3).

［3］Berger, E., Opportunity International (2009) Case Study, Overcoming Back – end Barriers： Opportunity International and Bank Switching Solutions, http：// www. opportunity. org/wp – content/ uploads/2010/07/ Switching – Solutions. pdf.

［4］Breloff, P., Tarazi, M. (2010) Nonbank E – Money Issuers：Regulatory Approaches to Protecting Customer Funds. CGAP Focus Note No. 63.

［5］Campbell, B., Kalanda, A. – A. (2008) Banking Rollout Approaches to Rural Markets – Opportunity International Bank of Malawi. OI White Paper No. 8.

［6］CGAP Technology Program (2008) Notes on Regulation of Branchless Banking in-

---

① Denise Dias and Katharine Mckee, "Protecting Branchless Banking Consumers：Policy Objectives and Regulatory Options", CGAP Focus Note No. 64, 2010。

Brazil.

[7] Central Bank of Kenya (2010) Guidelines for Agency Banking.

[8] Chipchase, J. (2010) Mobile banking: Agents as mediators. http://technology. cgap. org/2010/06/04/mobile – banking – agents – asmediators/#more – 2630.

[9] Dias, D. , McKee, K. (2010) Protecting Branchless Banking Consumers: Policy Objectives and Regulatory Options. CGAP Focus Note No. 64.

[10] Eijkman, F. , Kendall, J. , Mas, I. (2010) Bridges to Cash: the retail endof M – PESA. The challenge of maintaining liquidity for M – PESA Agent Networks.

[11] Firpo, J. (2009) E – Money – Mobile Money – Mobile Banking – What's the Difference?, http: //psdblog. worldbank. org/ psdblog/ 2009/01/'emoney – mobile – money- mobile – banking – whats – the – difference. html.

[12] GSMA (2010) Mobile Money Definitions, Mobile Money for the Unbanked.

[13] Ivatury, G. , Mas, I. (2008) The Early Experience with Branchless Banking, CGAP Focus Note No. 46.

[14] Ivatury, G. , Lymann, T. , Staschen, S. (2006) Use of Agents in Branchless Banking for the Poor: Rewards, Risks and Regulation. CGAP Focus Note No. 38.

[15] Kumar, A. , Nair, A. , Parsons, A. , Urdapilleta, E. (2006) Expanding Bank Outreach through Retail Partnerships, Correspondent Banking in Brazil, World Bank Working Paper No. 85.

[16] Kumar, K. , McKay, C. , Rotman, S. (2010) Microfinance and Mobile Banking: The Story So Far. CGAP Focus Note No. 62.

[17] Letort, J. – M. (2010) How to make your MM project profitable? Greenwich Consulting, GSMA presentation.

[18] Mas, I. (2009) The Economics of Branchless Banking. Innovations 4 (2): 57 –75.

[19] McKay C. , Pickens, M. (2010) Branchless Banking 2010: Who's Served? At What Price? What's Next? CGAP Focus Note No. 66.

[20] McKay, C. (2010) From rural outpost to boomtown: how banking services transformed a town in the Amazon, CGAP technology blog, http: //technology. cgap. org/2010/01/28/from – rural – outpost – to – boomtown – how – bankingservices – transformed – a –

town – in – the – amazon/.

［21］Mwaura, K. , Okuttah, M. （2010）Equity's deal with Orange tilts banking land-scape. posted Thursday, November 11th 2010 at 19：43 on Business Daily, http：//www. businessdailyafrica. com/ Corporate%20News/Equitys%20deal%20with%252.

［22］Munford, M. （2010）M – Paisa：Ending Afghan Corruption, one Text at a Time.

［23］North, D. （1999）：Institutions, Institutional Change and Economic Performance.

［24］Pickens, M. , Porteous, D. , Rotman, S. （2009）Scenarios for Branchless Banking in 2020. CGAP Focus Note No. 57, www. cgap. org/gm/document – 1. 9. 40599/FN57. pdf（last accessed16 October 2010）.

［25］ ProCredit Bank Moldova （2009） Annual Report 2009, www. procreditholding. com/front_content. php？idcat = 26（last accessed 16 October 2010）.

［26］Reille, X. （2006）Les technologies de distribution, MFT 2006, Turin "Microfi-nance et technologie".

［27］Reserve Bank ofIndia（2006）Circular Financial Inclusion by Extension of Banking Services – Use of Business Facilitators and Correspondents, http：//rbi. org. in/scripts/BS_CircularIndexDisplay. aspx？Id = 2718.

［28］Reserve Bank of India （2010）Discussion Paper on Engagement of 'for – profit'Companies as Business Correspondents, http：//www. rbi. org. in/scripts/bs_viewcon-tent. aspx？Id = 2234.

［29］Rotman, S. （2010）Branchless banking in Brazil：making it work for small mer-chants, CGAP technology blog, http：//technology. cgap. org/2010/02/05/branchless – banking – inbrazil – making – it – work – for – small – merchants/.

［30］Rutherford, S. （2010）New Paradigms in Microfinance Portfolios of the Poor mi-crofinance from the perspective of the poor, adapting to clients. Boulder：MFT.

［31］Tarazi, M. （2010）The Logic Behind Branchless Banking, CGAP, Boulder Mi-crofinance Institute.

［32］Whelan, S. , with contributions from CGAP Staff and exchange, LLC （2004）：Automated Teller Machines, CGAP IT Innovations Series, http：//www. cgap. org/p/site/c/template. rc/1. 9. 2757.

# 第十一章　塔米尔银行的
# 移动银行业务经验

## Shahid Mustafa[1]

虽然巴基斯坦拥有几个富有活力的大都市中心区，然而绝大多数人口都生活在农村地区，他们中的很多人远离城市设施。农村人口多数非常贫困，很少得到正规金融部门的服务。本文考察了致力于服务农村贫困人口的塔米尔银行（Tameer Bank）是如何通过使用现代通信技术来完成这个任务的：移动电话是塔米尔银行提高乡村业务覆盖面业务模式的基石。

## 一、金融服务门槛：巴基斯坦的案例

巴基斯坦人口总量大约有 1.75 亿人，它也是世界第六大人口数量国家，农村地区人口占到总人口数量的大约 64%。

然而，从历史上讲，农村地区长期受到政策忽视，金融服务水平很低。银行所提供的金融服务数量不足，方便程度不够，农民通常也支付不起费用。相对来说，银行考虑更多的是如何提供农业信贷，并动员农村富裕人口的储蓄存款。政策制定者很少考虑要给农村提供保险产品，向非农领域以及无地和少地农民发放信贷，以及动员农村地区最贫困人口的储蓄存款。缺少合适的储蓄产品、几乎不存在保险项目、贫困人口和非农活动难以获得信贷，以及效率低下的支付结算系统，所有这些因素结合在一起，剥夺了农村人口的生产性就业机会，造成发展程度低下并且结构单一。结果，农村经济陷入了低增长率的恶性循环，低增长带来了低生产率，储蓄率相应较低，就业岗位较少，并导致了贫困。[2]

---

① 塔米尔银行。
② 巴基斯坦国家银行。自农村金融委员会报告中节选。

　　如图 1 和图 2 所示，巴基斯坦普通家庭都停留在正规金融体系之外，在家庭之中储蓄，并从家庭成员和朋友那里获得借款。巴基斯坦人口中仅有 14% 使用正规金融机构提供的金融产品或者服务（包括储蓄、信贷、保险、支付、汇款服务等）。如果考虑非正规金融服务，那么巴基斯坦人口中有 50.5% 的比例使用过金融渠道。非正规金融可以是有组织的机构提供的（比如通过委员会、零售店主、高利贷者、地下钱庄进行货币支付等），也可能是通过朋友和家庭等更不正式的渠道。比较而言，孟加拉国 32% 的人口能够使用正规金融服务，这一数字在印度是 48%，在斯里兰卡是 59%。①

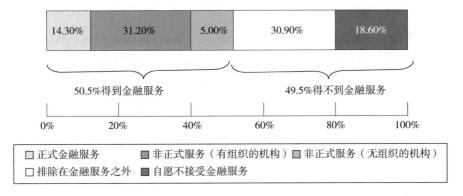

　　资料来源：T. Nenova, C. T. Niang, and A. Ahmed, "Bringing Finance to Pakistan's Poor: A Study on Access to Finance for the Undeserved and Small Enterprises", May 2009.

**图 1　巴基斯坦金融服务覆盖性图景**

　　对穷人、妇女、小微企业和农村地区来说，金融覆盖面更低。然而，市场研究显示，他们是有价值的客户。大多数正规金融产品仍然较为高端，限制在城市人群、富裕人口、在正规部门工作且受过教育的男性客户当中。正规部门应当向非正规金融服务提供者学习并进行双边合作，后者的服务在各个地理范围内都存在，复杂程度更低，要求更少，也更加容易理解。

---

　　① T. Nenova, C. T. Niang, and A. Ahmed, "Bringing Finance to Pakistan's Poor: A Study on Access to Finance for the Undeserved and Small Enterprises", May 2009.

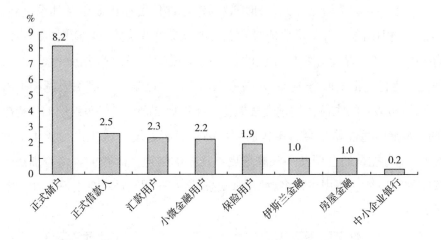

资料来源：T. Nenova, C. T. Niang, and A. Ahmed, "Bringing Finance to Pakistan's Poor: A Study on Access to Finance for the Undeserved and Small Enterprises", May 2009.

**图 2　金融服务——供给和需求**

➤ 超过半数的人口储蓄，但是仅有8%的人将他们的资金交给正规金融机构。

➤ 1/3 的人口借款，但只有3%的人向正规金融机构借款。

➤ 自 1999 年以来，小微金融以每年40%的速度增长。然而，小微金融的市场占有状况是8000万成年人口中仅有170万人使用该渠道。

➤ 自 2001 年以来，国际汇款增长了29%。然而，仅有2.3%的巴基斯坦人汇款或者接受汇款，而半数的汇款，包括国内汇款，都是通过非正式的方式进行的。

➤ 2003—2007 年，农业拨款增长了44%。然而，信贷需求还没有得到满足，金融体系仅仅覆盖了15%的农民。

➤ 人寿保险是最常用的保险产品，投保需求很好。然而，仅有1.9%的人接受了保险。

## 二、移动通信渗透力：四面开花

在移动电话的市场占有率方面，巴基斯坦是亚洲发展中国家中五个使用手机最活跃的经济体之一。当考察移动通信状况时，巴基斯坦远远超过很多亚洲国家。由于持续而没有反复的增长模式（见图3），巴基斯坦的移动通信产业在2010年7月实现了1亿用户的标志性数量。巴基斯坦的移动通信市场覆盖率以非常快的速度提高，过去三年间累计提高速度平均为5%，使得现在的市场覆盖率达到了60.4%。移动通信运营商正在大踏步地改进其运营网络，特别是在其未提供服务的地区更是加紧网络覆盖力建设。2009—2010财年，移动用户增长率达到5.1%，对比2008—2009财年，总用户为9430万人，增长率超过7%。虽然自2010年以来该部门显示了增速放缓的趋势，但增长率仍然为正。网络覆盖区域不断扩大，成为用户基础不断扩张的关键因素。目前，巴基斯坦所有运营商所建立的移动电话信号发射塔总计30126座。①

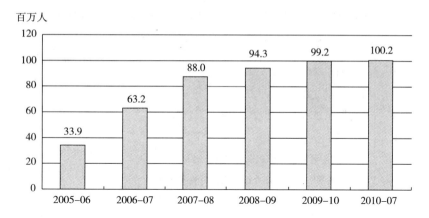

资料来源：T. Nenova, C. T. Niang, and A. Ahmed，"Bringing Finance to Pakistan's Poor：A Study on Access to Finance for the Undeserved and Small Enterprises"，May 2009.

**图3　巴基斯坦的移动电话用户**

### 三、移动银行业务：差异化而较低的成本

为了服务于贫穷且很大程度上从未接触过银行的潜在客户，传统的仅以"一砖一瓦建网点"为代表的服务分销模式对客户来说耗时过多，有的

---

①　巴基斯坦电话通信部，2009—2010年年度报告。

时候对银行来说也不划算，因为它带来的成本可能过高，以网点为基础的银行服务模式的缺陷可以因无网点银行经营模式而带来改善，具体情况可以参见表1。[1]

表1 　　　　　　　无网点银行业务模式——主要优势

| | 以网点为基础的业务模式面临如下障碍 | 障碍可以被无网点银行业务模式所克服 |
|---|---|---|
| 实物性基础设施 | 建立网点和布设自动取款机网络及相关设施的成本较高<br>• 在人口密度较低的地区通过这一模式增加市场覆盖面较不经济，特别是对非信贷服务而言更是如此<br>　对市场机会的反应速度较慢<br>• 网点扩张的速度受到寻找及培训员工的限制，并且还要满足其他前提条件 | 无网点银行业务模式的成本较低，因为充分利用了现成的基础设施<br>　扩张的制约仅包括能够找到多少签约代理人，以便给银行和移动网络覆盖提供服务 |
| 形象 | 银行被看作正式的金融机构，意味着仅为"富有人群"服务<br>• 银行员工没有接受为"贫困"客户服务的培训<br>　文化障碍限制了妇女接受服务<br>• 在国内保守地区，妇女造访银行将被人非议 | 接受服务的心理障碍较低<br>• 客户通常已经和代理人（比如零售店主、邮局职员）打过交道<br>• 移动银行使妇女能够在与社会互动最少的情况下实现交易 |
| 要求和限制 | 成为银行的客户需要开展大量的案头纸质工作，并且满足很多要求<br>　收费较高<br>• 银行为覆盖其高昂的固定成本，需要施以服务收费，要求维持最低账户余额或者最小开户资金数量 | 无网点银行账户的客户身份验证（KYC）要求较低<br>　收费较低<br>• 无网点银行因为固定成本较低，可以实现更有竞争力的收费 |

科技能够降低成本，扩大地理覆盖面，提高产品质量，帮助扩大信贷

---

[1] 塔米尔银行内部资料。

信息基础，并给所提供的服务带来创新性的应用。市场上存在着大量银行服务未覆盖到的人群。无论是有组织的金融服务还是没有组织的金融服务，他们都从来没有接触过。同时，由于移动通信服务商网络服务的扩大，这些用户对移动电话的接触和使用达到了新的高度。考虑到这些因素，移动银行服务模式可能成为巴基斯坦农村地区金融服务拓展的重要解决方案和催化剂。

### 四、塔米尔银行和特勒纳（Telenor）电讯公司的合作

塔米尔银行是在 2005 年由花旗银行（Citibank）一些前执行官组建起来的。他们基于下面的市场动态才决定在这个国家建立一家新的小微银行：

- 这个国家存在相当数量缺乏与银行接触经验的人群，他们有多重需求（可以说从摇篮到坟墓都有金融需求）。
- 传统小微金融没能成气候，目前市场上也没有主流的类似机构。
- 商业银行一致试图向"金融金字塔"的顶端进军，也就是主要关注中上层客户，这会使得广大的底层客户更难接触到银行服务。
- 提高金融覆盖面和金融素养会收获丰富的果实，比如经济得到发展，并带来相应的社会影响。

塔米尔银行出现在全球的视野中，人们将其视为重要创新和商业上可持续的解决方案，特别是该银行给缺乏与银行接触经验的人们赋予了重要的社会经济权利。塔米尔银行努力在提高小微金融和相关服务附加价值方面树立新的卓越标准，其主要方法是运用创新性的技术，雇用高度专业的职员来提高客户的方便程度和满意程度。塔米尔银行在成立后的 5 年间，为巴基斯坦的 3 个省份提供金融服务，通过其所拥有的 100 个基点建立起了"辐条—轮轴"辐射式的业务模式，其中网点可以充当轮轴，销售中心和社区中心可以充当辐条。

2008 年，塔米尔银行稳扎稳打地站稳脚跟后，发现兴建足够数量的网点来给市场提供服务会降低它们财务上的可持续性。为了服务那些相对

贫困、没有接触过银行服务的潜在客户，塔米尔银行不得不更加深入地接触这些人所居住的农村地区。即使在"辐条—轮轴"的辐射策略下，销售/服务点的成本较低，社区中心的成本更低，然而人员成本也足够惊人。

虽然自动取款机和 POS 机等设备已经使银行服务延伸于银行网点的砖墙之外，但塔米尔银行的视野却更加宽阔。在零售商店的 POS 机设备上，借记卡可以用于付款，在城市的自动取款机上也可以提取现金，但塔米尔银行做得更多，它在全国的小型商店培养了一批获得授权的银行"代理人"，他们手中的移动电话可以连接银行信息平台。这些代理人本来都有正常职业，他们能够开立银行账户，并提供全方面的金融服务，远远超过传统银行业务设施所能提供的服务范围。这一技术调整的影响，以及塔米尔银行寻求接触客户低成本办法的需要使得该银行开始探索寻求合作者，它对合作者的要求是既能提供技术解决方案又能提供必要的代理人网络。

当塔米尔银行于 2005 年开业的时候，挪威电话通讯巨头特勒纳公司也开始在巴基斯坦开展业务。虽然特勒纳公司在巴基斯坦进行了大量投资，并成为该国移动电话领域的主要竞争参与者，但特勒纳公司认识到，移动电话业务领域内的竞争越来越激烈，使得其全球范围内电讯业务的利润受到越来越多的侵蚀。特勒纳集团的管理层认为，作为一个成长的机会，金融服务能够接触到零售银行市场中大量缺乏银行服务的潜在客户，特别是在发展中国家更是如此。特勒纳集团另一家子公司——格莱珉电讯于 2007 年在孟加拉国开展了无网点银行服务业务。为抓住 14 个国家的金融服务机会，特勒纳集团建立了独立的组织单元来制定策略，并为特勒纳集团下属各个运营公司的创新性项目提供支持。

特勒纳公司认识到巴基斯坦国家银行（SBP）决意实施"银行主导型"发展模式，这将无网点银行服务项目限制在了接受监管的金融机构当中。这意味着如果特勒纳公司通过利用其巨大的空中充值销售代理人网络来进入金融服务业务范畴，它就需要寻找一家银行作为合作者。2008 年11 月，经过了 5 个月的谈判之后，特勒纳公司购买了塔米尔银行 51% 的控股权，"快钱"（EasyPaise）品牌就此诞生。"快钱"是一个无网点银行服务品牌，使得客户更加方便地接受金融服务。像这个品牌所显示的那样，它承诺给客户带来完全的方便和授权。这一服务并不局限于特勒纳公司的用户，而是也允许使用其他运营商服务的用户参与，甚至是完全没有移动电话的人也可以使用。它提供了一种完全无麻烦的金融交易开展模式，无论是从事账单支付、移动开户、国内汇款甚至是国际汇款等业务都一样；服务范围还将进一步扩大，可能会增加人寿健康保险业务、储蓄存款产品、贷款支付和偿还业务（仅限塔米尔银行客户）以及捐款服务。

特勒纳公司和塔米尔银行的强强联合交易如图4所示。

特勒纳小微金融银行有限公司
（服务于缺乏与银行接触经验的客户）

增加业务范围
降低资金成本
提高品牌辨识度
获得交易收益

特勒纳公司

提高每位用户带来的平均收入
降低客户门槛
提高市场份额
提高交易收入

**图4　特勒纳公司和塔米尔银行——合作收益**

"快钱"品牌团队。开展这一服务的并不是两个特殊实体的松散叠加：他们成立了一个大型团队，其中每个合作者都被分配了最合适的明确职责。在联合产品团队中，你所想得到的一切职能都有：产品管理、操作、营销、法律、技术等，职员分别来自两个组织。

从法律的视角看，塔米尔银行和特勒纳公司签订了代理人协议，后者可以充当无网点银行的分销渠道。和需求方负债有关的一切要素都在银行那里体现：所使用的资产负债表是银行的，所以所有的客户资金余额都体现在那里。在法律规范之外，项目内部来自于特勒纳公司和塔米尔银行两方的职员在进行责任分配时也有一定之规。特勒纳公司负责整个渠道管理和零售链条的建立工作，因为该公司在这项工作的核心领域拥有重要经验。它也负责提供技术支持，并运营一个电话中心，用于给客户提供服务并处理投诉。两方会合作开发战略模式，但是特勒纳电讯公司牵头负责营销，包括和创新机构及采购中介合作；塔米尔银行负责开立账户、记录分类账簿、编制调节表、进行内部平账、与外部主体结算资金、履行风险和合规审查，进行欺诈调查。这些都是塔米尔银行最为擅长的核心银行功能。

### 五、"快钱"品牌：现状和前景

通过使用移动电话和代理人网络，"快钱"品牌旨在提供有效、快速、高度安全的金融产品，这些产品包括移动账户、国内汇款、市政账单支付、以代理人为基础的现金储蓄和提现服务，以及作为附加服务的商业开发等，这样就可以完成全套的低端零售移动商务活动。

"快钱"品牌团队的实际产品范围和产品系列与其他国家的移动银行业务项目完全不同。"移动钱包"系统（由肯尼亚的电讯运营商沙法瑞卡姆公司创办）提出的触网项目"送钱回家"专注于货币转移业务。另一家东非跨国公司载恩公司（Zain）在 2009 年 2 月创办了"载普"项目，同时推出了全套复合服务。

"快钱"品牌项目最开始主要关注四种产品，按照下列顺序每次推出一款：

（1）账单支付。

（2）货币转移。

（3）移动账户。

（4）国际汇款。

通过代理人来建立可靠的分销渠道是一个基本考虑。账单支付是一项大家都知道的服务，并且现在一直存在着瓶颈。农村人口通常更加难以接触到账单支付的其他服务设施，他们常常要在银行门口排队，一排就是多半天。让这些人在他们当地的商店就能完成支付会极大地提高目标客户群体的方便性。

"快钱"品牌在 2009 年 10 月 15 日公开推出时还打响了一场大规模的媒体攻坚战。虽然根据判断，无网点银行业务模式的长期战略性优势在于使用移动电话进行金融交易，但是首先推出的服务却是传统的柜台（OTC）账单支付服务，由特勒纳公司的零售商在经过特殊培训后完成。其意图是双重的：首先，"快钱"品牌管理层希望零售代理人在开拓移动渠道之前先熟悉金融交易；其次，他们希望率先从人们所需要并且容易理解的简单产品/服务开始做项目推广。但是，"快钱"品牌的管理层也相信，对那些已经熟悉用电子充值获得电话服务的人们来说，接受金融服务只是前进了一小步。特勒纳公司的管理层相信其有能力培训客户使用金融服务，就像他们培训客户使用电话一样。

"快钱"品牌项目有很多端口可以办理交易，包括特勒纳公司的销售和服务中心、特许经营点、零售店、塔米尔银行网点，以及塔米尔银行的销售和服务中心。他们计划 2011 年底发展出超过 2 万个商业代理点，超过该国银行网点和邮政网点的数量总和。使用这些代理点的客户并不一定要求是特勒纳公司的电话服务用户，巴基斯坦的全部人口都可以接受所有地区的柜台服务。仅在开立移动账户和通过电话办理业务时，客户才需要拥有一张特勒纳公司的 SIM 卡（用户身份识别模块卡）。[①]

"快钱"品牌在开始成功地推出其柜台账单支付产品和国内汇款产品之后经历了快速的成长，显示出巴基斯坦国内对电子支付服务具有强大的内在需求。

---

① 用户身份识别模块卡（SIM 卡）是一张能插入移动电话的薄卡片。它允许网络识别使用者的身份。通过 SIM 卡制式移动电话，使用者可以进行电话连接。

- 交易数量从 2009 年 10 月的 4.9 万笔提高到 2011 年 1 月的 160 万笔，每月累计平均增长率（CAGR）高达 26.2%。从 2010 年 5 月开始，这一增长又提速了，在 8 个月内交易增长了 5 倍。

- 交易价值从 2009 年 10 月的 6100 万巴基斯坦卢比（70 万美元）增加到 2011 年 1 月的 27 亿巴基斯坦卢比（3200 万美元），每月累计平均增长率高达 29%。这种状况证明，"快钱"品牌商户处理现金的能力快速提高，同时越来越多的客户信任"快钱"品牌的服务。在过去 8 个月间，交易价值增加了 4 倍。

- 2011 年 1 月，每天成功办理交易笔数超过 52000 笔，平均每日货币往来金额超过 8800 万巴基斯坦卢比（100 万美元）。这相当于每月大约发生 162 万笔交易，总货币往来金额超过 27 亿巴基斯坦卢比（3200 万美元）。

- "快钱"品牌的分销网络从创办开始的 2200 家商户发展到如今位于巴基斯坦 700 个城市、市镇和乡村的 11000 家商户。这种分销网络的成长使得"快钱"品牌的覆盖面超过巴基斯坦国内所有银行的覆盖面之和。在该国，共有 8500 家银行网点。

- 大约有 33% 的交易来自于农村或者城乡结合部，这凸显了"快钱"品牌在农村或者城乡结合部的渗透力大大提高。由于正规的金融服务在巴基斯坦的农村或者城乡结合部的渗透力非常低，这一点显得尤为重要。

- 在"快钱"品牌首年的运营中，在所有的产品当中，通过柜台渠道办理市政账单支付和货币转移的业务显示了重要的成长性。市政账单支付从每月 4.8 万笔交易增长到每月 100 万笔交易，复合年均增长率（CAGR）高达 22.6%。

- 货币转移支付业务是"快钱"品牌交易产品组合中最有前景的产品，其交易量从 2009 年 11 月的 6000 笔增长到 2011 年 1 月的 42.4 万笔，复合年均增长率高达 34.8%。

- 对货币转移业务情况的研究结果显示，47% 的客户属于最低的社会经济阶层，而且 40% 的客户没有完成其 10 年期基础教育。更重要的是，42% 的客户是蓝领或者熟练工人，而其中也有大量的军人、农民、自雇人士等。我们也应当注意到"快钱"品牌最早期的使用者很多是城市客户，他们需要汇款或者支付账单。随着汇款接收者加入到这一系统，以及商业网络延伸到更贫困的农村地区，我们认为"快钱"品牌的客户中贫困或者非常贫困的人口比例将随着时间的推移而不断提高。

"快钱"品牌所取得的显著成功改变了传统的经营模式，促使竞争者竞相模仿。这种模式可靠、能够升级并且效率很高，有望缩小富裕人口和贫困人口之间的差距。

农村大部分地区缺少正规的金融服务，移动电话的使用率很高，同时代理人网络的培育给移动银行业务的兴起和填补空白提供了机会。"快钱"品牌出现后，成为从未接触过银行服务的人群及农村人口的首选。这个市场潜力巨大，并且还有很大一部分人还没有接触到服务。考虑到金融需求的多样性，未来再推出的产品还可以包括贷款发放、贷款偿还、健康保险以及小额储蓄等。

## 参考文献

［1］ Pakistan Telecommunication Authority, Annual Report 2009 – 2010.

［2］ International Tameer presentation.

［3］ State Bank of Pakistan, Excerpts from the report of the Committee on Rural Finance.

［4］ Nenova, T., Niang, C. T., Ahmed, A. （2009） Bringing Finance to Pakistan's Poor：A Study on Access to Finance for the Undeserved and Small Enterprises.

# 第十二章 基于贫困状况打分卡的信贷及拨款事务优先权
## ——在中美洲的应用

Manuel A. Hernandez[①]  Maximo Torero[②]

## 一、简介

发展中国家的政策制定者已经非常明白贷款的可获得性对于抓住经济发展机会的作用。然而，贷款资金的最优使用方式需要在维持财务可持续性和实施贫困治理之间进行潜在的权衡。本章探索了一个对贫困程度较为敏感的打分卡体系，它适用于较不发达市场经济国家的信贷业务或者援助款项拨付活动。该方法的创新之处在于它结合了风险方面的考量和与贫困程度有关的打分卡。这一点保证了贷款的发放或者援助款项的拨付并不仅仅关注贫困程度，而且保证了投资项目的可持续性。同时，风险评分使用了创新性的非线性和非参数模型，可以更好地估计贷款是否值得发放，并且较不容易将贫困人口排除在这个极端重要的市场之外。接着，我们在一个实际的例子中运用了这个打分卡系统，也就是在中美洲发放援助款项，用于将农村小业主和市场联系起来。

很多文献都分析了发展中国家信贷的发放对改进经济机会的重要作用（Armendariz de Aghion 与 Morduch 2005；Shahidur，2006；Brett，2006；Gosh，Mookherjee 与 Ray，2000）。类似地，自 20 世纪 70 年代以来，政策制定者也逐渐认识到小微企业在经济发展中的作用，因为对大型企业压倒

---

① 国际食品政策研究署（IFPRI）市场、贸易和机构部的博士后工作人员，电子邮件地址为 m. a. hernandez@ cgiar. org. 。
② 国际食品政策研究署市场、贸易和机构部主任，电子邮件地址为 m. torero@ cgiar. org。所有的问询应发送给 Maximo Torero。

一切的保护和推促其发展的政策并没有带来经济成果的再分配（McPherson，1996）。发展小型企业要求平衡分配大型经济体和小型经济体的游戏场所。这样做的方法之一是政策方面不要明显或者隐含地歧视小型经济体。政府对小企业提供帮助也是有一定必要性的。帮助小企业的方式包括提供生产和营销等方面的培训，以及让它们更容易获得信贷的方法。① 除了优先给予信贷机会和有补贴的信贷发放之外，公益人士还可以用援助款项的方式提供财务帮助。

在给小企业发放贷款和援助款项时，在各类需求者的竞争之中做好项目选择是非常重要的。在欠发达国家，市场合同很难执行，并且存在较为严重的逆向选择问题（当不清楚借款者类型时会作出错误选择），这一贷款风险就很高。传统上，贷款性金融机构在发放这些部门的贷款时都会收取相对较高的利率。政府管辖下的银行在给大量贫穷的借款人发放贷款时受到严重限制，因为它们通常有严格的抵押品要求。在给穷人的正式贷款之外，一种补充形式就是小微金融。这类贷款的目标客户是从事自雇性活动并且没有相应抵押品的人或者项目。大家都清楚，当贷款是发放给个人而不是小组的时候，缺乏抵押品会导致信贷市场失效（Ghatak 与 W. Guinnane，1999）。

大部分小微信贷的发放依据是借款人的声誉（比如他或她过去的借款和还款方式）。声誉很难进行衡量，缺乏对借款人风险的更加准确的衡量方法影响了信贷市场的有效性。这样，虽然小微金融信贷的成功故事被广泛宣传，但人们仍然关注贷款机构是否能在保持较低信贷利率的同时忍受相对较高的违约率，而这种状况主要是基于补贴和软贷款模式的。比如，格莱珉银行收取10%的平均利率，1985—1996 年经受了相当于贷款余额18%左右的损失（如果考虑对资产组合做适当调整的话，Armendaris de

---

① 这些信贷项目的绝大部分，特别是所谓的"农业发展银行"，它们以受到补贴的利率放贷，但最终难以达成其目标，无论是要服务于农村的贫困人口，还是使自己成为财务上可持续的信贷机构都无法成功（Adams、Graham 与 von Pischke，1984；Braverman 与 Guasch，1986；Adams 与 Vogel，1986）。

Aghion 与 Morduch，2005）。

银行在克服个人信贷中的逆向选择问题上面临着更大的困难。信贷打分卡如果可以相对准确地预测借款人的可信度，就可以在一定程度上解决市场失灵的问题。贷款机构在参考信贷分数的基础上，可以向潜在借款人提供一系列关于利率和贷款额度的组合菜单。编制这样一份菜单的关键在于根据单个借款单位的一些特殊特征，提出准确的风险评级（迄今为止，包括小微金融贷款在内，向贫困人口的贷款项目中通常都缺少这种评级）。信贷评分模型已被证明是确定借款人风险方面最有效的模型，通常是基于多个实体的长期历史数据而开发的（比如，一系列贷款机构的记录系统整合在一起）。

然而，借款人的风险（比如贷款偿还违约的可能性，以及拨付救助款的充分有效使用）不是确定是否放贷的唯一标准。放贷项目的准入名单也需要在评估是否能够降低贫困程度的基础上制定。相应地，贷款资金的最优使用需要在权衡可持续性及贫困救助效果的基础上完成。

本章开发了一套贫困敏感型打分卡系统，为欠发达市场国家的信贷和救助款项拨付提供参考和帮助。当贷款机构面对上文所述的权衡难题时，这套打分卡系统可以帮助解决应当如何放款或者提供救助款项的问题。这里建议的方法包括两个阶段。在第一阶段，制定风险打分卡，在风险评估的基础上用最新的计量经济模型给潜在借款人打分。我们所建议的非参数技术通过信贷分数评估风险，在现有方法的基础上进行了显著改进，对个人贷款的风险进行了更加准确的计量。更重要的是，对每笔贷款的潜在得失进行了更准确的度量。在第二阶段，按照主成分分析方法，开发了一套贫困打分卡来评估风险分数低于某一特定门槛的潜在借款人。也就是说，对于在第一阶段被证明是财务上可持续的项目，我们将在第二阶段评估其对贫困治理的潜在影响。

本章接下来的主要内容包括：第二节讨论了被提出的风险和贫困打分卡，包括开发和实施的方法。在第三节，我们在一个实际的例子中应用贫困打分卡系统，这个例子也就是中美洲将农村小业主和市场连接起来的救助款项申请项目。第四节进行了总结评论。

二、建立打分卡

在发展中市场，因为发放贷款或者分配救助款项的目的而使用打分卡系统包括两个阶段。在第一阶段，会建立一个风险打分卡或者一套运算程序，它适用于给小企业贷款的情形，使用了最新的统计学和计量经济学模型。在第二阶段，潜在借款人（受益人）的项目如果其风险评分低于一个特定的门槛值的话，就会接受评估，通过贫困打分卡来考察它们对贫困治理的潜在影响。图1和图2总结了包含两大步骤的这个过程。

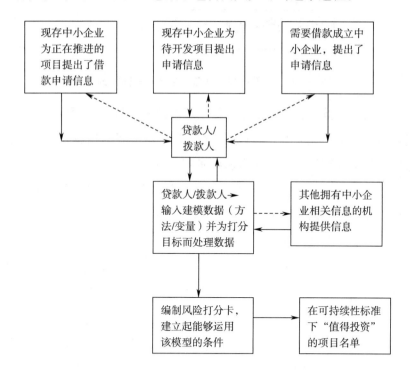

**图1　第一阶段：使用风险打分卡进行项目可持续性筛选**

我们所提出的风险和贫困打分卡系统背后的概念逻辑在于，这套方法的目标是控制贫困，并保障项目的可持续性。由于假设可持续性是贫困治理的必要先决条件，在第一阶段，收到贷款或者拨款的申请后，首先要评

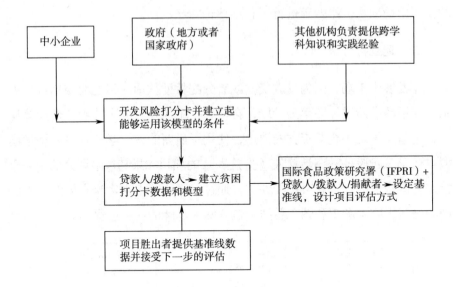

**图2　第二阶段：在项目名单中建立贫困打分卡**

估借款人的违约概率。和信贷市场评估违约概率一样，这套程序通常都是通过信贷打分卡来完成的，可以通过贷款/拨款申请的信息及从其他渠道收集的信息来计算风险分数或者违约概率。

　　请注意，违约的含义对贷款发放和救助款项拨付来说是不一样的。在贷款时，违约的意思是指发生贷款没有按时偿还的事件。在救助款项拨付的情形下，并不存在偿还责任，项目的可持续性应该通过其他替代性的指标来加以估计。这样，在贷款的情形下，可以使用标准的信贷打分卡框架，而在救助款项拨付的情况下，应当使用参考样本或者一些具有可比性企业的数据来评估生存概率，或者超过某一门槛值的回报概率。

　　可以结合使用多个来源的信息来估计贷款/拨款申请的违约概率。一些数据可以和贷款/拨款申请一同获取。然而，那些申请人和其他机构交易的数据、那些能够影响企业或者项目盈利性和生存能力的外部因素数据，以及其他具有可比性企业的数据难以一同收获，却能够增强打分模型的预测能力。在挑选出那些满足最低风险控制要求以确保其可持续性的项目之后，接下来就可以按照其对贫困的潜在影响来进行评估了。

值得注意的是，创建打分卡系统是一个动态的过程，打分卡可以随着时间的推移而加以改善，特别是最开始仅有有限的信息可以用于风险评估时更是如此（参见图3）。最初的风险估算法则可以根据具有可比性企业/借款人的表现加以制定。然后，这一估算法则可以被用来评估项目在议的贷款/拨款申请，使用申请程序所搜集到的信息以及从其他来源找到的信息。根据项目风险评分和对贫困治理的潜在影响而筛选出来的项目结果还可以得到进一步的评估，可以帮助扩展和更新打分卡系统所需要的数据。这样，一个临时打分卡就可以建立起来了（常常是通过试验插值方法来实现的），它不仅使用了现成的信息，也整合了额外的附加信息用于改进打分卡。这一过程可以持续下去，直到足够大的贷款/拨款资产组合样本的历史表现数据都已经收集到位。

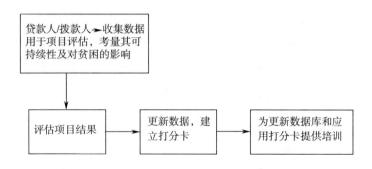

**图3 项目评估以及数据库和打分卡的改进**

接下来，我们更加详细地讨论风险和贫困打分卡的开发和使用方法。

（一）风险打分卡

在发达的信贷市场，使用信贷分数是信贷过程的一个内在组成部分。对比而言，发展中经济体使用信贷评分系统的情况越来越多也是最近才出现的现象。我们想要开发一套信贷打分系统，运用于向小企业发放信贷或者拨付救助款项的情况，这套系统运用了统计学（计量经济学）模型的最新成果，相对于现有模型而言更能够提高风险评估的准确性。特别地，我们的目标是开发一套适合小微企业贷款的信贷打分估算法则，围绕建立信贷评分工作数据库的要求来设计所需要的规则，其基础包括现成的数据和未来可以收集的数据，这些都可用于提高模型的预测能力。让这套信贷打分模型使用起来很简单也是我们的目标。

开发合适的风险打分体系对贷款人/拨款人以及借款人而言都会受益。缺少设计良好的风险打分系统不仅会限制借款人获得信贷资金，也会妨碍贷款人对各类借款申请进行区分。给定一个信贷评分，贷款机构能够为潜在借款人提供一个菜单，将利率和（提前批准的）贷款规模结合起来。①炮制这一菜单的关键因素在于制定精准的风险评级标准（截至目前，在大多数向小微企业投放的贷款中都没有应用这种评级），但是这一评级的准确性取决于所构建的统计模型质量如何。我们设计的模型能够更加精确地反映借款人品质和风险水平之间的关系。

正如上面所提到的那样，关于借款人特定品质和外部因素的详细信息对构建一套以风险为基础的打分卡系统来说至关重要。然而，在发展中国家，关于这些变量的详细信息通常难以获取；这样，贷款或者拨款常常根据定性的或者说主观的评价来赋予有关人员。如果最开始只有有限信息的话，下面所提出的方法也可以应用。随着时间的推移，新的信息可以加入进去以改进打分卡系统。

### 1. 方法

每个潜在借款人都有一个违约概率，与所申请的贷款/拨款的条件相关。这一概率取决于借款人的特征，也取决于和借款人无关的其他外部因素。打分卡的主要目标就是通过估计这些概率来对借款人进行排序，而概率的大小取决于几个借款人的特征和外部因素。比如，考虑一笔和农业部门密切相关的小企业贷款申请。借款人的特征包括目前的资产、收入、信贷历史和尚未偿还的借款余额，而外部因素包括农产品加工的波动性。总起来说，我们可以用一个离散（二元的）变量来代表借款人的品质和外部因素，并在此基础上进行估计。

---

① 风险评分不仅仅是区分高风险的工具，也是设计借款资产组合选择的重要工具。这样，贷款/拨款的条件或者利率就会对借款人的类型更加敏感。

一个合适的（回归）统计模型应当精确反映项目特征、外部因素以及所定义的二元变量之间的潜在关系。所使用的统计模型属于离散选择模型，贷款是高（或者低）风险的几率是借款人特性和其他变量的函数。反映这一关系的函数形式需要遵循特定的假设，这些假设对将借款人分为不同风险类型的方式非常重要。所选择的函数形式是否正确将使模型预测的准确性产生很大差异。值得注意的是，发达国家开发的信贷评分系统所使用的函数假设并不太适用于发展中国家的信贷市场，因为在发达国家和发展中国家之间，影响借款人风险程度的关键变量，以及它们影响风险程度的方式是十分不同的。[①] 发展中国家应当开发一套独特的方法，这些方法不应该依赖于之前的知识或者关于函数形式的特殊假设。

我们要推荐一套特殊方法，其创新之处在于并不假设在借款人品质、外部因素和违约概率之间存在一个特殊的函数形式和分布形式。我们更推荐用数据来拟合出最优的函数形式，而不是使用特定（通常也是错误的）的函数和/或分布假设。不假设存在特定函数形式的统计模型也叫作半参数和非参数估计方法。虽然这些方法非常适合信贷评分方面的研究，但是令人奇怪的是它们并没有在这一领域得到广泛应用。一个令人信服的解释在于大多数能用的半参数和非参数方法是最近才发展起来的。

一个简单的例子可以解释如果假设了一个特定的函数形式，而它又恰好是错误的形式，那么会出现什么样的问题。假设借款人违约概率取决于借款数量、借款比率和资产规模。为演示该如何使用数据驱动型方法，假设存在一个未知的资产规模门槛值，低于这个值的话，违约概率将呈指数性提高。在资产值超过门槛值的时候，违约概率和资产规模无关。标准评分模型假设违约几率与所有解释变量都是线性关系，并且违约概率和解释变量之间关系的潜在分布函数是已知的。这些方法的使用会错误地估计资产值低于门槛值的借款人的违约风险。这可能导致市场排斥了潜在的"优

---

① 比如，人们都知道贷款—抵押比率和偿付负担指标对风险评估而言是非常重要的贡献因素。然而，在农业相关的贷款领域，价格的波动性和农产品歉收的概率在风险评估中却扮演了更加重要的角色。

秀"借款人。

我们推荐的估计风险评分的特殊计量经济学模型是 Klein 和 Spady（1993）提出的半参数单指标模型，因为相对于完全的非参数模型而言，它的估计过程相对较快，并且计算工作负担量也没有那么大。前面我们提到过，我们也在寻找一种更容易使用的方法。和参数模型相比，半参数单指标模型在给违约概率建模时并没有假设一种特定的分布形式。违约概率被定义为

$$P(Y = 1 \mid X) = E(Y \mid X) = g(X'\beta) \tag{1}$$

其中，$Y$ 是和过去项目/贷款违约相关的二元变量；$X$ 是借款人的社会经济和财务特征变量集，加上其他能够反映违约可能性的因素；$g$（·）是一个未知的函数；$\beta$ 是要估计的参数集。这个模型本质上是半参数的，因为线性指标的函数形式是特定的，而 $g$（·）是没有确定的。在参数设定过程中，$g$（·）要得到估计，比如估计结果显示它是一个正态函数，这会成为一个广泛使用的 Probit 模型。

Klein 和 Spady 提出了一个半参数拟合方法来从（1）式中得到参数 $\beta$。更具体地说，$\beta$ 的极大似然估计值由下式得出：

$$\hat{\beta} = \underset{\beta}{\mathrm{argmax}} L_n(\beta, g) = \sum_{i=1}^{n} \left( y_i \mathrm{lng}(X_i'\beta) + (1 - y_i)\ln(1 - g(X_i'\beta)) \right)$$

$$\tag{2}$$

其中，对每个借款人/申请人 $i$ 通过"留一法"非参数核心估计值来估计 $g($·$)$，这样：

$$\hat{g}_{-i}(X_i'\beta) = \frac{\sum_{j \neq 1}^{k} \left( \dfrac{(X_j - X_i)'\beta}{h} \right) y_i}{\sum_{j \neq 1}^{k} \left( \dfrac{(X_j - X_i)'\beta}{h} \right)} \tag{3}$$

那么，对每个潜在借款人或者被拨款人 $i$ 所估计的风险评分就是使用

$\hat{\beta}$ 来估计 $\hat{g}_{-i}$。[①]

2. 构建风险评分卡的步骤

假定有一组潜在借款人或者被拨款人，进行风险评分的过程可以总结成下面几个步骤。

（1）从同一批借款人（被拨款人）过去的贷款（拨款），或者和这一批借款人（被拨款人）具有可比性的申请人团体的贷款（拨款）中收集相关信息。所收集到的信息使我们能够确定/识别那些借款人（被拨款人）的表现（是否违约或者项目是否具备可持续性）。这些信息也应当（最少）包括申请人的社会经济和财务特征。

（2）使用上面提到的半参数单指标模型来估计函数形式，其中借款人/被拨款人以前的表现是被解释变量，他们的社会经济和财务特征以及其他相关变化（如果可获得的话）是解释变量。

（3）从步骤二得出的参数 $\hat{\beta}$ 估计向量接着可以用于（3）式，来得出项目在议的借款人或者被拨款人群体的风险评分。我们只需要将在估计参数 $\beta$ 时所使用的同种特征和因素用于评估潜在借款人/被拨款人群体即可。

（4）只有对那些风险评分低于某个特定门槛的项目（借款人/被拨款人）会接着评估其对贫困程度的潜在影响。

请注意，这个风险评分机制可以在一个开放性软件（比如电子制表软件 spreadsheet）的简单应用程序上运行。从步骤二中得出参数 $\hat{\beta}$ 的被估计向量，以及用（3）式中显示的方法来估计 $\hat{g}_{-i}$，都可以内嵌在整个程序中。那么，使用者就只需要输入 $X$ 所包括的被估计的潜在借款人/被拨款人的品质变量集。然而，考虑到最初关于贷款和拨款可能仅有有限的信息，特别是对小企业和（或）开发项目而言更是如此。随着时间的推移，

---

① 单指标模型也要求两个识别条件，这样未知参数向量 $\beta$ 和未知的函数 $g$（·）就可以被敏感地估计出来。第一，解释变量集 $X$ 必须至少包括一个连续变量。第二，$\beta$ 必须在一些位置和规模的限制下加以确认（进行标准化处理）。一个常用的位置标准化处理是使 $X$ 中不包括一个常量；一个常用的规模常态化处理是假定 $X$ 的第一项有一个常数系数，并且这个第一项是一个连续变量。关于半参数单指标模型的更多细节，可参见 Li 和 Racine（2006）。

新的信息可以被加入进来以改进评分卡系统的估算结果，特别是在准确估计参数 $\hat{\beta}$ 时就更加有用了。试点阶段，在可行的情况下可以（仅使用有限信息）着手构建一个临时评分卡系统，接着基于所选择的借款人/被拨款人或者项目的评估表现，可以不断加入额外信息进行调试以改进评分卡系统。这个过程会一直持续下去，直到收集了足够多的贷款/拨款资产组合样本，并形成了良好的评估绩效历史数据。

（二）贫困打分卡

在满足可持续性门槛的条件下，最后对于项目的选择需要评估它们降低贫困程度的潜力。可以使用几种关于贫困影响的指标。比如，可以评估项目/企业的劳动集中程度（低技能的劳动力或者女性劳动力集中程度）或者地理位置（那些位于更贫困地区的项目更有望对当地的贫困程度带来改善性影响）。

另外，项目的影响可能在地区间会有差异，原因可能和当地条件及其他因素（比如接触外部市场和基础设施的能力）有关。相对于贫困人口更少且没有什么限制的地区而言，一个位于贫困率较高并面临基础设施限制的地区的项目可能对穷人的影响更大。使用贫困地图以及市场接触能力的信息可以较为有效地估计项目对贫困治理的影响。我们可以用到达主干道、市场和/或城市的预计时间来描绘一幅市场接触能力地图，这张地图对可持续性分析评估非常有益，对贫困治理目标的研究也很有用。

当评估项目对贫困的影响的时候也推荐使用价值链视角，因为在供应链上可能会有溢出效应（比如，直接和间接的劳动力就业影响），也需要考虑对脆弱人群的影响（比如对女性雇员和儿童教育的影响）。表1列举了制定贫困打分卡时可以考虑的潜在变量。

表1　　　　　　　　制定贫困打分卡的潜在变量列表

| 变量 | 评估标准 |
| --- | --- |
| 地理指标 | |
| 1. 在贫困地图中的位置 | 项目应当在高贫困率地区推进 |
| 2. 市场接触能力 | 项目应当位于难以接触市场的地区，比如难以到达主干道或者主要市场（城市）的地区 |

续表

| 变量 | 评估标准 |
|---|---|
| 雇用指标 | |
| 3. 劳动集中度 | 项目创造的新工作岗位数量 |
| 4. 低技能劳动力集中度 | 项目上低技能劳动力的比例 |
| 5. 女性劳动力集中度 | 项目上女性劳动力的比例 |
| 溢出效应指标 | |
| 6. 对供应链参与者的影响 | 项目直接受益人的总数（相对投资总规模的比例） |
| 7. 其他溢出效应（间接影响、公共产品的提供） | 项目间接受益人的总数（相对投资总规模的比例） |

1. 方法

当评估项目对贫困的潜在影响的时候，评估结果权重涉及的情形较为复杂。很可能一些企业或者项目对地理目标的满足程度较好，但在对性别差异的潜在影响方面做得并不够好。因此，我们使用主成分分析的统计方法来确定所考虑的不同结果（变量）的权重。主成分分析的统计方法创造了新的变量，是原始变量的线性组合。这些新的变量名字叫作"主成分"，并且互不相关（呈正交关系）。所创造的主成分变量和原始变量的数量一致。第一个主成分变量可以解释数据中的绝大部分波动，第二个主成分变量可以解释没有被第一个主成分变量所解释的波动，以此类推。

总的来说，需要一或两个主成分变量来解释数据当中一半以上的波动性。我们建议在对项目作出贫困评分时使用大拇指原则，也就是使用必要的第一个主成分变量来解释至少一半的数据波动性。由于每一个成分都是衡量贫困治理的各类变量的加权之和，因此，对某一成分给予更高权重意味着更强的贫困影响，而更低的权重意味着更低的贫困影响。

2. 构建贫困打分卡的步骤

假设一系列项目都满足可持续性要求，构建贫困打分卡的步骤可以总结如下：

（1）从项目中收集必要信息来建立地理、就业和溢出效应指标（变量），用于评估项目。

（2）对变量进行标准化处理，减去平均值，并除以标准差。

（3）得到标准化变量的协方差矩阵。

$$cov(X,Y) = \sum_{i=1}^{n} \frac{(X_i - \overline{X})(Y_i - \overline{Y})}{(n-1)}$$

（4）计算协方差矩阵的特征向量和特征值。假设 $A$ 为一个 $n \times n$ 的矩阵。如果存在一个非零向量 $v$ 使得 $Av = \lambda v$，那么参数 $\lambda$ 是 $A$ 矩阵的特征值。在这种情况下，向量 $v$ 称为 $A$ 矩阵和特征值 $\lambda$ 相关的特征向量。我们可以重写条件式 $Av = \lambda v$ 为 $(A - \lambda I)v = 0$，其中 $I$ 是 $n \times n$ 的单位矩阵。现在，为了使非零向量 $v$ 满足这一等式，$A - \lambda I$ 必须是不可逆的。也就是说，$A - \lambda I$ 的"模"必须等于零。我们称 $p(\lambda) = \det(A - \lambda I)$ 为 $A$ 矩阵的特征多项式。$A$ 矩阵的特征值是 $A$ 矩阵特征多项式的简单平方根。

（5）选择必要的第一个主成分变量来代表数据中至少一半的波动性。在典型的情况下，或者是第一个主成分本身（$PC_1$），或者前两个主成分结合起来（$PC_1$ 和 $PC_2$）就能够满足这一条件。

（6）使用第五个步骤得出的主成分来按照贫困维度给项目作出排序。如果选择了超过一个主成分，那么在进行排序时要考虑两个主成分之和。

### 三、中美洲援助拨付款申请的应用

在本章中，我们在一个实际案例中应用评分卡系统，这个案例就是一个中美洲援助款项分配项目，该项目的目标是将小业主与市场连接起来。

### （一）中美洲项目的细节

2010 年 10 月，地区技术援助小组（Unidad Regional de Asistencia Tecnica，RUTA）在国际食品政策研究署的技术帮助，以及美洲内部开发银行（IADB）和中美洲奥地利发展局（ADA）的跨国投资基金（MIF）的资金支持下，推出了一个中美洲革新项目来将小业主和市场联系起来。项目的本质是在扶贫的目标下，以市场为导向，以需求为驱动，并覆盖了地区间的四个国家：危地马拉、萨尔瓦多、洪都拉斯和尼加拉瓜。特别地，该项目的目标是给那些创造或者改进该地区小业主市场机会的项目提供资金（最高25万美元），它特别关注那些贫困率较高的地区。那些申请资金的农民协会和/或小企业必须自己来完成所申请的项目。

这一项目可以成为实施前文所述的风险和贫困打分卡系统的实验项目。申请过程在2011年1月结束，自该月开始项目进入筛选程序。目前，这些项目都正处于实施阶段。

为了保证透明度，整个申请过程通过一个针对该试点项目特别设计的网站进行。申请者要提供的信息包括申请资金的协会/企业的信息、目标项目及其受益人、他们的信贷历史（如果有的话），以及项目预算和执行计划，还有其他一些相关信息。在这一过程中，也需要填写一些管理表格。① 在项目的推进过程中，相关人员也向潜在申请者解释了筛选的方法（风险和贫困打分卡系统）。② 相关信息和一段解释性的视频都被放在了网站上。

这四个国家不同的农民协会和小企业总共提交了58份项目申请，其中39份经评估是合格的。项目不合格主要是因为申请人没有充分提交所需要的信息，或者没有填写项目指导文件中所要求的表格。所有39份项目申请的总金额高达710万美元，而供分配的救助资金总计170万美元。

（二）风险打分

通过"风险打分卡"部分所描述的那些步骤，可以得出39个项目（申请人）的风险评分。之前贷款/拨款的信息，包括借款人/被拨款人的表现和特征最开始都是从拉丁美洲具有可比性的小企业那里收集来的。这些数据被用在Klein和Spady（1993）提出的半参数单指标模型下估计我们所感兴趣的参数。最后，根据所估计的参数，加上39个申请人所提供的信息，可以得出他们的风险评分。

① 为了进行申请，申请人首先需要注册用户名和密码。申请信息不必一次填完。每个国家还需要留下联系人，以便在申请过程中应答咨询问题。一旦信息提交，申请人会收到一封电子邮件，其中包括一份PDF文档作为申请证明，其中总结了他们提交的信息，包括协会/企业信息、项目信息和直接受益人信息（主要是那些会用于评估其申请/项目的信息）。
② 公益人士给这一试点项目所提出的唯一要求和限制是在这四个国家中的每一国都至少要挑出一个项目来获得赞助。这在一开始开放申请的时候也都进行了特别提示。

我们总共用了 10 个变量来构建风险评分系统，其中包括申请救助款项的协会/企业以及项目受益人的经济社会特征。特别地，我们关注项目受益人的平均年龄、性别、教育程度和婚姻状况，以及申请者的资历、工人数量、所拥有的资产和财务信息。要获得关于变量的更多信息，可以参见表 2。变量选择的依据是它们在小微信贷项目中得到广泛运用，同时在相似企业贷款/拨款项目池中有足够的历史信息可资使用。在试点项目中，也会自然收集一些额外信息来证明申请人提出的信息。

**表 2** 创建风险打分卡所使用的变量列表

| 项目直接受益人的特征 | 协会/合作方的业务和财务特征 |
| --- | --- |
| 受益人的平均年龄 | 协会的资历（活动年数） |
| 性别（受益人中男性的比例） | 雇员/协会合伙人的人数 |
| 教育程度（受益人中接受过中等教育或更高级教育的人数比例） | 资产（如果协会拥有土地或者房地产） |
| | 最近信贷的利率 |
| 婚姻状况（受益人中结婚的或者处于事实婚姻中的人数比例） | 贷款的期限/所要求的规模 |

表 3 的上面一栏列举了风险评分感兴趣的参数，它们是通过对单一指标模型的估计得出的。我们在阐释系数的符号和大小时要特别小心，因为它们已经根据解释变量集中的第一个变量（在这个案例中，第一个变量是受益人的平均年龄）而被标准化了。为了比较和阐释的方便（假定在违约概率和解释变量之间存在一个特殊的函数和分布形式），在表 3 底下一栏，我们也报告了标准 Probit 模型得出的结果。我们能够看到，各个系数在参数集当中通常都带有我们所预期的正负号。比如，所拥有的资产和更低的贷款条件降低了违约概率，而年龄更大、受教育更低的人以及男人更容易违约，虽然在这个参数模型下，系数在 5% 水平的置信度下并不一定总是统计上显著的。

**表 3　　　　　违约概率建模（如果借款人/被拨款人违约，**
**则解释变量等于 1，否则等于零）**

| 1. 单指标模型 | 系数 | 标准差 |
|---|---|---|
| 变量 | | |
| **受益人特征** | | |
| 平均年龄 | 1.000 | |
| 男性比例 | 0.136 | 0.024 |
| 接受中等或者更高教育的比例 | -0.250 | 0.032 |
| 结婚或者有事实婚姻的比例 | 0.187 | 0.025 |
| **协会的特征** | | |
| 活动年限 | 0.000 | 0.001 |
| 规模（工人数量） | 0.016 | 0.006 |
| 如果拥有土地或者房地产 | 0.022 | 0.024 |
| 要求的贷款数量（千美元） | 0.009 | 0.002 |
| 之前贷款的利率（%） | 0.158 | 0.019 |
| 贷款期限（月） | 0.032 | 0.003 |
| 回归类型：局部常量 | | |
| 模型类型：Klein 和 Spady | | |
| 连续核类型：高斯二阶 | | |
| 带宽 | | 0.119 |
| #观察量 | | 2899 |
| 2. Probit 模型 | | |
| 变量 | 系数 | 标准差 |
| **受益人特征** | | |
| 平均年龄 | 0.008 | 0.004 |
| 男性比例 | 0.115 | 0.115 |
| 接受中等或者更高教育的比例 | -0.136 | 0.195 |
| 结婚或者有事实婚姻的比例 | -0.111 | 0.121 |
| **协会的特征** | | |
| 活动年限 | -0.005 | 0.003 |
| 规模（工人数量） | -0.019 | 0.027 |
| 如果拥有土地或者房地产 | -0.284 | 0.116 |
| 要求的贷款数量（千美元） | 0.012 | 0.014 |
| 之前贷款的利率（%） | 0.002 | 0.236 |
| 贷款期限（月） | 0.046 | 0.017 |
| 常数 | -0.056 | 0.966 |
| #观察量 | | 2899 |

为了显示使用半参数单指标模型相对于标准的 Probit 模型的优越性，表 4 比较了两个模型的预测能力表现。为了获取每个模型的预测力指标，所估计的违约概率（0~1）首先使用标准的 0.5 法则被转化为二元框架下的预测值：如果估计的概率大于 0.5，那么预测借款人（被拨款人）会违约；如果估计的概率小于或者等于 0.5，那么预测借款人不会违约。二元变量（1/0）估计的概率会和借款人实际违约/不违约的行为进行比较。Probit 模型对违约事件的预测表现非常差（28% 的准确率，而单指标模型有 86% 的准确率）。总体来看，单指标模型的预测力为 72%，而 Probit 模型的预测力为 48%。这些结果清晰地显示了半参数技术相对于参数方法在对潜在借款人/被拨款人群体进行风险评估时在准确率方面的优越性。

| 表 4 | 单指标模型和 Probit 模型的预测力 | 单位:% |
| --- | --- | --- |
| 表现指标 | 单指标模型 | Probit 模型 |
| 违约/未违约划分的整体正确率 | 71.8 | 47.8 |
| 正确的违约划分率（敏感性） | 86.2 | 27.6 |
| 正确的未违约划分率（特殊性） | 51.9 | 75.7 |

在将估计出的系数应用于 39 个申请人提出的信息后，我们使用（3）式计算了他们的风险评分。用最大风险分数的 67% 作为允许的门槛值，这样会有 24 个项目评估合格，并可以进入筛选进程的第二个阶段。请注意，第一阶段评估进程的主题是确认那些风险程度较低或者中等的项目，以确保项目的可持续性。67% 的门槛进一步保证了最少有一定数量的项目可以通过这个风险评估阶段（参见图 4）。也请注意，在这个阶段中，各个项目并没有被排序。

（三）贫困评分

满足风险评分 67% 门槛值的 24 个项目接着会接受贫困评估，也就是按照"贫困打分卡"部分所描述的步骤来评价其对贫困的潜在影响。贫困评分包括项目的地理位置、就业和溢出效应特征等七个指标，都是基于申请人提供的信息来进行归纳的。这些指标包括平均贫困比率、项目实施地到达地区内最近的较大市镇的距离、所创造的就业岗位总数、低技能员工

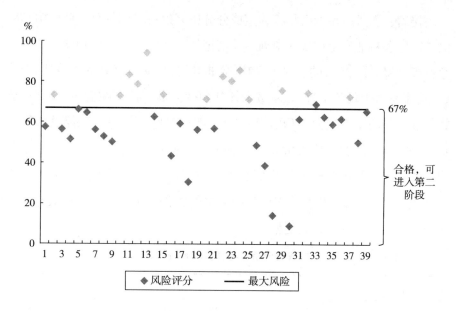

**图 4 风险评分结果**

和女性相对于总劳动力数量的比率、每投资 1 美元带来的直接或间接受益人数量（参见表 5）。和风险评分类似，这里也要求用额外信息来验证构建指标的信息真伪。

**表 5 创建贫困打分卡的项目指标**

| 指标 | 变量 |
| --- | --- |
| 地理指标 | |
| 1. 在贫困地图空间中的位置 | 项目实施所在地的平均贫困率 |
| 2. 市场的接触能力 | 项目实施所在地到达人口超过 2 万人的最近市镇的平均距离和时间 |
| 雇员指标 | |
| 3. 劳动力集中度 | 项目所创造的新就业岗位总数 |
| 4. 低技能劳动力集中度 | 项目中低技能劳动力相对于总劳动力数量的比例 |
| 5. 女性劳动力集中度 | 项目中女性劳动力相对于总劳动力数量的比例 |
| 溢出效应指标 | |
| 6. 对供应链的影响 | 直接受益人数量/总投资额 |
| 7. 间接影响 | 间接受益人数量/总投资额 |

接着，通过应用七个指标的主成分分析来进行贫困打分。分析中相关的特征值和特征向量在表 6 中列示。请记住，和每个特征值相联系的有一个特征向量，所产生的主成分和所分析考虑的变量（指标）数目相等（在这个案例中是 7 个）。在对贫困评分和接下来对项目的排序中，我们选择了前面的两个主成分（$CP_1$ 和 $CP_2$），前提是它们加总起来能够解释数据集一半以上的波动度（52%）。第一个主成分（$CP_1$）和所创造的就业岗位总数，以及每 1 美元项目投资的直接和间接受益人数量高度相关。第二个主成分（$CP_2$）和女性在总劳动力中的比例、贫困率、项目实施地到主要市镇的距离等因素高度相关。

表 6　　　　　　　主成分分析：特征值和特征向量

1. 特征值

| | $PC_1$ | $PC_2$ | $PC_3$ | $PC_4$ | $PC_5$ | $PC_6$ | $PC_7$ |
|---|---|---|---|---|---|---|---|
| 特征值 | 2.22 | 1.40 | 1.11 | 1.05 | 0.77 | 0.45 | 0.00 |
| 变异系数（%） | 31.70 | 19.98 | 15.84 | 15.06 | 10.94 | 6.47 | 0.01 |
| 累计百分比 | 31.70 | 51.68 | 67.52 | 82.58 | 93.51 | 99.99 | 100.00 |

2. 特征向量

| | $PC_1$ | $PC_2$ | $PC_3$ | $PC_4$ | $PC_5$ | $PC_6$ | $PC_7$ |
|---|---|---|---|---|---|---|---|
| 创造岗位数量 | 0.659 | -0.023 | -0.169 | -0.043 | -0.011 | 0.031 | 0.730 |
| 低技能劳动力比例 | 0.014 | 0.286 | -0.234 | 0.753 | 0.543 | -0.023 | -0.004 |
| 女性劳动力比例 | -0.139 | 0.580 | -0.391 | -0.390 | 0.095 | 0.574 | 0.007 |
| 直接受益人数量/总投资额 | 0.460 | -0.317 | 0.273 | -0.157 | 0.506 | 0.431 | -0.383 |
| 间接受益人数量/总投资额 | 0.536 | 0.184 | -0.411 | 0.042 | -0.360 | -0.241 | -0.566 |
| 平均贫困率 | 0.163 | 0.370 | 0.584 | 0.374 | -0.450 | 0.392 | -0.002 |
| 到最近市镇的平均距离 | 0.141 | 0.557 | 0.424 | -0.334 | 0.328 | -0.521 | -0.005 |

图 5 画出了 24 个项目的综合评分散点图，横轴代表基于第一个主成

分的项目评分，纵轴代表基于第二个主成分的项目评分。东北方向45°线显示了较高的贫困影响；相反，如果沿线向西南方向移动，显示了较低的贫困影响。最终，我们选择了9个项目，申请的投资总额大约为166万美元，比试点项目允许的170万美元略低。所选择的前八个项目是主成分分析出来的有较高贫困评分的项目。第九个项目（从危地马拉选出）的选择是因为要严格遵循出资人对每个国家至少选出一个项目的特殊限制性要求。

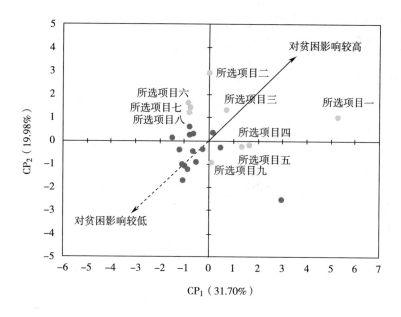

**图5　贫困打分结果**

表7总结了在每个评估阶段（入围阶段、满足风险评分低于或等于67%的阶段，以及选定阶段）所选出的项目的国别分布（以及所要求的资金数量）。如上文所提到的那样，这些项目目前都在实施阶段；稍晚时候对选定项目进行影响评估有助于拓展风险评分工作数据库，并改进评分卡系统。选定的项目可能会有益于高度贫困地区中的接近6000人（其中50%是妇女）。

**表7　　　　　　通过风险评分以及最后选出的合格项目国别分布**

1. 合格项目

| 国家 | #项目数（个） | 金额（美元） |
|---|---|---|
| 萨尔瓦多 | 4 | 786623 |
| 危地马拉 | 11 | 1905634 |
| 洪都拉斯 | 14 | 2697193 |
| 尼加拉瓜 | 10 | 1725340 |
| 总计 | 39 | 7114790 |

2. 风险评分低于或等于67%的项目

| 国家 | #项目数（个） | 金额（美元） |
|---|---|---|
| 萨尔瓦多 | 3 | 586713 |
| 危地马拉 | 6 | 968946 |
| 洪都拉斯 | 10 | 1958293 |
| 尼加拉瓜 | 5 | 955448 |
| 总计 | 24 | 4469400 |

3. 选定的项目

| 国家 | #项目数（个） | 金额（美元） |
|---|---|---|
| 萨尔瓦多 | 1 | 187075 |
| 危地马拉 | 1 | 186700 |
| 洪都拉斯 | 5 | 992927 |
| 尼加拉瓜 | 2 | 299759 |
| 总计 | 9 | 1666461 |

## 四、结语

本章开发了一套贫困敏感型打分卡系统来评价发展中市场经济国家的信贷或者拨付款项的分配问题。我们建议的评估贷款或者拨付款项申请的方法是同时进行风险和贫困评分，以便能够同时确保项目的可持续性以及对贫困的影响较为正面。在第一阶段，使用半参数计量经济学模型来制定风险打分卡，并评估潜在借款人/被拨款人的违约概率。在第二阶段，按照主成分分析方法，构建了一个贫困打分卡，来评估风险评分低于某一特定门槛值的项目（借款人）在降低贫困程度方面的潜在影响。换句话说，在第一阶段被证明是可持续的项目，在第二阶段按照它们对贫困的潜在影响进行排序。我们最后在一个试点项目中应用了打分卡系统，这个项目是在中美洲四个国家中筛选出有助于农村小业主与市场联系的若干项目来提供赞助拨款。

我们建议的评分卡系统相对于现有方法的改进是双重的。首先，我们使用了计量经济学模型的最新成果来进行风险评分，可以提高风险评价的准确性，更好地估计潜在项目的可持续性。第二，我们结合了两套打分卡，所建议的方法超越了仅优先考虑贷款或拨款分配的贫困影响的方法。比如，Schreiner（2010）建议了一个以贫困为目标的方法，使用家庭调查来确认高度贫困地区并给予优先贷款。我们所建议的贷款/拨款分配标准超越了这一方法：在按照贫困治理潜力对企业（项目）进行排序的同时也确保可持续性。可持续性对发展中国家的贫困治理来说是一个必要条件，因为那里的逆向选择问题非常突出。最后，我们的理念是帮助政策制定者在贷款或者拨款申请中进行选择，标准同时包括项目的存续能力以及改善贫困状况的潜力。而且，我们建议的方法使用了空间数据并与贫困地图相关，因此 Schreiner 建议的打分卡是内嵌于我们打分卡体系中的第二阶段的。

我们建议的打分卡体系应当在动态过程中进行观察，并且应该可以随着时间的推移而进一步改进，特别是如果最初风险评估时的信息受到某些限制的时候更应如此。最初的试点项目，比如本章所描述的这个项目，应当有助于提供额外信息（基于所选项目的表现）来扩展风险评估工作数据表，并改进评分卡系统。这个进程应当延续到积累了足够多的贷款/拨款资产组合样本数及其表现的历史数据为止。从长期看，风险打分应当通过内嵌于一个开放软件（比如 spreadsheet 制表系统）中的一个简单且易于操作的程序模块来完成。

未来的研究方向在于对风险打分卡系统的有效性进行正式评估，评估的标准分别是简单的"以贫困为基础"的目标和/或标准的"以风险为基础"的准则。试点项目在具有不同文化的发展中国家进行进一步应用和扩展有助于完成上述任务。

## 参考文献

［1］ Adams, D. W. , Vogel, R. C. （1985） Rural financial markets in low – income countries: Recent controversies and lessons. World Development 14 （4）: 477 – 487.

［2］ Adams, D. W. , Graham, D. H. , von Pischke, J. D. （eds. ） （1984） Undermining rural development with cheap credit. Boulder CO: Westview Press.

［3］ Armendariz de Aghion, B. , Morduch, J. （2005） The Economics of Microfinance. MIT Press.

［4］ Braverman, A. , Guasch, J. L. （1986） Rural credit markets and institutions in developing countries: Lessons for policy analysis from practice and modern theory. World Development 14 （10/11）: 1253 – 1267.

［5］ Brett, C. （2006） Microfinance in Northeast Thailand: Who Benefits and How Much? World Development 34 （9）: 1612 – 1638.

［6］ Ghatak, M. , Guinnane, T. W. （1999） The economics of lending with joint liability: theory and practice. Journal of Development Economics 60: 195 – 228.

［7］ Ghosh, P. , Mookherjee, D. , Ray, D. （2000） Credit Rationing in Developing Countries: An Overview of the Theory. In: A Reader in Development Economics. London: Blackwell.

［8］ Klein, R. W. , Spady, R. H. （1993） An Efficient Semiparametric Estimator for Binary Response Models. Econometrica 61: 387 – 421.

［9］ Li, Q. , Racine, J. （2006） Nonparametric Econometrics: Theory and Practice. Princeton: Princeton University Press.

［10］ McPherson, M. A. （1996） Growth of micro and small enterprises in southern Africa. Journal of Development Economics 48 （2）: 253 – 277.

［11］ Khandker, S. （2005） Microfinance and Poverty: Evidence using panel data from Bangladesh. The World Bank Economic Review 19 （2）: 263 – 286.

［12］ Schreiner, M. （2010） Simple Poverty Scorecards. www. microfinance. com.